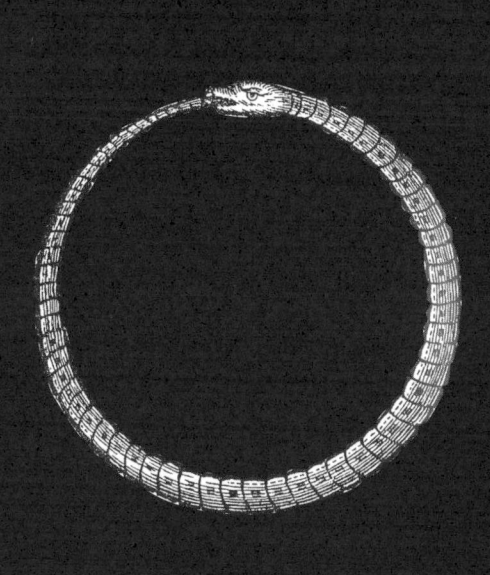

동물·괴물지·엠블럼

중세의 지식과 상징

동물·괴물지·엠블럼

중세의 지식과 상징

최정은 지음

rh
humanist

Vieni, ben mio, tra queste piante ascose,
ti vo' la fronte incoronardi rose.

그리고 나는 그대에게 장미의 관을 바치리

모차르트의 오페라 〈피가로의 결혼〉 중에서
수잔나의 옷을 입은 로지나의 아리아

지은이의 말

1

 이 책은 한때 너무도 중요했으나 근대를 지나는 가운데 까마득히 잊혀진 것들의 복원을 목표로 하였다. 아마도 이 책의 전체적인 몸체는 근대가 아닌 것, 일견 중세적인 것이 되리라고 생각한다. 중세에 천착한다는 것은 오늘날 우리들에게 어떤 의미를 지닐 수 있으며, 중세라든지 인문주의란 실제로 어떠한 모습이었을까? 기호학자이자 고전문헌학자인 움베르토 에코는 《포스트모던인가 새로운 중세인가》에서 중세와 대비하여 현대사회의 속성과 위상에 대해 천착한 바 있다. 이 책은 에코의 그같은 문제 의식을 공유하며 근대화 과정이라든지 모더니티의 외부를 생각해보고자 했다. 현대사회를 결정짓는 제도나 가치 체계 등, 의미있는 모든 것의 시원은 중세에 있다. 그 시원들을 제대로 조명해본다면, 현재의 당면 문제들에 대한 새로운 관점이 생성될 수도 있으리라 생각한다.
 먼저 한 가지를 명시해두자. 근대 이전의 사회에 대해 이제까지 특별히 관심을 기울이지 않은 사람이라면, 흔히 중세와 근대 사이에 명백한 단절이 있다고 여기거나, 혹은 중세는 암흑기이고 르네상스는 인문주의라고 도식적으로 생각하기 쉽다. 그러나 과연 그럴까? 가장 기본적인 수준에서 주지해야만 하는 것은, 중세는 통상 생각하듯이 암흑기가 아니었으며 지적으로 대단히 활발한 시기였다는 점이다. 역사학계에서는 르네상스를 중세의 연장선상에서 파악하고 있고, 자본주의의 맹아는 이미 15세기 초에 찾을 수 있다. 그렇다면 단절된 것은 무엇이고 여전히 지속되는 것은 무엇인가? 이 문제는 간단히 답할 수 없는 복잡한 문제이다. 시간의 상흔에 의해 잊혀진 역사의 복원이란 분명 한두 가지의 예로 충족될 수 있는 그런 사안이 아니다. 나는 이 책에서 지금은 몇몇 학자들에 의해서만 기억될 뿐 거의 잊혀진, 중세의 기억의 기술, 동물지 그리고 엠블럼이라는 주제를, 쉽게 접할 수 있는 애니메이션과 영화 등의 해석을 통해 소개하고자 했다.

영화든 애니메이션이든 하나의 작품을 대하는 방식은 읽는 이에 따라 천차만별이다. 철학 하시는 분들에게는 철학이, 비평이론에 관심있는 분들에게는 구조가 보일 것이다. 미술사학 연구자인 나는 미술사의 대표적인 방법인 도상해석학(iconography)적 읽기가 현대의 문화적 경험에 적용된다면 어떤 모습일지, 무엇이 반복되고 있는지를, 개론서의 형태가 아닌 해석의 실제적 결과물의 형태로 보여주고자 했다. 도상해석학적 읽기를 통해 밝혀지는 것은 일차적으로 형상언어인 상징과 은유의 다양한 해석들이다. 상징의 내용은 겉으로 쉽게 드러나지 않으며 잠재적이다. 문제는 상징과 은유 들의 의미가 시대에 따라 다르다는 점이다. 옛 사람들의 사고 방식은 당연히 오늘날의 사고 방식과 같지 않다. 의미는 당시 유행하던 텍스트에 따라, 관련된 역사적 사건에 따라, 당대인들이 지니던 심성에 따라 변해간다. 즉 의미는 콘텍스트에 의존한다.

 그러나 예나 지금이나 인기있는 텍스트나 대중문화의 서사에 단골로 등장하는 형상들에는 무의식에 호소하는 불변의 요소, 불변의 구조 들이 있고, 무의식에 호소하여 형상으로 말하는 공정이 정밀하고 풍부할수록 작품의 미학적 완성도는 높아진다. 누군가 일정한 의도를 지니고, 혹은 자기 자신조차 모르게 어떤 메시지를 채택하고 짜넣는다. 그러나 그것은 어쨌든 작동하고 효과를 미친다. 미술사학이 사용하는 이론적 도구인 도상해석학은 문헌사적이고 계보학적이며 콘텍스트를 중시한다. 이러한 미술사적 훈련은 내게 쉽게 드러나지 않는 숨은 담화들을 보게 했고, 이전과는 다른 차원에서 작품을 재전유하게 했다. 분석과 해석 작업을 통해 우리는 '누가, 무엇을, 어떤 의도로 말하는가.' 생각하게 된다. 또한 표면적 서사에서는 지워졌다 해도, 의식의 검열을 피해서 실제로 말해지고 있는 것이 무엇인지 귀기울이게 된다. 상징은 가능한 수의 의미 계열을 갖지만 해석은 무한하다. 의미는 고정되지 않으며, 관객 혹은 독자가 지닌 레퍼런스에 따라 얼마든지 열린다. 내가 보일 수 있는 것은 오로지 '나' 라는 단독자의 해석으로 의미있는 그러한 것이다. 그러나 나는 이 '나' 만의 고유한 전유를 통해, 독자들과 공통적인 것을 생성시키고 싶었다.

2

 이 책에서 다루고 있는 《괴물지(*monstorum*)》나 《동물지

(bestiary)》는 학문적인 텍스트는 아니지만 중세의 지식인들과 일반인들이 늘 즐겨 읽었으며, 엠블럼집 역시 글과 책을 사랑하는 근세의 모든 이들에게 사랑받았다. 백과사전적인 동물지의 기술 방식은 분류학 발생 이전의 망탈리테, 즉 과학과 환상, 물리적 사실과 이성의 담화가 분리되지 않았던 시대의 비분화된 심성을 보여준다. 근대 이전 에피스테메의 인지 방식에서 경험적인 관찰과 상상적인 의미들은 혼재되어 기능한다.

동물지나 엠블럼은 넓게는 기억의 기술(Art of Memory)에 포함되는데, 기억의 기술 역시 근대의 합리성에 의해 지워진 사유 방식이다. 고전 문법의 시대 이래 폐기처분되다시피 했던 수사학의 복권과 더불어 생각할 수 있는 '기억의 기술'은, '선물'이라는 형태로 주어지는 시간 속의 현존 경험, 상호성(주고받음, 되갚음)을 전제로 한 교환 형식과 타자성과의 만남에 대해 재고하게끔 한다. 동물지와 엠블럼집 등은 통상 우리가 알고 있는 단선적인 '근대화 과정'의 서술 방식에서는 완전히 지워지고 잊혀져버린 문예 양식이고, 홉스가 이상적으로 생각했던, 합리적이고 객관적인 언어가 아니라 사물을 통해 모호하게 말한다는 특성을 지닌다.

동물지, 괴물지, 엠블럼과 같은 이러한 잊혀진 문예 양식들은 기호와 상징이 서사와 담화에서 어떤 역할을 하는지, 또한 명료하게 말하는 것뿐 아니라 애매하게 말하기가 지배담론의 재생산 혹은 반대급부로 그에 대한 저항에 어떻게 기능하는지 보여준다. 이 책에서 다루는 이러한 주제들은 흔히 근대이성을 비판할 때 간과되고 있는 것, 잊혀진 것들을 다시 생각하게 하고, 정치적 사건 중심의 역사 서술에서 누락되거나 간과되어버린(그러나 중요한) 어떤 1%의 가능성을 보여준다는 점에서 지난 수년간 나에게 특별히 의미가 있었다. 최대한 간단하게 기술했지만, 여기서 다루고 있는 주제들은 앞으로 좀더 소개되고 연구될 필요가 있다고 생각한다.

이 책을 통해 내가 시도한 또 한가지는 과거 르네상스 바로크 문예의 대표적 특징인 양가성이 현대의 제반 인문학 경향과 어떤 지점에서 연결되고 어떤 정향을 가질 수 있는가에 대한 타진이다.■ 인문·사회 과학을 비롯한 모든 종류의 책과 함께, 한편 80년대를 겪은 문학의 애독자 중 하나로 마음에 오래도록 남아 있던 문제 중 하나가, 고 김현 선생님이 제기하신 문명 유형으로서 바로크의 의미이다. 서양 미술사의 반경에 머물며 알게 된 사실 중 하나가 바로크 문예의 몇 가지 중요한 특성 가운데 빠뜨릴 수 없는 게 바로 상반된 것이 공존하는 특수한 존재 방식을 일컫는 양가성(ambivalence)이라는 개념이다. 양가성에 대한 최근의 문제 제기는 바로크에 대한 고찰과 역설에 대한 들뢰즈의 논의, 그리고 이탈리아의 정치철학자 파올로 비르노의 《다중》이라는 저서에서 발견되는데, 비르노는 포스트포드주의 이후 현대인의 삶에서 발견되는 특징인 양가성을 자신의 삶을 가치화할 수 있는 존재인, 도래할 다중의 특성으로 파악한다.■■ 과거의 문제는 현재의 문제들과 이러한 방식으로 만나고 현

■ 김현, 《행복의 시학, 제강의 꿈》, 문학과지성사, 1991.
■■ 파올로 비르노, 김상운 역, 《다중》, 갈무리, 2004.

재의 학문 속에서 지속되고 있다.

  가끔씩 '소설'에 대해 일방적으로 폄하하고 허구서사의 소멸이 무엇이 문제냐고 거침없이 말하는 논객들을 보곤 한다. 주체가 시간 속에서 자신을 이해하고 세계와 관계맺는 방식으로서의 서사에 대한 멸시란 결과적으로 엘리트주의에 일조하게 된다. 물론 서사에 주목하는 것이 맹목적으로 환상의 세계를 지지한다는 뜻은 아니다. 신화나 종교를 학문으로 다루는 연구자들은 그 담론을 존중하되 맹신하지는 않는다(믿는다면 미신이 될 것이다). 서사는 항시 변해가며, 반복되나 항상 차이가 있다. 이야기, 서사, 메타서사, 결말의 변천, 세계에 대한 해석, 그 해석의 반경을 규정하는 담론 장치들은 중요하다. 그들이 주체를 구성해내기 때문이다. 이야기가 없다면 우리들은 자신을 전혀 반추할 수 없으리라. 어떤 이야기 속에서 스스로를 바라볼 것인가? 그것은 예전에도 그래왔듯이 지금도 많은 것을 결정하는 위력을 지니고 있음에 틀림없다.■

3

  이 책에서 나는 나무가 아니라 숲을 보이고자 했다. 잊혀진 과거가 현재의 문화적 경험 혹은 서사들과 어떻게 연결되는지 그 접점을 보여주는 일에 초점을 맞추었다. 과거역사에 대해서도, 현재의 문화

■ 리쾨르와 토도로프의 저서를 참조. 허구서사와 역사 서술, 그리고 시간 여행자로서 역사가가 과거로부터 끌어내는 감응들에 대한 고찰은 De Certeau, *Heterologies*, Minnesota Univ. Press, 2000; Edith Wyschogrod, *An Ethics of Remembering*, Chicago Univ. Press, 1998; Geoffrey Roberts ed., *The History and Narrative Reader*, London, Routledge, 2001.

적 경험에 대해서도 우리들은 흔히 '통념' 혹은 '억견'을 지니고 있다. 해석은 언제나 현재 자기 자신이 지닌 앎에 의해 제한된다. 그 통념 혹은 견해들은 과연 객관적인 사실인가? 지극히 자명해 보이는 사실들조차 메타 층위의 어떤 믿음에 의존해서만 존재 가능하다. 들리지 않는 소리를 듣고 누락된 사실들을 복원하여 역사는 끊임없이 새로 씌어질 필요가 있다. 어떤 문화가 되었건 우리들은 자신의 고유한 프리즘을 경유해서 그것을 본다. 가정된 서술이나 전제에 의존하지 않고는 그 어떤 것도 파악할 수 없다.

  마지막으로, 어떤 종류의 담화든—숙고하지 않으면, 최대한 찾지 않으면—논거가 될 수 없는 것들은 이미 배제해버린 채 결론을 미리 가지고 출발하게 된다는 점을 지적하고 싶다. 학문에서든 일상에서든 전제와 플롯이 머릿속에 들어 있지 않고는 어떠한 사실도 발견할 수 없으며, 당연히 이는 전적으로 새로운 것을 발견하는 데 제약이 된다. 과거란 현재 속에 축적되고 새로이 현현되는 기억이며 또 하나의 타자성의 지대이기도 하다. 과거의 사람들, 그들이 사물을, 세계를 어떻게 생각했는지에 진정으로 다가서려면 일시적이나마 현재의 '나'는 버려야 한다. 그들의 관점에서, 그들의 눈으로, 그들의 이야기를 통해 과거를 기억하고자 했다. 행복하기도 하고 힘겹기도 했던, 읽고 썼던 시간들, 그 시간이 누군가와 공유될 수 있다면 좋겠다.

2005년 5월
최정은

차례

● 지은이의 말   7

I
잃어버린 기억을 찾아서

1. 이름과 기억
괴물로 변하는 그림자   22
이름은 장소를 위치시킨다   26
약속과 인장이라는 모티프   37

2. 기억의 기술
고대의 기억의 기술과 수사학   46
시뮬라크럼과 기억의 아포리아   54
중세의 동물지와 기억술   63
살라만더의 기억   67
기억의 극장 기획   74
기억의 바퀴, 기억의 인장   83
무한한 세계   101

II
상상동물, 그로테스크와 하이브리드

3. 그로테스크와 하이브리드
질문, 고통, 고문　110
고삐 풀린 상상력　116

4. 중세의 동물지와 괴물지
우로보로스, 앰피스배나, 헤르마프로디테　124
유혹하는 괴물들, 키마이라 하피 세이렌　132
완성을 향한 여정, 이벡스 켄타우로스　150
일각수의 꿈, 유니콘　160
황야의 인간과 사티로스　171
성과 속의 경계, 가고일　184

III

드라코, 유혹, 사이코마키아

5. 왕자와 용, 그리고 시간의 아포리아

    잠자는 미녀   195
    새벽과 아침은 어떻게 올까?   202
    용, 펠리컨, 그리핀   209

6. 영혼의 전투, 체스와 주사위놀이

    체스판의 만다라, 푸루샤   226
    인내의 성, 휴머니즘 게누스   234
    가터 기사단과 황금전설   244

IV

브리콜라주, 전유의 놀이, 엠블럼

7. 아멜리에와 아멜리오레

    변경해야 할 것은 변경하면서   254
    동어반복과 브리콜라주   260
    만남의 우연성과 사유의 필연성   275

8. 잊혀진 문헌 양식, 엠블럼

기억과 선물　284
알치아티의 엠블레마타　289
모토, 알레고리적 그림, 주해　295
마법사들의 언어　307
엠블럼과 엠블러마투라　314

끝없는 갈림길의 정원

9. 거울로서의 텍스트

지금 우리는 어두운 거울을 통해 본다　332
중세의 복합, 거울로서의 책　342

10. 역설적 찬사, 모순어법적 양가성

네오와 트리니티　354
모든 것, 그리고 아무것도 아닌 것　359
스텔라마리나, 바다의 별　372

- 참고문헌　379
- 찾아보기　387

I
잃어버린 기억을 찾아서

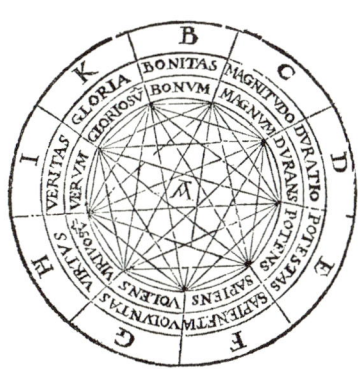

고대와 중세의 기억술은 상징과 은유를 활용하는 형상적 언어를 사용하였다. 이러한 '기억의 기술'은 우리에게 새로운 가능성을 열어준다. 이미지의 힘을 보여주기 때문이다. 근대의 담론들로부터 철저히 배제되었던 고대와 중세의 기억에 대한 이론들을 따라가보자.

1

이름과 기억

　미야자키 하야오 감독의 〈센과 치히로의 행방불명〉. 이것은 한 소녀의 성장 이야기이다. 투정이 심하고 약해 보이는 도시 소녀 치히로는 시골로 이사가는 데 불만이 많다. 계속 툴툴거리는 와중에 아빠가 운전하는 자동차가 길을 잃는다. 그들은 버려진 공원에 접어드는데, 여기서 잠시 현실계에서 이탈하여 신의 영역으로 들어서게 된다. 무심코 신의 음식을 먹은 엄마와 아빠는 돼지로 변하고, 치히로에게는 엄마와 아빠를 구해서 현실로 돌아가야 하는 어려운 임무가 주어진다. 치히로가 접어든 이 환상세계는 일을 하지 않으면 인간이 동물로 변하는 곳이다. 느닷없이 한 소년이 나타나 치히로를 돕는다. 하쿠라는 이 소년은 가마지기와 유바바를 찾아 무조건 일을 구하라고 충고한다. 목욕탕의 여주인 유바바는 이름을 빼앗아 사람을 지배하는 마녀이다. 치히로(千尋)는 이름 가운데 센(千)자만을 남기고 나머지 글자를 빼앗겨 불완전한 '센'이 된다. 센은 신(神)들이 쉬러 오는 목욕탕 여관에서 일하게 된다. 센이 된 치히로는 이제 학생이 아니며 고된 일을 해야만 한다. 일을 하는 가운데, 점차 친구들과 조력자들이 생겨난다.

괴물로 변하는 그림자

이 애니메이션은 모든 면에서 융적이다. 목욕탕 여관 전체가 의식과 무의식이 현실로 구현되어 교차하는 세계이다. 이 악몽과도 같은 기이한 세계에서는 치히로 내면의 모든 것들이 사물로 구체화된다. 투명한 바닷물이 차오르는 섬과도 같은 여관, 물 속을 달리는 기차, 다시 태어나야만 하는 목욕탕이 있다. 필경 치히로 내면에 있는 부정적인 성향의 구현인 마녀 유바바는 여관의 최상층에 있고 의식을 통제하며 검열자인 하피(harpy)가 그녀의 시종이다. 새의 날개에 인간의 머리를 한 연옥의 새 하피는 에고의 검열하에 죄의식을 만들어내며 자기파괴적이다. 하피는 외부로부터 침입자가 있는지 끊임없이 수색한다.[1]

이곳에 머물기 위한 충고를 구하기 위해 센이 가마지기 할아범을 만나러 내려가야 하는 보일러실은 건물 지하의 가장 깊숙한 곳에 있다. 가마지기는 융의 원형 도식에서는 지혜로운 노인, 현자에 해당

---

(1) 하피는 그리스·로마 신화에서의 새-여인의 변주이다. 하피는 지옥에서 죄의식에 시달리는 자를 갈기갈기 찢어놓고 또한 스스로를 힐책하는 자기파괴적인 속성을 지닌다. 하피에 대한 보다 자세한 설명은 이 책 132~148쪽 참조.

작자미상, 〈보름스의 샴 쌍둥이〉, 목판화, 1495, 독일

하나 일에 바쁘고 무뚝뚝하다. 그러나 치히로를 돕는다. 치히로는 지하세계로의 **하강**과 마녀가 있는 방으로의 **상승**, 상반되는 두 사건을 동시에 경험한다. 두 사건 모두 무의식과의 대면이다. 엘리베이터 안에서 치히로는 무 신을 만나는데 진흙밭에서 뽑는 무는 주체가 자신의 내면으로 파고들어감이다. 에고와 이드의 성격들은 분화되어 여러 가지 다른 모습들로 형상화된다. 목욕탕 여관 주인이자 사악한 마녀 유바바와 검열자 하피, 성장하지 못하는 커다란 아기, 이름을 빼앗긴 센(self) 등. 그러나 우리는 나쁜 마녀 유바바와 초자아 제니바가 쌍둥이(더블)라는 것을 알게 된다. 즉 그들은 같은 존재의 다른 국면으로의 발현이다.

센이 일하는 와중에 사건의 발단이 되는 것은 카오나시의 등장이다. 카오나시(カオナツ)란 문자 그대로 '얼굴이 없다'는 뜻으로, 융적인 '그림자(shadow)'의 형상화이다. 부모를 잃은 센의 슬픔은 장대비를 만들어내 여관이 반쯤 물에 잠길 정도가 된다. 비를 맞으며 떨고 있는 그림자를 센이 들어오도록 해준다. 주체 내면으로 스며들어온 그림자는 의식되지 않는 가운데 문제와 소동을 일으키는 한편 센을 돕는다. 신체 자체도 반투명하고 행동은 흐느적거리며 얼굴조차 없는 카오나시는 언제나 억압되는 열등한 존재이다. 얼굴이 없기 때문에 따라서 부를 이름도 없다. 융 심리학에서 그림자는 주체가 결코 인정하거나 받아들이려 하지 않아 철저하게 억압되는 무엇이다. 때문에 그림자는 결코 의식의 반경으로 떠오르지 않는다.

카오나시는 센에게 인정받고 싶은 마음에서 연거푸 사건을 일으킨다. 우선 카오나시는 물의 공급을 도와 강물신(오물)의 정화를 가능하게 한다. 목욕탕 약물 공급표를 훔쳐낸 카오나시의 도움으로 센은 오물신의 목욕을 시중드는 어려운 일을 성공적으로 해낸다. 카오나시의 도움이 없었다면 센은 분명 이 일을 해낼 수 없었을 것이다. 또한 이 부분에는 환경에 대한 미야자키 하야오 특유의 문제 의식이 잘 드러나 있다. 오물신의 몸에 틀어박힌 쓰레기를 뽑아내는 데 모두가 영차영차 구호를 외치며 힘을 합치는 장면은 이 애니메이션에서 가장 신나고 유쾌한 부분이면서 동시에 가장 지리멸렬한 부분이기도 하다(언제나 너무나 당연하고 올바른 말을 늘어놓는 도덕적인 설교는 따분하기 때문이다). 뽑아내는 쓰레기에 자아의 상징인 고철 자전거가 따라나오는 것도 인상적이다. 자전거는 스스로의 발로 움직여야만 하는 교통수단으로, 기차나 자동차와 마찬가지로 자아의 표상이다.

오물신은 실은 강의 신이었다. 오물을 말끔히 씻어낸 강의 신의 웃음소리는 늙었으면서도 한없이 젊고 힘차다. 강은 앎이며, 그 본질은 흐름이다. 그것은 생명력이다. 세상의 모든 신화들은 흐르지 않는 것은 강물이 아니라고 말한다. 물의 본질은 아래로 내려감이다. 물은 사물을 절단하고 가장 깊은 곳으로 파고들어가며 생명의 흐름에 관계한다. 물은 형체가 없다. 그릇에 담기면 담기는 대로, 흐르면 흐르는 대로 운무가 되거나 바다가 되어 존재한다. 물은 모든 것을 받아들이면서 정화한다. 강의 신은 센에게 약초경단을 선물로 준다.

얼굴이 없는 카오나시는 말을 못한다. 카오나시 홀로 낼 수 있는 소리란 '으으' 하는, 마치 애원 같기도 하고 신음 같기도 한 의미없는 이상한 소리뿐이다. 목소리를 얻기 위해 카오나시는 탐욕스러워진다. 그는 마주치는 사람들 모두를 삼켜버리며 괴물이 되어가고, 계속하여 삼켜버린 사람의 목소리로 말한다. 자신의 목소리가 없기 때문이다. 그러나 훔친 목소리로 말할 수 있는 것은 타인의 목소리, 하다가 만 타인의 이야기, 타인의 관심사 들일뿐이며, 그것은 파편화되고 맥락에서 이탈된 끔찍한 언어이다. 괴물이 된 카오나시는 손에서 사금을 만들어 뿌리며 센의 인정을 바라지만, 센은 "그런 건 필요없어"라고 말한다. 여기서 중요한 것은 카오나시가 구하고 만들어내는 '가치'들이 모두 잉여가 된다는 점이다. 센은 처음에는 카오나시의 도움을 받아들이지만(목욕탕 표의 수급), 너무 많은 약물 수급표는 필요가 없다. 마찬가지로 금 역시 필요가 없다. 그렇다면 불필요한 나머지를 어떻게 하는 것이 최선인지 잠시 생각해볼 필요가 있다. 필사적으로 주체의 인정을 구하다가 괴물이 되어버리는 카오나시의 갈망은 처절하다.

괴물이 되어 폭주하는 그림자의 분노를 토해내게 만드는 것은 바로 강물신이 주고 간 경단이다. 그림자에게 그것은 무언가를 토해내게 만드는 역할을 한다. 경단은 괴물로 변한 카오나시가 이제까지 삼켰던 것을 모두 토해내게 만들며, 상처입은 용인 하쿠는 이 경단을 먹고 삼켜버린 인장을 토해낸다.

이름은 장소를 위치시킨다

치히로가 위기에 빠진 처음 순간부터 나타나 도와주는 하쿠는 센이 치히로라는 본래의 이름을 완전히 망각해버리지 않도록 일깨워주는 존재이다. 그는 유바바에게 마법을 배우기 위해 자신의 이름을 계약으로 교환한 소년이며(이름을 판 것이다), 그 점에서 센과는 입장이 다르다. 줄거리가 진행되어가면서 우리는 그가 강의 신이며 자신의 강이 매립되어 돌아갈 곳이 없게 된 처지라는 것을 알게 된다.

그렇다면 하쿠는 그림자인 카오나시와 어떤 상관 관계에 있을까? 언뜻 이러한 연관의 설정은 불합리해 보인다. 그러나 둘은 관계된다. 그들은 둘 다 센을 돕는 존재이며, 그림자의 반대급부적인 발현이다. 하쿠는 센의 아니무스에 해당하며, 반듯한 용모뿐만 아니라 행동거지와 말하는 방식 등 모든 면에서 우월하고 뛰어난 존재이다

(하쿠는 귀족이나 왕자를 연상시킨다). 융의 그림자가 필연적으로 아니마(Anima)/아니무스(Animus)의 발현과 연관된다는 점을 되새겨 보자. 자신의 그림자의 발현으로서 아니마/아니무스와의 직접적인 대면은 말처럼 쉽지 않다. 심혼(Seele)으로부터 벗어나기 위해 사람들은 요가든 엄격한 섭생이든, 자아를 조율하는 어떠한 방법이든 강구한다.[2]

하쿠는 유바바의 쌍둥이 언니인 제니바의 인장을 훔치다 치명적인 상처를 입고, 센은 하쿠를 구하기 위해 제니바에게 인장을 돌려주러 가기로 결심한다. 제니바의 집으로 가는 길은, 돌아오는 차편이 없기에 두려운 길이다. 성장하는 것은 언제나 돌아올 수 없는 길이다. 그러나 하쿠의 상처를 염려하는 마음이 있기 때문에 두려움을 극복할 수 있다. 카오나시와 함께 센은 제니바의 집이 있는 그림자의 땅으로 간다. 이곳의 모든 사람들은 그림자이다. 그림자는 감정적인 본성을 가지기 때문에, 그림자와의 관계는 융이 심혼과의 관계라 부르는 사로잡힘(obsession)의 성격을 갖게 된다.

아니마 혹은 아니무스로서 그림자의 투사에서 주체는 대타자의 욕망을 욕구하고 반영한다. 나의 욕구의 대상들(부모, 스승, 연인)이

---

(2) 아니마/아니무스는 고대와 중세 서양 철학의 '심혼'에 해당하는 개념이라고 할 수 있다. 심혼은 지성이나 정신과는 구별되는 혼에 해당하는데 영혼(spirit)과 유사하나 영어에는 본래 없던 개념이다. 심혼이라는 말은 한국융연구원에서 번역한 융 저작집에서 채택한 번역을 따랐다. 융 심리학에서 그림자의 발현 형태로서의 아니마나 아니무스는 주체가 평생을 걸고 떨칠 수 없는 상념으로, 라캉적인 의미의 대타자와 소실매개자인 타대상을 아우르는 종합적인 개념으로 볼 수 있다. 현재의 정신분석학이 밝힌 학적인 성과와 비교할 때 융의 개념이나 해석이 아직도 뭔가 긍정적으로 기능할 수 있는 부분이 있다면, 무엇보다 임상을 토대로 구축한 관찰과 이론이었기에 실질적인 치유 효과를 기대할 수 있다는 점일 것이다.

〈보름스의 경이의 방〉, 1655, 보름스 역사박물관

기억의 수집실의 모습이다. 수집 초기의 박물관 형태를 보여준다.

원하지 않는 모습은 억압된다. 센은 카오나시를 원하지 않기 때문에 카오나시는 초자아인 제니바의 곁에 떨궈진다, 혹은 유폐된다. 문자 그대로 그림자는 '그림자'가 된다. 그림자는 주체가 결코 의식의 반경에 받아들일 수 없는 배제된 무엇이고, 트라우마와 열등감, 억압된 욕구 등 온갖 부정적인 심리적 요소가 복합되어 빚어졌기에 그를 직면하기란 쉬운 일이 아니다. 그림자에 대한 의식은 전체 에고의 개인성에 근본적으로 도전하는 문제를 만들어낸다. 그림자와 직면하기 위해서 주체는 도덕적으로 확고하게 결단해야만 하며, 그 일부라도 의식의 반경으로 받아들여 다스릴 수 있다면 자아는 발전하게 된다.

하쿠를 구하겠다는 일념으로, 돌아올 수 없을지도 모르는 불안한 길을 기꺼이 떠나는 센은 이제는 이전의 징징대던 소녀가 아니다. 과감하게 떠나는 길은, 모든 친구를 놓고 혼자서 가는 외로운 길이다. 센이 던져넣은 경단을 먹고 그간 삼킨 모든 것을 토해내어 초라한 모습으로 돌아간 카오나시만이 센을 동반한다. 그들은 정해진 선로를 따라 바닥없는 늪을 향해 기차를 타고 간다. 기차는 회오와 상념만이 가득한 듯한 어슴푸레한 그림자의 땅을 지난다. 그들은 목적지에 밤에 도착한다. 외다리 도깨비 전등이 센을 마중나온다.

우리는 다시 한번 놀라게 되는데, 마녀 유바바의 쌍둥이 언니 제니바는 친절하고 현명한 마녀였다. 제니바는 센과 카오나시를 따뜻하게 맞아준다. 센에게는 머리카락(본능적인 충동)을 묶는 예쁜 끈을 주고, 뚱뚱한 쥐로 변한 떼보 아기와 카오나시에게는 일하는 법을 가르친다. 카오나시는 현명한 마녀의 곁에 남음으로써 그 외로움이 해원(解寃)된다. 카오나시는 아픔이 굳은 진주를 넣어 뜨개질을 한다. 그는 뜨개질을 하며 행복해한다. 말 못하는 그는, 표현하기 위해 그물 또는 네트를 짠다. 코믹하면서도 어쩐지 슬프다. 어쨌든 센은 카오나시가 필요하지 않아 제니바의 집에 그를 버려두고 돌아간다. 그것으로 충분할까?

상처가 완전히 치유된 하쿠는 용으로 변해 치히로를 찾아온다. 제니바의 집 문을 열자 가득히 나타나는 하쿠의 위용. 센은 하쿠를 타고 하늘을 난다. 하늘을 날아가는 와중에 센은 하쿠의 진정한 이름을 기억해낸다. 어렸을 때 그의 몸 속에 빠졌던 적이 있었기 때문이다. 하쿠는 치히로가 어렸을 때 빠졌던, 아파트 건설 때문에 없어진 작은 강이었다. (치히로는 죽을 뻔했으나 강물의 흐름이 어린 소녀를 기슭으로 밀어올려 살렸다.) 치히로가 하쿠의 이름을 기억해내 부르는 순간 그를 계약으로 옭아맨 망각의 주문이 풀린다. 물에 빠짐, 전율, 죽음과도 같은 환희가 있다. 센은 눈물을 흘리며 기쁨에 가득 차 외친다. "내가 어렸을 때 빠졌던 강 이름이 바로 고하쿠였지! 고하쿠 강! 네 이름은 고하쿠야!"

센과 하쿠는 서로에게 중요한 역할을 한다. 하쿠가 센의 이름을 찾는 것을 도와주는 것처럼 센은 하쿠의 이름을 '기억'해낸다. 타자의 도래없이, 외부로부터 오는 경험이라는 형태의 '사건(*Ereignis*)' 없이 스스로 이름을 되찾는 것은 불가능하다.[3] 여기에 타자의 역할

---

(3) '현존'이라는 줌(giving)은 사건(Ereignis)의 속성(property)이다. 존재(Being)는 사건 속으로 사라진다. Wyschogrod, *An Ethics Remembering: History, Heterology, and the Nameless Others*, Univ. of Chicago Press, 1998, 112쪽.

이 있다. 타자의 존재는 사건을 통해 시간의 감각을 되돌리며, 가능한 다른 세계를 보여준다. 타자는 단독적 개별자의 외부에 속하는 존재로, 타자의 말걸음과 도래를 통해서 내 눈앞에 보이지 않는, 어둠으로 덮인 불가능한 세계는 밝혀지며 나의 현존 속에 열려질 가능성을 지닌다. 만남을 통해서만 나는 세계 내 존재로 살아간다.[4]

이름은 이 애니메이션의 중요한 토포스이다. 아마도 이름에 대한 가장 오래된 믿음은 단어와 지시 대상 사이에 적합한 이름을 부르는 것이 그 사물에 대한 지배력을 갖게 한다는 신화적인 사고 방식일 것이다. 이는 아담의 언어, 즉 말과 지칭 대상 사이에 아무런 간극이 없는 순수한 언어가 타락해왔다고 생각하며, 언어의 추상화란 타락한 자연의 기호이며 물화된 관계라고 여긴 벤야민의 사고 방식을 생각해볼 수도 있겠다. 이름은 주체를 그의 현존 안에, '어디'와 '언제'에 위치시킨다. 그러나 그 자체는 공허하다. 이름은 지시하는 대상의 실체를 담지하지 않으며 다만 덮어씌운 무엇이다. 이름은 번역 불가능하다. 번역 불가능함이 이름의 속성이다.[5] 그러나 어느 누구로도 대체될 수 없는 차이, 유일무이한 존재로서의 이름을 진실로 부르는 것은 그와 내가 동등한 인간으로 만나는 데 필수적인 행위이다. 인간이 도구화 · 사물화 · 추상화될 때는 이름이 사라진다. 어떤 순간에 '나' 앞의 '너' 혹은 '당신'을 직시하게 되나? 어디에 써먹으려고, 내 소용에 닿게 누군가를 보지 않을 때, 그를 그 자신의 고

---

(4) 서동욱, 《차이와 타자》, 문학과지성사, 2000, 147~155쪽.
(5) Wyschogrod, *An Ethics Remembering*, 13쪽.

유한 현존에서 바라볼 때, 가치, 이념, 지위, 계급, 소유물 등으로 매개하지 않고 대면할 때 우리는 그의 이름을 부르게 된다. 이름 부름은 필멸성에 저항하는 행위이다. 그것은 얼굴을 마주함이다. 이름들은 이름이 지칭하는 얼굴의 고유함, 이름에 사로잡힌 풍경들을 펼치는 것, 맞대면하기, 대면하여 바라보기.[6]

잃어버린 이름을 되찾는다는 것은 고유성, 있어야 할 바로서의 본연의 모습을 기억함이고 그로 되돌아감이다. 인간은 환경과 상황에 떠밀려 마땅히 있어야 할 본래 자기의 모습을 잊는다. 어느 순간 마주침과 부름이 우연한 사건으로 도래한다. 부름, 이름 부름, 망각의 잠에 빠진 타아(他我)를 깨우기. 그렇다면 본래의 자기 자신이란 어디에 있는 것인가? 과연 그런 실체가 있는 것인가? 이름은 주체를 '어디'와 '언제'에 위치시킨다. 그러나 자아가 있어야 한다고 가정되는 그 장소, 이름이 지시하는 '본래의 자기'의 장소에는 오로지 소유물과 사회적 관계 들이 기입되어 있다. 더구나 그러한 관계 자체마저 다양한 사회적 힘과 욕망 들이 교차하고 작동하는 방식이다. 이름 부름이 지목하는 실체란 실제로는 비어 있고 끊임없이 움직이

---

(6) 언어의 소명은 명명과 호명, 이름 속에서 현전의 선사 내지는 호출이었을 것이다. 데리다의 이름에 대한 이 장은 법과 폭력에 대한 벤야민의 논의를 환기시킨다. 벤야민은 사건, 도래하고 있고 표상에 의해 언어에 도달하는 사건이라는 악에 대해 다룬다. 데리다, 진태원 역, 《법의 힘》, 문학과지성사, 2004, 64~68쪽. 고대에는 이름 부여가 대상 사물에 대한 마술적 힘을 발휘하게 하는 것이라는 견해도 있었으나 인문과학에 있어 보편적 진리로 나가는 방법에서 이름의 중요성을 강조한 근대 철학자는 홉스이다. 정확한 이름을 부여하는 데서 출발해 이들 이름들의 상호연결과 그 결과에 대한 지식을 얻는다. 홉스의 생각은 일종의 유명론이라고 볼 수 있는데, 지식은 이름의 정확한 명명, 이름들의 관계에 대한 진술, 삼단논법, 이름들의 모든 결과에 대한 지식으로 전개된다. 박우수, 〈토머스 홉스의 언어관〉, 《수사학과 문학》, 동인, 1999.

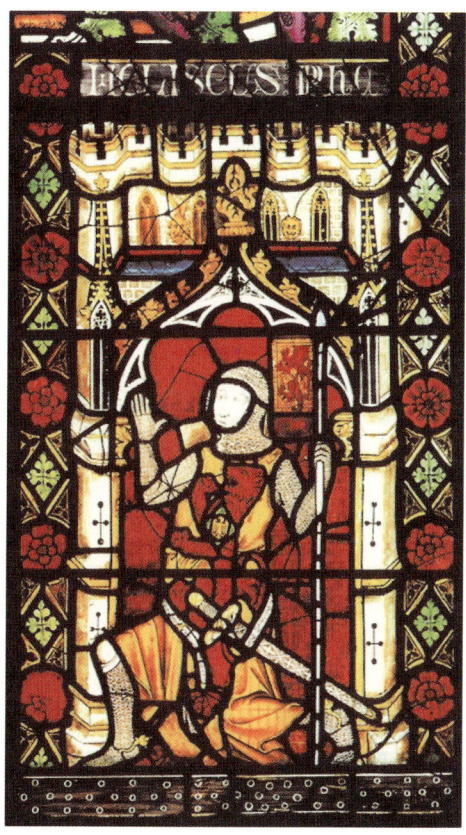

샤를톤(Charton), 〈이새의 나무〉에서의 기증자 초상화,
슈르스버리 성 마리아 교회, 영국

'이새(Jesse)의 나무'는 정당한 왕으로서 그리스도의 출생을
기억하기 위해 빈번히 채택되었던 도상이다.

는 자리이다. '나'라는 존재가 있어야 할 곳에는 오로지 힘의 관계들이 기표되어 있다. 소유물도, 기억도, 자아를 온전히 보증해주지는 않는다. 스스로에 대한 고유성을 정의해주는 기억, 기억으로 의식 속에 남겨지는 경험은 후속 사건에 의해 그 의미가 지속적으로 바뀐다. 기억되는 것은 언제나 그 자체가 아니다. 사건의 의미는 일어나고 있는 도중에는 알 수 없다. 길을 끝까지 가본 뒤에야 목적지를, 모든 일이 일어난 뒤에야 무슨 일이 일어났던가를 말할 수 있다.

그러므로 미래를 지닌 존재로서의 '나'는 시간 속의 나이며, 현재의 자신이 점유한 장소를 벗어나는 부정성과 통과의 여정으로만 존재한다. 자유로운 존재로서의 '나'란 끊임없이 고유한 실체를 넘어서는 가운데에만 있게 되는 무엇이다. 또한 자유로운 존재로서의 나만이 진정한 나이다. 자유로운 자아란 지금 현재 가지고 있는 것, 소유물에 의해서 정의되지 않는다. 자유로운 자아란 고유성을 넘는 하나의 통과의 여로(passage)이다.[7] 자유로운 자아란 주체라는 한계에 유폐되지 않는, 가능성을 지닌 존재, 도래할 미래에 의해서만 말해질 수 있는 무엇이다. 미래는 현존 속에 이미 존재하나, 그 모습이 어떠한지 우리는 정확히 알지 못한다. 다만 우리는 지향하고 끌어당기며 도약한다.

---

(7) Jean-Luc Nancy, *The Experience of Freedom*, Stanford University Press, 1993, 21쪽, 70~72쪽, *epekeina tēs ousias*, 124~126쪽. 다른 것 혹은 타자의 도래에 의한, 놀람과 용기로서의 열려진 시간, 사건에 대해서는 113~115쪽. 이것은 하이데거의 논지에서 비롯되었다. 자유란 property의 형식을 취하는 그 어떤 것에도 있을 수 없다. property란 오로지 자유로부터 있기 때문이다. property에 대한 다른 논의는 Edith Wyschogrod, *An Ethics of Remembering*, 12~13쪽 참조. 김상환, 《니체, 프로이트, 맑스 이후》, 창작과비평사, 2002.

센은 하쿠의 진정한 이름을 기억해내며, 그의 신체를 덮은 비늘은 산산이 떨어져나간다. 부름에 의해 그는 용에서 인간으로 돌아올 수 있다. 센이 하쿠의 이름을 부를 때, 그가 기억하지 못하는 과거를 기억해낼 때, 센은 강물로서의 하쿠의 영혼을 보고 있다. 하쿠의 영혼은 센의 부름에 의해 저주에서 풀려나고, 센은 아버지, 어머니를 되찾아 현실세계로 돌아온다. 〈센과 치히로의 행방불명〉은 전형적인 성장소설(*bildungsroman*) 형식을 갖고 있다. 성장에 수반되는 것은 떠남과 돌아옴이라는 순환적인 여정이다. 마치 고대의 영웅과도 같이 과업 성취를 위해 시련이 부과되고, 내면(지하세계)으로 하강, 여행의 여정에서 여러 인물들의 도움을 받고, 마침내 과업을 완수해 애초에 떠난 출발점으로 되돌아온다.[8]

성장과 회귀. 따라서 이것은 성장소설 서사의 전형이며, 때문에 현실적이다. '현실적인 것'이란 무엇인가? 그것은 "이미 존재하는 것과는 무관하며 접근 가능한 무엇"이 아니라, "행위를 통해 실재로 재구성되는 것"이다. 현재는 사건으로 존재하며 주체를 구성한다. 그것은 미래의 현존으로의 끌어당김이다. 지향으로서의 미래는 아직 도래하지 않았으나 이미 현존하는 무엇이기도 하다. 센이 제니바의 문을 열고 하쿠와 맞닥뜨릴 때, 하쿠는 치히로가 지향해야만 하는 사람, 부를 이름이 된다. 그는 드러나는 존재, 계시이다. 무엇의 계시인가? 그는 미래이다. 센이 현실로 돌아가 만나야 할 사람, 사

---

[8] 오한진, 《독일 교양소설 연구》, 문학과지성사, 1989; 이보영, 《성장소설이란 무엇인가》, 청예원, 1999; 최현주, 《한국 현대 성장소설의 의미》, 박이정, 2000 참조.

건, 운명의 지시이다. 센이 빠져든 세계에서 그는 하쿠라는 이름을 갖고 있지만 도래할 미래인 '현실'에서는 아직 이름이 없다.

이름을 되찾은 치히로는 마침내 어머니, 아버지와 함께 현실로 돌아오는 데 성공한다. 어머니, 아버지는 살고자 하는 욕망이자 자아의 중심(어머니와의 사이에 세운 법, 노모스로서의 아버지)이다.[9] 겉보기에는 전과 다름없지만 치히로는 예전의 치히로가 아니다. 이제는 미래를 기대하는, 용기있고 희망을 지닌 소녀가 된 것이다. 치히로의 가슴에는 하쿠에 대한 기억이 남아 있으며, 하쿠는 그들이 반드시 다시 만날 것임을 확신시킨다. 센이 환상에서 얻은 경험과 힘으로 현실에서 계속 성장해나가기 위해 하쿠를 기억해두는 일은 중요하다. 제니바가 센에게 선물한, 머리카락(본능과 충동)을 묶는 끈은 법과 욕망의 매듭이자 기억의 봉인이기도 하다.[10] 센은 '하쿠'를 만나기 위해, 현실에서는 아직 부를 이름이 없는 그를 만나기 위해 마음 속에 법을 지니고, 기억의 봉인을 묻어둔 채 노력해야만 하리라.

---

(9) 노모스(nomos)란 고대 그리스어에서 '부분'을 의미하는 접두어 nem에서 유래한 말로, 소유의 장소, 분배된 토지나 지역을 의미한다. 로고스와 노모스라는 표현은 분배의 문제를 가리킨다. 재현 안에서 경계가 그어진 '소유권'이나 영역들과 동일시되는 규정들의 분배가 있고, 유목적인 분배, 즉 어떤 울타리도, 경계도, 척도도 없는 유목적인 노모스가 있다. 바디우, 박정태 역, 《들뢰즈-존재의 함성》, 이학사, 2001, 220~221쪽. 아버지와 어머니라는 기표의 역할에 대한 라캉적 관점의 논의는 필리프 쥘리앵, 홍준기 역, 《노아의 외투: 아버지에 관한 라캉의 세 가지 견해》, 한길사, 2000.
(10) 매듭은 라캉적인 매듭으로 상상계·상징계·실재계(현실)의 교차를 봉합한다. 라캉적인 견지에서 주체는 환상을 통해서 현실과 접촉한다. 그러나 분열되거나 편집증에 빠지지 않기 위해 그것은 봉합되고 매듭지어져 조절될 필요가 있다. 권택영 교수의 저서들 및 슬라보예 지젝의 저서들을 통해 라캉에 쉽게 접근할 수 있다.

그러나 마지막으로 남는 여운은 이것이다. 현실을 견디게 해주는 지향, 환상으로서의 하쿠보다는 제니바의 곁에 남아 끙끙거리며 편물을 짜는 카오나시 편이 결과적으로 보다 현실성있는 것 아닌가 하는. 센을 끝까지 도우며 동반하는 것은 카오나시이며, '가치(금)'를 만들어내는 것도 카오나시이다. 아마 이 이야기를 대본으로 써낸 것도 고독한 카오나시일는지 모른다. (그것이 바로 진주를 넣은 편물 짜기의 의미이다. 진주는 아픔이다.) 현실로 돌아온 센은 구체적인 인간으로서 하쿠를 만나지 못할 확률이 높다. 돌아오지 못할 성장의 길에서 주체를 끝까지 동반하는 것은 왕자와도 같은 하쿠의 환상이 아니라, 결국엔 괴물로까지 변하는, 그리고 나서 삼킨 것을 모두 부정하는, 토해내 실체없는 초라한 자기로 돌아가는 카오나시의 노력이다. 그 노력을 무엇이라 부르던간에, 그것은 정해진 궤도로부터 벗어나는 수직의 편향, 그 운동의 궤적, 직조의 형상이다.

약속과 인장이라는 모티프

〈센과 치히로의 행방불명〉은 기억의 인장이라는 대단히 중요한 토포스를 갖고 있다. 하쿠의 상처입음과 센의 성장은 이 인장이라는 토포스 주위에서 그려진다. 하쿠는 제니바로부터 인장을 훔쳤다가 죽을 뻔하며 센 역시 인장을 돌려주러 가기 위해 죽음을 무릅쓰고 돌아올 수 없는 길을 떠난다. 제니바(초자아)의 인장과 센이 머리를 묶는 끈은 해석의 실마리가 될 수 있는 중요한 모티프들이다. 무엇보다 그것은 약속이고 각인이며 봉합이다. 왕들은 문서에 인장

〈반지 서약 고리〉,《조하르》, 1982, 콜로뉴 판본

나의 눈과 신의 눈은 보고, 깨닫고, 사랑하는 '하나의' 눈이라고 말했던 중세의 신비주의 철학자 마이스터 에크하르트(Meister Eckhart)와 마찬가지로《조하르(Zohar)》역시 두 눈의 하나됨에 대해 말하고 있다. "여기, 두 눈은 다시 한번 하나의 눈이 되리라, 그 변화하는 응시는 모든 사물을 풍족하게 양육하리라, …… 이 눈이 한순간 감긴다면 더이상 어떤 것도 존재할 수 없으리. 이러한 이유로 이 눈은 모든 사물을 보호하며 그 존재를 지속하게 하는 열린 눈, 상위의 눈, 성스러운 눈, 탐색하는 눈, 잠들지 않고 잊지도 않는 눈일지니.

을 찍어 봉인한다. 그것은 주권과 서명이 지니는 힘의 표시이며, 인장은 미래에 공표될 문서를 보존하기 위한 계약으로, 반드시 실현되어야만 하는 중요한 **약속**의 비밀성과 안전성을 나타낸다. 무엇보다 인장은 합법적인 소유권의 천명이다.

약속, 인장, 봉인, 매듭, 반지, 원환, 고리, 끈 묶음, 모세의 율법, 서약, 방주(십계명은 신과의 서약이다) 등은 모두 하나의 계열로 연결되는 상징들이다. 그것은 기억을 통한 서약이자 맹세이다. 마음 속의 봉인된 인장과 서약을 통해 인간은 '현실'과 직면할 힘을 지니게 된다. 율법의 판을 얻은 그는 안전한 방주 안에 있게 되는 것과도 같다. 풍랑이 예고되는 바다는 인간을 쉽사리 난파시킬 수 있는 거친 실재이고, 인간은 의지, 서약, 이성에 의존하여 거친 바다를 항해한다. 반지, 매듭, 봉인, 서약은 힘을 준다.

결코 잊어서는 안 되는 약속, 하나의 법(노모스, 즉 법, 아버지, 주권, 자아)으로서 마음의 서약은 흔들리지 않는 자아의 중심을 만들어낸다. 법으로서 미래의 약속은 마음 속에 엄숙한 서약과도 같이 각인되어 반드시 기억되어야만 하는 무엇이다. 미래의 약속은 하나의 기억으로 의식의 반경에 들어오게 된다. 미래는 이미 현재 안에 있으며, 기억된 과거는 현재 속에서 되살아난다. 센에게 하쿠는 뒤돌아보지 말 것, 반드시 다시 만날 것임을 확신시킨다. 우리는 그 약속이 센의 마음에 각인된 기억의 봉인이 되리라는 것을 안다.

그러므로 도래할 미래로서 부르는 이름의 자리에는 약속이 들어간다. 그 약속이란 절대적으로 실현되어야만 하는 약속, 노모스, 법이다. 그렇다면 법이란 무엇인가? 모든 규칙의 판단 중지, 결정 불가능한 것, 계산 불가능한 것의 긴급한 결단. 하나의 단절이자 파열로서 미래로의 열림.[11] '법'을 내린 신의 이름을 신학적인 주해가 아니라 외부로부터, 즉 언어학적인 측면에서 살펴보는 것은 흥미로울 것 같다. 예컨대 야훼(*ehyeh*) 또는 여호와(*jehovah*)가 의미하는 것은, 그렇게 되어야만 한다, 즉 'to be'로 번역되는 히브리어 존재동사의 미래형이라고 한다. 즉 '그렇게 되어야만 한다'는 뜻이다. '스스로 있는 자'로 번역되는 야훼의 이름은 미래에 올 이름의 이름, 이름의 약속이다. 그것은 그렇게 되어야만 하기 때문에 그렇다는 것이다.[12]

이름을 묻는 모세에게 답하는 신의 말은, "내가 너와 함께 있으리라 함은, 내가 너와 함께 있기 위하여 너와 함께함이므로 나는 너와 함께하리라는 것은 너와 함께할 것임이라"는, 무한하게 전개되는 일종의 동어반복이다. 그것은 요컨대 신의 이름이 놓일 장소 안에 미래에 분명코 실현될 수 있는 하나의 '약속'을 넣는 것이다.[13] 그 약속은 인간과 신 사이의 엄숙한 서약(*covenant*)이다. 신의 이름을 아는 것, 말하는 것은 신의 '법'을 따르는 것이다. 존재하기 위해, 되기 위해 신은 거기, 그 이름의 장소에 있을 것이므로. 그리하여 너는

---

(11) 데리다, 《법의 힘》, 65쪽, 85쪽, 93쪽.
(12) Sandor Goodhart, "'I am Joseph: René Girard and the Prophetic Law", in *Violence and Truth*, Stanford Univ. Press, 1988, 53~74쪽.
(13) 법은 초월적이고 신학적이며, 따라서 항상 도래하게 될 것이고 항상 약속되는데, 왜냐하면 그것은 내재적이고 유한하며, 따라서 이미 과거의 것이기 때문이다. 모든 '주체'는 이러한 아포리아적인 구조에 미리 사로잡혀 있다. 데리다, 《법의 힘》, 85쪽.

(모세는) 그 이름을 말할 수 있으며, 이때 신의 법은 생존의 법이며 살아가기 위한 법이다. 모세의 서약은 인간이 신과 맺은 협상이자 계약이다. 너는 이렇게 하여라, 그리하면 나는 이렇게 하리라, 내 법을 따르면 너는 살아남을 것이라는. 서약을 통해 신이 말하는 것은 **"살아가라"**는 명령이다. 희망을 지니고 미래를 살아가게 하는 힘을 주는 하쿠의 약속은 센의 마음에 각인된 봉인이 될 것이다.[14]

---

[14] 여기서는 개인적 사랑의 대상을 지칭하는 고유명사로서 개인의 이름이라는 측면에서 설명하고 있는데, 이름에 대한 사유가 중점적으로 나타나는 것은 특히 정치철학자들로부터이다. 입장의 차이는 있으나 실뱅 라자뤼스(Sylvain Lazarus)라든지 안토니오 네그리(Antonio Negri)는 모두 이름의 문제를 중요하게 다루고 있는데, 네그리의 경우 전통적인 '개념'의 자리를 공통적인 것의 언어적 장소로서의 이름이 대치한다. '개념'이 보편을 만드는 반면 이름은 각각의 상황에 고유한 특개성(singularity)을 중시한다. 그러나 네그리의 사유에서 특개성 혹은 단독성(singularity)은 일반지성이 지니는 공통적인 것의 발현이다. 네그리, 정남영 역, 《혁명의 시간》, 갈무리, 2004. 한나 아렌트는 인간조건으로의 행위의 긍정성과 약속과 용서에 대해 강조한다. 아렌트, 이진우·태정호 역, 《인간의 조건》, 한길사, 1996, 308~310쪽; 실뱅 라자뤼스, 이종영 역, 《이름의 인류학》, 새물결, 2002.

2

기억의 기술

　기억의 매듭과 봉인, 기억의 인장이라는 토포스가 어떠한 근원을 갖고 있는지 되돌아보는 것은 근대의 그림자를 유폐한 봉인을 풀어내기 위해서 의미있는 일일 듯하다. 합리화·세속화라는 말로 설명될 수 있는 근대화 과정으로 접어들며 주류담론으로부터 배제되어 점차 잊혀진 것 중의 하나가 기억이론이다.[15] 전통적으로 앎이란 기억과 불가분의 관계였고, 언어는 말과 문자로 구현되어 기억되어왔

---

(15) 헤이든 화이트(Hayden White)가 지적하는 것처럼, 수사학이 대난파하며 줄줄이 도매급으로 폐기처분 혹은 망각되었던 중세적인 개념들로 예컨대 복합(complicatio), 이접(disjunctio), 연접(conjunctio), 장소성이라든지, 상동(homology, congruence), 배치(dispositio), 이자(혹은 관심사)나 관상(speculation), 그리고 투자(또는 투기) 등이 있다. 투자(investment)는 재현(representation)이 되었다. 투자란 중세에는 '옷입힘〔着衣〕'이었고 이자(interest)란 보통의 좋은 것, 선, 상품(good) 그 이상으로 '뭔가 좋은 것'이었다. 이러한 개념들이 근본적으로 중세의 관심사였다는 점을 상기할 필요가 있다. 이것은 서구 자본주의와 유일신교인 기독교 간의 불가분의 관계를 암시한다.

다. 말과 글을 위해서는 수사학이, 수사학에는 기억의 기술이 필요했다.

  망각의 이유로, 기억술이 주로 상징과 은유를 활용하는 형상언어를 사용했던 까닭에 객관적이고 정확한 언어의 추구에 적합하지 않았다는 점, 고대와 중세의 자유학예 가운데에서도 중시되었던 수사학의 역할이 근대로 접어들며 점차 축소되었다는 점 등을 들 수 있다. 기억의 기술들은 대개 형상언어인 상징과 은유를 적극적으로 활용할 것을 권했다. 그러나 중세 해석학의 방식대로 상징이 내포하는 몇 겹의 해석을 따라가다 보면 결국 모든 것이 모든 것을 나타낸다는 신학적인 담화가 된다. 모든 것이 모든 것을 나타낸다면(이것은 마법적인 동시에 종교적인 성격을 지니는 내재성의 사유의 특성이기도 하다), 담화는 무의미와 상대적인 진리로 흘러가버리고 아무것도 설명될 수 없다. 때문에 기억술은 근대의 담론들로부터 배제되었다.

  그럼에도 불구하고 형상언어를 활용하는 시적이고 신비주의적인 사고 방식들은 한순간에 폐기되어버린 것이 아니라, 언제나 드러나지 않는 가운데 상징을 중시하는 비주류적인(그러나 민중에게 분명 강한 영향을 미쳤던) 담론 안에서 면면히 이어져 나갔다. 반종교개혁, 신플라톤주의, 연금술, 프리메이슨, 타로카드[16]와 카발라적 점성술 마법 등이 그것인데, 그 중에서도 연금술이나 프리메이슨은 마

---

[16] 크리스티앙 자크, 하태환 역,《프리메이슨》, 문학동네, 2003; 이종흡,《마술, 과학, 인문학》, 지영사, 1999.

치 동양의 신선사상이나 연단술(煉丹術)과도 같은 역동적인 측면이 있다. 이것은 비기독교적인 사유 방식(이슬람이나 동방적인 것)을 포괄하려 했고, 삶을 견딜 만한 것으로 만들고자 했던 실용적 삶의 기술에 닿아 있었다. 한편 모든 것을 넘어서는, 설명될 수도 경험될 수도 없는 무한을 담아보려 했다는 측면에서, 정통 부정신학[17])의 신비주의와도 연결되는 점이 있다.

'기억의 기술'은 형상언어 활용의 가능성을 시사해주며, 오늘날 정확한 언어를 추구하는 철학과 같은 순수학문이 아닌 교육학이나 경영학 같은 실용학문들은 과거의 기억술과 동일한 것을 중시한다. 자아에 대한 긍정적인 이미지를 심상에 각인하는 것이 중요하기 때문이다. 실재에 대해 마치 주문과도 같이 영향을 미치려는 이러한 태도는 마법적이라거나 이데올로기적이라는 비판을 면할 수 없지만, 그러한 형상 활용의 이론이 끊임없이 되풀이되었다는 것은 그만큼 이미지의 힘이 강하다는 것을 예증한다. 그러면 먼저 기억에 대한 고대와 중세의 이론을 시대순으로 간략히 정리한 뒤 '기억의 인장'이라는 토포스에 대해 조르다노 브루노(Giordano Bruno)의 저작을 중심으로 살펴볼까 한다.

---

[17] 부정신학이란 아우구스티누스나 위디오니시우스(Pseudo-Dionysius) 혹은 에리게나(John Scotus Erigena)의 경우처럼, 신은 무엇이 아닌 것으로만, 즉 부정적으로만 말할 수 있고 파악할 수 있다고 보는 입장을 말한다. 우리는 신에 대해 말할 수도, 생각할 수도 없다. 신은 부정형으로만 드러난다. 바이셰델, 최상욱 역, 《철학자들의 신》, 동문선, 2003; 제임스 크로스화이트, 오형엽 역, 《이성의 수사학》, 고려대 출판부, 2001.

고대의 기억의 기술과 수사학

수사학은 근대화 과정을 거치며 점차 힘을 잃고 폐기되다시피 했으나 근래 들어 그 위상과 중요성이 부활되고 있다. 고대에 수사학은 일곱 가지 자유학예에 포함되었으며, 왕자의 덕을 쌓는 데 필수불가결한 웅변술과 관련되어 대단히 중요하게 취급되었다. 수사학을 나타내는 신은 경계의 신이자 메신저이자 연결자인 헤르메스이며 지시되는 언어의 실제 내용과 수사법 등 문헌의 모든 것을 분석하는 것이 해석학(*hermeneutics*)이다. 수사학 교본들은 한결같이 기억의 **장소**(*locus* 혹은 *topos*)의 배치의 중요성을 강조했다. 능변을 위해서는 적재적소에 기억의 장소들을 불러와 **배치**할 수 있어야만 했기 때문이다.

'기억의 기술'에 대해서는, 오랫동안 키케로가 저술한 것으로 알려졌던 작자미상의 《수사학과 해석학(*Ad Herennium*)》(기원전 86~82년경), 키케로에 의해 보충된 《웅변론(*De oratore*)》, 퀸틸리아누스(Marcus Fabius Quintilianus)와 헤르모게네스(Hermogenes)의 《수사학강요》 등을 중요한 문헌으로 꼽을 수 있다. 퀸틸리아누스와 헤르모게네스는 기억술의 창시자로 시모니데스(Simonides)의 일화를 언급하고 있다. 어느 날 시모니데스는 친척, 친구 들과 함께 궁전의 향연에 참석했다. 그가 잠시 연회가 진행되던 홀을 떠났을 때 갑자기 거센 바람이 불어닥쳐 건축물이 무너져 참석자들은 형체를 알아볼 수 없게 으깨지고 말았다. 그때 시모니데스는 기억술을 통해 그의 친척과 친구 들이 앉아 있던 장소를 정확하게 기억해냈다

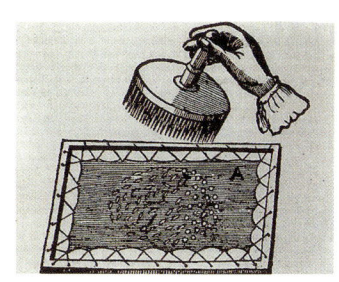

르네 데카르트, 《인간의 속성》 삽화

데카르트는 기억의 창조를 직물에서 바늘땀의 흔적에 비유했다. 플라톤은 기억의 작동을 밀랍평판에의 이미지의 각인에 비유한다. 고전, 고대에 기억은 '뮤즈들의 어머니'로 취급되었다. 르네상스 시기에 일련의 기억술 훈련들이 추천되었는데 이것은 모두 장소들 혹은 상들이 연속적으로 변화하는 이미지들로 각인되도록 하는 배치라는 개념에 기반했다. 기억의 기술은 내면적인 글쓰기와도 같다.

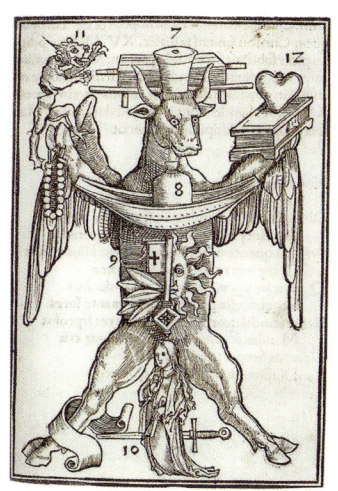

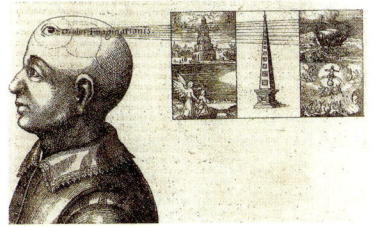

고 한다.[18]

시모니데스의 일화에서 알 수 있듯이 기억이란 근본적으로 장소의 기억이었다. 퀸틸리아누스가 말하는, 기억을 위한 수사학적 체계는 주의깊게 질서지어진 **장소들**(*loci, loca*)의 연속 그리고 재현된 상들(*imagines*)에 의존한다. 고대 수사학자들은 로마 저택 혹은 교회나 수도원, 궁전 같은 커다란 건축물을 상상하고 그 건축물의 방, 아치, 기둥, 벽감(壁龕), 건축적 장식 들에 기억해야만 하는 이미지의 상들을 위치시켰다. 이 '장소들'에 아이디어들, 행위들, 말들, 문장들, 속성들 내지는 어떤 이야기를 새겨서 일단 고정되면, 상상 속에서 이 건축물들 안으로 들어가 걸으며 각인된 이미지들을 쉽게 불러낼 수 있었고 또한 얼마든지 다르게 조합할 수 있었다.

이 상들은 생동하는 그림(*tableau vivant*) 혹은 이미지의 담지체(*imagines agentes*)로 불렸으며, 그 세부는 기억해야만 하는 것의 속성들 혹은 상징물로 이루어졌다.[19] 장소에 넣는 이미지들은 어떤 사물, 주제와 관련된 재료, 또는 선택된 사물들을 묘사하고 있는 말들로 구성될 수 있는데, 강렬한 감응을 일으키도록 선택되어야만 한다. 추상적인 개념의 시각화를 위해 의인화가 추천되었고 추상적인 것들도 사물로 환원되어 얼마든지 시각화할 수 있었다. 상사와 닮음의 대체가 작동했다. 예컨대 힘은 삼손으로, 왕은 사자로, 지혜는 솔로몬으로 대체된다. 상을 만드는 기억의 규칙은 닮음과 제유, 환유이다.

---

(18) Enders, *The Medieval Theater of Cruelty: Rhetoric, Menory, Violence*, Cornell Univ. Press, 1999, 63~73쪽. 호세 안토니오 에르난데스 게레로·마리아 델 카르멘 가르시아 테헤라, 강필운 역, 《수사학의 역사》, 문학과지성사, 2001.

장소의 조합들은 고정된 것이 아니며 얼마든지 다른 연설, 다른 목적을 위해 사용될 수 있었다. 이것은 마치 하이퍼텍스트의 시원적인 형태와도 같아, 컴퓨터를 이용해서 글을 쓸 때 커서를 옮겨 문단을 이리저리 잘라내어 붙이듯, 장소란 얼마든지 다른 방식으로 편집될 수 있었다. 이처럼 장소들이란 분절 가능한 장소성을 지닌다. 요컨대 장소들은 '배치'될 수 있다. 수사학자나 계보학적 문헌학자의 입장에서 담론의 장소들이란 신성불가침의 절대적인 것이 아니다. 장소를 기억하는 것, 그것은 바로 학문적인 독단을 깨는 언어적 건축의 형태를 지향한다. 장소들의 배열 방식으로서 고전수사학은 무엇보다 궁전이나 건축물의 형태를 추천하고 있지만, 이것은 점차 이미지(상), 나무, 거리, 사다리 또는 바퀴(원반) 형태를 이용하는 것 등 다양한 도식을 활용하는 것으로 발전한다.

아리스토텔레스는 《영혼에 대하여(De Anima)》와 《기억과 회상에 대하여(De memoria et reminiscentia)》 등에서 기억의 긍정적 성격에 대해 "인간은 이미지들(판타스마타)없이는 이해할 수 없다

---

(19) 타블로 비방(tableau vivant)은 요컨대 그림 같은 상의 연출이다. 이것은 본래 죽은 자에게 활기를 불어넣는다는 뜻을 지니기도 했던 시뮬라크라(simulacra)를 말하는 것으로, 시대에 따라 다르게 이해되었다. 퀸틸리아누스는 법정에 피고의 그림을 들고 나오는, 타블로 비방의 사용례를 말하고 있으며, 중세에 타블로 비방은 수난극에서 말없는 상(voiceless effigy)으로 장면을 보이게끔 만드는 활인극이었다. Enders, *The Medieval Theater of Cruelty: Rhetoric, Memory, Violence*, 174~175쪽. 르네상스기에는 고대적인 무대장치 아래에서 연극의 막간에 알레고리적인 모습을 연출하거나 축제 행렬 때 상징적 의인화를 만드는 것을 그렇게 불렀고, 고전주의 시대로 접어들면 귀족들은 파티의 여흥으로 옛 그림의 장면들을 알레고리적으로 연출하는 것을 즐기기도 했다. 괴테의 《친화력(*Die Wahlverwandtschaften*)》에서 귀족들은 네덜란드 화가 테르보르흐(Gerard Terborch)의 〈자애로운 충고(Fatherly Advice)〉라는(이 제목은 잘못 알려진 것이라는 설이 있다) 작품에서 타블로 비방을 만드는 놀이를 하고 있다.

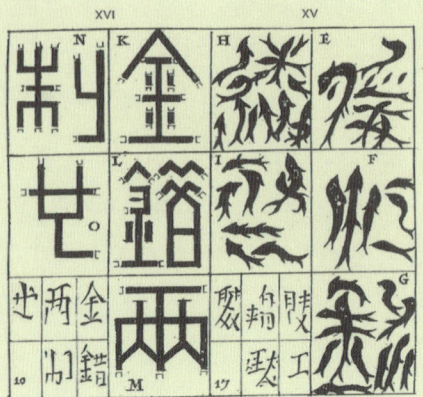

중국의 인장에 관한 책, 1667, 암스테르담

여러 가지 이미지가 조합된 상뿐만 아니라 이집트 상형문자와 중국의 인장 등은 모두 기억술의 훈련에 사용되었다. 아타나시우스 키르허는 중국 문자의 발명에서 거북껍질 일화를 상기시키며, 달팽이 껍질 위의 무늬와 마찬가지로 "자연의 가장 흥미로운 게임"이라고 불렀다.

(*Nihil potest homo intelligere sine phantasmate*)", "인간은 심상들(판타스마타)없이는 결코 생각하지 않는다", "이미지는 육체적인 상사(相似)이다. 그러나 지성적인 이해를 위해서는 개별자들로부터 개념들이 추상화되어야만 한다"고 지적한다.[20] 추상화하는 지성은 영혼의 기억의 일부분으로 환영(phantasy)을 통해 작동한다. 지각된 것의 이해에는 지성이 필수적이다.

기억이론에서 고대와 중세를 연결하는 위치에 있는 키케로(Marcus Tullius Cicero)는 아리스토텔레스적인 고전적 기억이론을 전적으로 받아들였고 이것은 토마스 아퀴나스의 유비와 상사 이론에 그대로 연결된다. 키케로는, 인간은 이미지들(*imagines agentes*) 혹은 판타스마타(*phantasmata*) 없이는 **프로프리아**(*propria*)를 이해할 수 없다고 생각했고, 이것은 **메타포리카**(*metaphorica*)로 번역될 수 있다고 보았다. 프로프리아는 형상들에 의해 기억될 수 있다. 이것은 고대의 기억이론이 중세 수사학의 총화인 토마스 아퀴나스의 상사와 유비 이론으로 연결되도록 하는 계기를 만들었다. 사물 자체인 프로프리아(플라톤 철학의 실체 혹은 본질로 번역되는 *ousia*[21])에 해당)는 '정확한 정보'이며 은유는 실제 사물 그 자체의 재현보다 덜 정확한 재현이다(*metaphorica minus repraesentant rem quam propria*). 그러나 은유는 영혼을 움직이기에 기억을 도우며, 말과 사물에 대한 모든 기억은 이미지들에 의해 개념들이 환기되도록 추동한다.[22] 키케로의 경우 소피아(지혜; sapientia)와 프로네시스(pronesis; 사려 혹은 지혜)는 구별된다. 사려깊은 예지인 프루덴티아(*prudentia*)는 데코룸(*decorum*), 즉 추구되어야만 하는 사물과 회피되어야만 하는 사물에 대한 지식이다.[23]

《고백록》에서 아우구스티누스는 시종일관 모든 것을 간직하는 기억을 찬미하며 현존하지 않는 사물들의 심상까지 모든 감정은 기억으로 돌아간다고 강조한다. 사물이 상실될 때 기억에 보존되지 않으면 그것은 간직될 수 없으며, 기억의 거대한 방에 있는 심상들로부터 미래의 행위와 사건과 소망까지도 '구성할 수 있다.' 아우구스티누스는 진리 인식에서 트리니티(삼위일체)를 강조하는데, 영혼의 힘

---

(20) Aristotle, *De Anima*, 431a 17. 아리스토텔레스, 유원기 역, 《영혼에 관하여》, 궁리, 2001, 231쪽.
(21) 실체 혹은 본질을 넘는 것을 뜻한다. 사물들은 외관상 부단히 변화하나 변화하지 않고 지속성을 유지하며 존속하는 것이 있다는 보며 이것이 우시아이다. 우시아는 일차적으로 어떤 사람에게 있는 것, 즉 자산을 뜻하며 라틴어로는 substantia에 해당한다. 플라톤의 《국가》편에서는 우시아가 '자산'으로 쓰인 빈도와 '본질'로 쓰인 빈도가 거의 반반이다. 플라톤, 박종현 역, 《에우티프론, 소크라테스의 변론, 크리톤, 파이돈》, 서광사, 2003, 295~296쪽.
(22) Yates, *The Art of Memory*, Routledge and Kegan Paul, 1972(1966), 65쪽.
(23) 키케로, 허승일 역, 《키케로의 의무론》, 서광사, 1989, 108~109쪽.

은 의지(*voluntas*), 기억(*memoria*), 지성(*intelligentia*)의 삼위일체로 구성되고, 신중(prudence)은 기억(*memoria*), 지성(*intelligentia*), 예지(*providentia*)로 구성된다. '기억의 너른 궁전'에 대해 아우구스티누스는 창안(*inventio*)의 테사우루스(*thesaurus*)라는 말을 사용하고 있다.[24] 기억 속에서 그는 사물뿐만 아니라 우주 전체를 보았다. 그러나 아우구스티누스는 신이라는 무한한 타자에 도달하기 위해 기억 자체를 부인하기에 이른다. "그리하여 나는; 기억이라고 하는 유일한 수단에 의해 당신에게 가닿고자 하는 열망조차 넘어서 가야만 할 것입니다."《고백록》 10)

기억과 시간에 대한 아우구스티누스의 질문을 다시 한번 심도깊게 고찰하고 있는 사람은 해석학자인 리쾨르(Paul Ricoeur)이다. 리쾨르는 아우구스티누스의 사고가, 지나가고 다가올 두 개의 시간 사이에서 '찢겨진다'고 지적한다. 리쾨르에 의해 되풀이되는 물음은 다음과 같다. 어떤 방식으로든 과거와 미래가 존재할 정당한 권리가 있다고 무슨 근거로 말할 수 있는가?[25] 저자들은 '우아한 해결책'을 시도한다. (미래와 과거의 일들은) 그것이 어디에 있든, 어떤 것이든, 현전하는 것으로써만 존재한다. 현전하는 것은 우리의 기대 덕분으로, 우리에게는 그것을 '예고'할 수 있게 하는 어떤 '전-지각'이 있다. 기대는 이처럼 기억과 유사 관계에 놓인다. 그것은 **아직 존재하**지 않는 사건에 선행한다는 의미에서 **이미 존재하고 있는** 어떤 이미

(24) Yates, *The Art of Memory*, 65~67쪽. '신중'은 도상학적으로는 과거·현재·미래를 동시에 보는 세 개의 눈을 지닌 레이디로 재현된다.
(25) 폴 리쾨르, 김한식·이경래 역, 《시간과 이야기》 1, 문학과지성사, 1999, 40~41쪽.

지로 구성된다. 그러나 그 이미지는 지나간 일들이 남긴 흔적이 아니라, 우리가 그렇게 예상하고, 지각하고, 예고하고, 공표하는, 미래의 일들에 대한 어떤 '기호'이다.[26]

아우구스티누스에게는 세 개의 시간이 있다. 즉 "과거의 현재, 현재의 현재, 미래의 현재." 이러한 세 가지 시간의 양태는 어떤 방식으로 정신 속에 존재하며, 다른 곳에서는 찾을 수 없다. 과거의 현재는 기억이고, 현재의 현재는 **직관**(*vision, contuitus*)이며, 미래의 현재는 기다림이다(《고백록》 11서, 20, 26).[27] "과거의 일과 미래의 일이 실제로 존재한다면, 나는 그것이 어디에 있는지 알고 싶다."(18, 23) 그것을 어떻게 아는가? "이를테면 나는 세 가지의 시간을 본다(*video*). 정신은 기다리고(*expectat*), 주의를 기울이며(*adtendit*), 기억한다(*meminit*)." 그 결과, 정신이 기다리는 것은, 자신이 주의를 기울이고 있는 것을 가로질러, 자신이 기억하는 것 속으로 지나간다. 정신은 기다리고 기억하나, 그럼에도 불구하고 기다림과 기억은 이미지-흔적과 이미지-징조의 이름으로 정신 '안'에 있다. 그 대조는 현재 속에 집중된다. **이미지란 시뮬라크르**, 하나의 부재, 유사성이 없는 차이, 그 자체가 아닌 것으로만 존재한다. 그러나 미래는 '미

---

(26) 아우구스티누스의 시간관은 시간의 비실재적 측면을 주목한다. 아우구스티누스에게 시간은 어떤 의미에선 무(無)와도 같다. 따라서 리쾨르가 사용하고 있는 우아한 해결책이라는 말에는, 우미 혹은 은총, 순결한 사랑 등으로 번역되었던 그레이스(grace)의 어원적인 단어인 카리타스(caritas)의 고대적 의미가 담겨 있는 것이다. 우미란 신의 은총으로 주어지는 것이지, 개인이 임의대로 얻을 수 있는 것이 아니다. 이것은 신이라는 초월적 존재를 상정해야만 시간이 설명 가능하다는 아우구스티누스 특유의 태도라고 볼 수 있다.
(27) 리쾨르, 《시간과 이야기》 1, 42쪽.

리 말해진다(*ante dictatur*).'²⁸⁾ 현재의 현재로서의 직관은 **구성**(*constitution*)을 만들어내며, 그때 영원은 시간의 특이점이다.²⁹⁾ 형상, 즉 이미지-기억의 흔적은 여기서 일정한 역할을 한다. 마음에 새기는 이미지와 더불어 동사는 지나가다(*transire*)가 아닌 머물다(*manet*)가 된다.³⁰⁾

아우구스티누스는 신과 자신의 닮음과 닮지 않음을 책, 문자, 자연이라는 거울에서 보았다. 그러나 신에 대한 확신에도 불구하고 신을 향해 가는 여정은 끝이 없다. 정신의 시간적 조건을 제거할 수는 없다. '우아하지만 힘겨운 해결책'. 그러나 정신은 스스로를 돌이켜보고 원리를 알기 위해 노력하며 차이를 발견한다. "이리하여 과거를 잊고, 미래의 덧없는 일이 아니라 앞에 놓여 있는 일을 향해, 그리고 나를 이완시키는 일이 아니라 긴장시키는 일(*non distentus sed extentus*)을 향해 돌아섬으로써, 나는 이완의 노력이 아니라(*non secundum distentionem*) 긴장의 노력을 통해(*sed secundum intentionem*) 저 높은 곳에서 나를 부르는 영광의 길을 따라 걸어갑니다."³¹⁾

시뮬라크럼과 기억의 아포리아

서구의 앎을 정초했던 플라톤적 사유 방식에서 진정한 세계는 이

---

(28) 리쾨르, 《시간과 이야기》 1, 42쪽, 43쪽.
(29) 미셸 세르, 이규현 역, 《헤르메스》, 민음사, 1999, 345쪽.
(30) 리쾨르, 《시간과 이야기》 1, 56쪽.

데아의 세계이다. 영혼은 애초에 이데아의 세계를 본래적으로 간직하고 있으며, 앎이란 상기에 지나지 않는다. 앎이 상기라는 이러한 주장은 플라톤의 여러 저작에 두루 걸쳐 나오는데, 혼의 불멸성을 증명하는 과정에서 태어나기 전에 이미 알고 있는 것이 있다는 주장과 결합한다. 혼은 어떤 특정 상황에서 태어나기 전에 알고 있던 것을 기억해낸다. 때문에 기억해냄(상기)으로의 앎이란 산파술적인 방식으로 태어난다는 것이고, 이 과정을 돕는 것이 새로 저장되는 기억들이다.

《테아이테토스》와 《메논》편에서 언급되는 기억 방식은 무엇보다 인장을 찍는 것과 같은 일종의 각인이다. 인간의 정신 안에는 밀랍평판이 있어, 이 밀랍평판은 인상을 받고 각인되어 기억하게 되는데, 각인이 지워지면 지각 또는 사고는 잊혀지고, 새로 들어온 정보가 이미 존재하는 각인에 맞지 않을 경우 과오로 이해한다. 지식은 미래에 사용되기 위해 비축되며 각인된 지식은 마음대로 사용될 수 있다. 쓰기이건 각인이건 공히 기억은 지식의 획득과 불가분의 관계

---

(31) 아우구스티누스의 인용은 리쾨르, 《시간과 이야기》 1, 56쪽. 여기에서는 기억술과 직접 관련되는 아우구스티누스의 시간관만을 다루었지만, 베르그송의 독트린을 제거하고 스토아 학파의 시간관을 고려해 정교화한 들뢰즈의 시간관 또한 참조하기를 권한다. 시간 문제는 들뢰즈 사유 체계의 중심에 위치한다. 기억의 뮤즈인 므네모시네와 에로스에 대한 설명과 강조 역시 중요한 부분이다. 시간의 역설과 아이온의 시간 그리고 시간의 종합과 수축에 대해서는 들뢰즈, 김상환 역, 《차이와 반복》, 민음사, 2004, 172~271쪽 참조. 크로노스와 아이온의 시간의 대비에 대해서는 들뢰즈, 이정우 역, 《의미의 논리》, 한길사, 1999, 279~288쪽 참조. 과거란 기억-존재, 기억 세계, 시간의 모든 원들이 잠재적인 방식으로 공존하는 전체이다. 현재는 그 자체로 무한히 수축된 하나의 과거로만—이 과거는 이미 거기에 없음의 극단점에서 구성된다—존재한다. 알베르토 괄란디, 임기대 역, 《들뢰즈》, 동문선, 1998, 80~86쪽.

에 있다. 사유에서 지식을 활용할 수 있게 해주는 기억은 '필요불가결한 것(desideratum)'이며 망각은 두려움의 대상이었다. 아리스토텔레스 역시 감각적 지각은 소위 마음의 그림으로, 밀랍평판과도 같은 기억 저장소의 표면 위에 새겨진다고 보았는데 이것이 바로 **시뮬라크럼**(*simulacrum*) 혹은 **이마고**(*imago*)이다. '지각된 것'은 '기억' 안에 하나의 이미지로 인장이 찍히듯 구현된다. **판타스마타**라 불리는 이러한 이미지들은 기억 안에 저장되는데, 감각적인 이러한 각인을 이데아의 각인에 비추어 지식을 얻는다고 생각했다.

그러나 아리스토텔레스는 여기에 근본적인 난제가 있다는 것을 기억의 아포리아로 확실히 했다. 만일 우리가 객관적 대상 그 자체를 기억한다면 우리는 그것이 부재하는 것을 기억할 수 없고, 부재하는 사물의 이미지를 기억하고 있다면 그것은 가상이지 확실한 게 아니라는 것이다. 부재하는 사물을 시뮬라크르로 기억하는 것은 언제나 감응일 뿐 그 자체가 아니라는 문제가 남는다. 기억된 것은 언제나 대상 자체가 아니라 부재하는 것의 이미지이고 그것은 현재라는 시간에 **감응의 감응**으로서 끼어든다. 과거는 현재 속에 공존하며 현현한다. 그러나 현재는 그 자체가 아닌 과거의 기억으로만 존재하기에 붙들 수 없다.[32] 프루스트의 화자가 《잃어버린 시간을 찾아서》

---

[32] Aristotle, *De Memoria Reminiscentia*, 450b, 609쪽(Collected Works of Aristotle, 609쪽), recit. in Edith Wyschogrod, *An Ethics Remembering*, 177쪽. 한편 아리스토텔레스는 감각지각의 잔영이 만들어낸 기억이 꿈과 공상으로 풀어놓는 상상력의 방약무인한 힘에 관해서도 아포리아를 남겼다. 이것이 아리스토텔레스의 기억에 대한 두 번째 아포리아로, 상상동물을 다루는 이 책의 Ⅲ. 드라코, 유혹, 사이코마키아와 관련된다.

목자들이 별을 보다. 〈목자의 달력〉,
1491, 파리, 마자랭 도서관

를 통해 구성해내고 있는 것이 바로 기억에 대한 아리스토텔레스의 근심이다. 대상의 인식은 대상 자체가 아닌 하나의 감응이다. 하나의 감응의 회상은 그것 자체의 감응을 낳는다. 왜냐하면 최초의 감응은 이미-항상 부재하는 것이기 때문이다. 이 아포리아는 다시 현존의 시간 경험과 이야기 서술이라는 역사 혹은 이야기(히스토리아)에 대한 근본적인 문제를 야기한다.

그렇다면 기억의 학문이라고도 할 수 있는 역사와 서사, 시간성은 어떤 관계에 있는가? 현재는 결코 현재 그 자체로는 경험될 수 없다. 현재는 그 자체로는 존재하지 않고 과거의 현전과 미래의 당김에 의해서만 경험된다. 요컨대 세 겹의 현재가 있다. 과거의 현재, 미래의 현재, 현재의 현재. 그러나 현존의 경험이란 무엇보다 현존 그 자체에 들어선 불가능성의 경험이기도 하다. 의식 속에 들어온 모든 것은 언제나 이미 과거형이다. 과거는 현재 속에 감응의 형태로 다시 살아나며, 과거의 모든 것이 아니라 선택된 것들이 현재 속에 다시 짜맞추어(re-membered)진다. 그러나 그것은 온전한 것이 아닌 조각조각 부서진 파편들이다. 기억(*memorabilia*)은 언제나 사지가 부서져 있고, 그것을 짜맞추기 위해 이야기를 만든다. 창안(*invenire*)한다. 서사는 주체의 시간 경험에 필수적이다. 리쾨르는 체험된 시간은 그 시간을 형상화하는 이야기 속에서 구체화되며 이것이 개인이나 집단을 구성하는 서술적 정체성이라고 지적한다. 시간은 서술적 양식으로 엮임에 따라 **인간의 시간**이 되며, 그것이 시간적 존재의 조건이 될 때 그 충만한 의미에 이른다.[33]

기억의 아포리아가 말해주는 것처럼 시간에는 역설이 있는데, 현재라는 시간 차원은 그것이 내재하고 있는 다른 차원을 전제한다. 첫 번째 역설은 개별 순간이 현재임과 동시에 이미 과거이고, 과거는 현재가 과거라는 틀 안에 형성되기 위해 지나는 것을 기대하지 않는다는 사실을 표현한다. 즉 그 자체로 존재하는 현재와 더불어 과거의 동시성(contempranéité)이라는 패러독스가 발생한다. 개별 순간은 현실과 잠재가 공존하는 시간의 결정체처럼 이중적이다.[34] 그리하여 시간의 경험 방식이 유추된다. 지금 의식하는 현재의 기억에 스며든 감응, 현재에 스며든 과거와 미래의 감응, 그것이 바로 '시간'의 경험이다. 시간은 기억의 가장 근원적인 면모이며 기억을

---

(33) 시간에 대한 기본적인 견해인 세 겹의 시간론은 아우구스티누스의 것이다. 리쾨르에 따르면 인간 조건으로서의 시간 경험이 바울이 〈빌립보서〉(3:12-14)에서 말하고 있는 노인의 방랑 상징과 연관된다고 한다. 리쾨르, 《시간과 이야기》 1, 15-17쪽, 75쪽.
(34) 알베르토 괄란디, 《들뢰즈》, 83-85쪽.

떠나서는 지각 불가능하다. 지각 불능이라면 시간은 흐르지 않는 것인가?

쓰기로서의 기억은 이러한 현존의 균열됨으로부터만 생겨나는데, 기억을 매개하는 감각들, 특정화된 감각지각들의 인상을 비교하고 통합할 수 있는 것이 지각의 근원적인 능력인 **공통감각**(*sensus communis*)이며 이것을 통해 개인적 기억들은 사건들과 결부된 한정된 시간과 묶일 수 있다고 생각되었다.[35] 공통감각은 **양식**(혹은 상식)과 이성을 통해 반성을 거친 **공통개념**(*common notion*)으로 구분된다. 상식은 연역이나 귀납이 필요없는 자기확정적인 지식이고 근거가 필요없으며 불변이다. 따라서 진보도 없기에 이성과 종종 갈등한다. 이성의 임무는 자명하지 않은 명제로부터 결론을 끌어내는 것이기 때문이다. 상식은 공리들과 겹쳐지기에 결과적으로 양식으로서의 지성과 만나며 그와 일치하지만, 그러나 그렇게 되기까지는 미신과 인습에서 자유롭기 위해 형이상학적인 미치광이(*lunatic*)가 되어 상식으로부터 탈주할 필요가 있다.[36]

기억의 아포리아는 기억되는 것이란 언제나 시뮬라크럼일 뿐 그

---

(35) 스피노자에게 있어 인식은 기호로서의 일종인식, 이성을 통한 인식인 이종인식과 삼종인식인 직관 세 가지로 구분된다. 이 중에서 이종인식이 공통개념의 형성이다. 공통개념이 참인 근거는 그것이 신의 관념과 결합하기 때문이다. 들뢰즈, 이진경 역, 《스피노자와 표현의 문제》, 인간사랑, 2003 참조. 부르디외 역시 공통감각의 문제를 거론하고 있다. Robert Holten, "Bourdieu and Common Sense", in *Bourdieu*, ed. by Nicolas Brown and Imre Szeman, Rowman & Littlefield, 2000, 87~99쪽.

(36) 양식(common notion)의 문제에 대해서는 부르디외, 스피노자, 네그리, 리드(Thomas Reid), 무어(Moore)가 천착하고 있다. Roy Sorensen, *A Brief History of the Paradox*, Oxford Univ. Press, 2003, 269~283쪽.

자체가 아니라는 문제를 명시한다. 여기에는 무엇을 기억할 것인가 하는 선택의 문제가 남는다. 그러나《파이드로스》에서 말해지는, 진리는 가르쳐질 수 없고 단지 기억(즉 창안이나 발견)해내야만 한다는 지적은 또다른 문제를 만들어낸다. 유일한 기억 수단인 글은 마치 그림과도 같아서, 그림이 살아 있는 것처럼 여겨져 무언가를 물어보면 묵묵부답이듯 문자화된 말들도 이와 같다는 것이다. 일단 글이 되면 글은 저자를 떠나기 때문에 누구한테 말을 해야 하고 누구한테 하지 않아야 하는지조차 모르게 된다.

소크라테스(혹은 플라톤)는 이처럼 말의 소통 가능성과 오용 가능성에 대해 강력하게 우려했다. 글로 씌어진 말은 통제 불능이며 반드시라고 할 만큼 항상 저자의 의도를 벗어난다. 이에 대한 처방은 인식론으로 귀결된다. 앎(*epistēmē*)과 더불어 씌어진 말은 누구를 상대할 때는 말을 하며 누구를 상대할 때는 침묵해야 하는지 안다는 것이다. 알고 있는 자의 이러한 말은 살아 있는, 혼이 깃든 말이며 문자화된 말은 그런 말의 영상(*eidōlon*)일 따름이다. 언어의 한계에 대한 근심은 그 역사가 깊으며, 현대에 와서도 사정은 여전히 마찬가지여서, 글을 쓸 때는 항상 뭔가 그 이상의 것, 다른 것을 말하게 된다고 많은 철학자들은 말한다. 그럼에도 불구하고 글쓰기로 되돌아오지 않을 수 없다.[37]

플라톤은 그림을 '모방의 모방'으로 폄하했으나, 고대부터 말과 그림은 언제나 경합과 상보의 역할을 해왔다. 퀸틸리아누스는 소피

---

[37] Platon, *Paedrus*, 275d-e, 276a, 278c-e; Jacques Derrida, *On the Name*, Stanford Univ. Press, 1995, 17쪽.

스트들이 법정 변론에서 수사학적 완벽을 기하는 대신 피고나 원고의 그림을 들고 들어와 청중의 감정에 호소하는 편법을 쓴다고 비난했는데, 이것은 이미지의 힘이 그만큼 강력하다는 것을 보여준다. 이성을 흐리는 그림과 표상을 전적으로 거부하는 우상파괴주의 역시 역사의 시기마다 반복되는 현상으로, 그 역사가 깊다. 그러나 상징은 철두철미한 의식으로 무장하여 저항하지 않는 한, 비표상적 사유를 주장하는 그 결여의 자리에 생각지도 못한 의외의 모습으로 정확히 되돌아온다. 부재와 결여를 메우는 것이 이미지와 상징의 근본 속성이기 때문이다.

  복제가 원본의 의미를 재규정하기도 하는 현대에 시뮬라크르의 의미는 과거와 다르다. 인터넷과 대중매체에 의해 삶의 방식은 대부분 노출되고 공개되며 개인은 오로지 시뮬라크르를 통해서 자신의 행위를 이해하는 경향이 있다. 욕망은 생산된다. 시뮬라크르의 시대를 긍정하는 일은 어떻게 가능할까? 아마도 비자발적인 형태의 기억이라는, 기호의 폭력에 대한 해석 노력, 차이를 지닌 반복에 있지 않을지. 그것은 삶에서 자신이 진정으로 원하는 것 한 가지를 직시하는 일이고, 또한 (이미 그 자체가 아닌) 이미지 혹은 기호들을 적극적으로 배치하는 일이다. 아무것도 기억하지 않고 살아갈 수는 없다. 삶을 만드는 가상인 시뮬라크르의 위험성을 오히려 직시하는 가운데, 정확하고 명료하게 기억해야만 하리라. 무엇보다 배치와 기억을 중시한 것은 수사학이었다. 설득을 위한 언어의 기술인 수사학에서 배열과 창안, 즉 디스포지티오와 인벤티오란 토포스(장소)의 배치에 다름아니며, 토포스에 들어가는 형상적 기억이 바로 시뮬라크

〈성인들을 위한 성모 기도서〉, 시몽 보스트르, 1507년경, 파리 베랭 국립도서관 1661년 판본

1. '믿음'이 마호메트를 이기다. '희망'이 유다를 밟다.

2. '정의'가 네로를 밟다. '용기'가 홀로페르네스를 밟다.

3. '절제'가 타르퀸을 밟다.

럼이다. 시뮬라크르 개념뿐만 아니라 수사학의 옛 토포스들은 현대 철학의 중요한 관심사들과 이어진다. 관점들의 관점 또는 장소들의 장소성의 인식 그리고 배치에 대해 말할 때 우리는 언제나 수사학에 대해 말하고 있는 것이다. 다르게 말할 때, 동일한 것을 다르게 반복하여 새로운 것을 생성할 때, 세계의 해석 가능성을 바꿀 때, 우리는 또한 실재를 변화시키고 있는 것이다.

중세의 동물지와 기억술

고대와 마찬가지로 중세의 기억술은 여전히 장소들의 배열이었으며, 아퀴나스는 《수사학과 회상》에서 평신도들에게 물리적 상사(corporeal similitude)를 통한 봉헌 훈련으로 기억술을 권했고, 성상 파괴 논쟁이 종결된 이후에는 대중설교에서 이미지를 적극적으로 사용할 것이 추천되었다. 작자미상인 〈로사리오 델라 비타(Rosario della vita)〉에서는 미덕과 악덕 들을 기억하기 위한 기억의 규칙을 제공하고 있는데, 그러한 시각적 재현들은 마음 속에만 존재하는 원형적 심상을 닮았으며, 꿈의 어법을 환기시킨다.

아우구스티누스와 아리스토텔레스에 의해 신학 이론을 정교화한 중세 교회는 고대의 기억술을 적극적으로 활용하여 성상(Icon)을 통해 기억하고자 했다. 고대 수사학에서 추천되던 '장소'의 건축적 세부는 수도원과 필사본에 나타나는 이미지의 상(像)에 의해 실현되었고, 아우구스티누스와 키케로를 통해 이미지에 대한 관상의 필요성이 정당화되었다. 키케로는 은유의 중요성을 강조한다. 이미지와 예화를 통한 기억, 그것은 기독교 교리를 설파할 수 있는 적극적인 담론 전략이었다. 세계는 신의 말씀을 읽을 수 있는 책이었고 교회는 이미지를 통해 문맹자도 말씀을 그림으로써 읽을 수 있도록 했다. 그리하여 상과 이미지로 가득 채워진 교회는 그 자체가 읽을 수 있는 성서였다. 매주 일요일마다 평신도들은 교회에서 기억되어야만 하는 상들 사이를 걸어나갔으며, 그 기억의 형상들은 벽감 속의 할당된 장소에 영원히 새겨졌다. 고정된 이미지들을 환기하는 것은 그와 관련된 특별한 교훈을 이끌어내는 것을 쉽게 하였다. 라틴어를 모르는 평신도들은 성서적 이미지들을 관상함으로써 기독교의 교리를 획득했다.

중세의 《성무일과서(Book of Hours)》나 《가사서(Housebook)》와 마찬가지로 《동물지(Bestiary)》와 《조류지(Aviary)》 역시 기억을 위해 생겨났다. 동물지의 기원은 고대의 백과사전이라고 말할 수 있는 플리니우스의 《자연사》인데, 중세에 들어서면 세비야의 이시도르의 《어원학》, 작자미상의 《피지올로구스》 등이 백과사전 역할을 했다. 이런 책들은 기억을 돕기 위해 삽화를 동반했다. 《변형담》이나 《사랑의 기술》, 《사랑의 치유》를 비롯한 오비디우스의 저작들, 리처드 드 푸르니발의 《사랑의 동물지》, 13세기 중반 제작된 피에르 드 보베의 《동물지》 등도 삽화를 적극적으로 활용하고 있는 예이다. 그러나 《동물지》들이 상당히 과학적인 서술을 보여주는 데 반해 중세에 유행하던 좀더 문학적인 동물우화나 서사시의 의도는 상당히 다른데, 《여우 이야기》라든지 12세기에 씌어진 마리 드 프랑스의 동물우화집 혹은 작자미상의 동물서사시 들은 전적으로 동물우화를 통한 도덕적인 설교 이야기로, 오로지 사회적으로 올바른 행동에 대한 예화(*exemplum*)를 위한 것이었다.[38]

백과사전적인 저작들에는 기본적인 과학 지식에 기독교적이며 도덕적인 내용, 문헌적 사실 들이 반드시 추가되었으며,《동물지》들은 상상동물과 실제동물, 경험과학적인 관찰과 도덕적인 알레고리[39]를 동등한 층위에서 다루었다. 동물지의 우화는 대개 도덕적 알레고리였고 매력적인 삽화를 통해 내용을 쉽게 이해하도록 배려했다. 삽화는 강렬한 색채로 그려졌고 때론 반짝이도록 금박이 덧입혀졌으며 손으로 하나하나 정교하게 그린 그림들은 힘차게 생동했다. 삽화는 눈(시각)과 귀(청각)를 연결하여 텍스트의 말을 보완했다. 동물

---

(38) Salisbury, *The Beast Within*, Routledge, 1994, 112~117쪽.
(39) 알레고리는 우의 혹은 풍유라고도 번역된다. 그 본래 의미는 이 책의 뒤편에서 설명하듯이 '다르게 말한다'인데, 고대 철학과 신학 그리고 제식의 신인동형론(antropomorphism)의 영향으로 추상적인 개념을 의인화해 표현하는 방식에서 생겨났다. 그러나 고대 말부터 중세 문예에는 추상적인 관념들을 설명해주는 삽화적인 장면을 가리키는 말로도 쓰였고, 현대에 오면 보르헤스나 칼비노의 문학, 혹은 많은 논란을 불러일으킨 〈매트릭스〉 같은 영화가 말해주듯, 의미가 정형화된 사물이나 장면, 이야기 등을 사용해 다양한 해석의 여지를 이끌어내는 방식으로 쓰였다. 알레고리 텍스트는 의미의 중첩 때문에 몇 겹의 설명이 가능하므로 신학적 텍스트에 적합하고, 제유나 환유에 의존하므로 말의 대상을 근본적으로 물화시키는 성격을 지닌다. 알레고리에 대한 기초적인 설명으로는 존 맥퀸, 송주헌 역, 《알레고리》 서울대 출판부, 1976 참조. 보다 심화된 개념과 문제 의식으로는 김상환, 《니체, 프로이트, 맑스 이후》, 242~246쪽. 벤야민의 경우, 알레고리를 명상자의 행위이자 수집가의 행위로 놓고 상품 생산의 속성과 알레고리적 사고의 관계를 논했다. 벤야민의 관점에서 순수한 언어인 이름언어의 상실은 아담의 언어인 태초언어의 타락이며 이 타락의 결과인 물화된 관계는 상품 생산을 특징짓는 추상적 노동의 본질을 규명하는데, 모레티(Franco Moretti)는 《근대의 서사시(*Modern Epic*)》에서 슐라퍼(Heinz Schlaffer)를 인용하며 결과적으로 알레고리가 오히려 의미의 자유로운 유희를 열어놓았음을 지적한다. 벤야민의 알레고리 개념은 수잔 벅 모스, 김정아 역, 《발터 벤야민과 아케이드 프로젝트》, 문학동네, 2004, 310~313쪽.

지가 기억의 각인을 위해 이미지를 활용하는 방식은 중세 대중설교에서도 마찬가지였다. 이미지가 적극적으로 활용되었고, 설교자는 설교 내용이 눈에 보이듯 맛을 보듯 오감을 활용하여 생생하게 묘사해야만 했다. 중세의 설교는 설득으로서 수사학의 본질을 가장 분명하게 보여준다. 설교는 그림같이 생생한 묘사가 될 필요가 있었다.[40]

중세의 삽화는 성스러운 혼이 불어넣어져 활력있게(animated) 되어야 한다고 권장되었다. 에라스무스는 수사학에서의 활력있는 생생함을 **에네르게이아**라고 불렀다. 잘 알려져 있듯이 아리스토텔레스에게 있어 잠재된 가능태(*dynamis*)는 현실태(*energeia*)로 실현될 수 있다. 예컨대 도토리는 참나무의 가능태이고 나무는 씨앗의 실현이다. 필사본 삽화들에 적용된 수사학적 에네르게이아는 불꽃처럼 강렬한 색채에 의해 의미를 찾아내도록 추동한다. 형상들은 눈을 사로잡아야만 하고, 시각과 청각을 통해 기억되어 성스러움에 이르러야만 한다. 활력이 넘치는 필사본 삽화들의 매력은 그 특수한 추상성에 있다. 사진적 재현에 익숙한 눈으로 보면 거칠고 투박해 보이지만, 그것들은 일종의 개념적 다이어그램으로 생각되어야만 한다. 표상은 표상이되 현실의 것을 재현하려고 의도하지는 않는 것이다. 중세 전성기의 삽화들이 이러한 방식으로 그려질 수밖에 없었던 이유는 사물의 서열에 대한 인류학의 개념으로부터 찾을

---

(40) *The Five Senses: Studies in a Literary Tradition*, ed. by Berta Stjernquist, Univ. of Lund Press, 1975; David Cast, *The Calumny of Apelles*, Yale Univ. Press, 1981.

수 있다.

'성스러운 것'은 대개 사회 구성원들의 정체성을 나타내는 사물로, 보통 선물로 주어지며 팔거나 양도할 수 없고 강한 상징적 면모를 가진다.[41] 진리를 나타내고자 하는 그림이 비재현적인 것도 같은 이유라고 할 수 있다. 그것은 현실의 것을 닮을 필요가 없을 뿐더러 사실적인 모사는 오히려 환기하고자 하는 개념의 상기에 방해가 될 수 있다. 때문에 봉헌화나 이콘화는 애초에는 추상적이었다. (그러나 교회의 수사적 전략이 바뀜에 따라 세밀한 묘사가 시작되는데, 그것은 물질을 중시하는 심성의 변화에 근거한 것이다.) 마찬가지로 가치로운 물건이란 상징적 가치가 부여된 물건이다. 소유자에게 정체성과 삶의 의미를 주는 그것은 그러나 흔히 현실생활에서는 쓸모가 없다. 그것은 물질적 교환의 논리에 포획되지 않아야만 하기 때문이다. 가치있는 사물은 강한 상징성과 함께 시간의 면모를 지닌다. 제작에 투자된 시간은 추상적으로 계량 가능한 것이라기보다 시간의 밀도, 그 충일성이다.[42]

살라만더의 기억

중세 동물지에서 모든 기억은 기독교의 도그마로 환원되며, 인간의 완성형으로서 왕 중의 왕인 그리스도에 대한 상념은 강력하게 표

---

(41) Annette B. Weiner, *Inalienable Possession*, Univ. of California Press, 1992 참조.
(42) Maurice Godelier, "Some Things you give", in *The Enigma of Gift and Sacrifice*, Fordham Univ. Press, 2002, 23쪽, 30쪽.

살라만더, 비결정인 철학자 미하엘 마이어의 《달아나는 아탈란타(Atalanta Fugiens)》에서, 1614
"살라만더가 불 속에 사는 것과 같이 철학자의 돌도 그러하다." 여기서 살라만더는 성스러운 불이 만드는 붉은 유황의 상징이다.

현된다. 어떤 비분화된 심성, 과학과 철학, 현실과 상상이 혼재된 심성을 이해하기 위해서는 동물지의 기술 방식을 이해하는 것이 무척이나 중요하다. 자연과학적이고 경험적인 관찰과 상상 속의 행위들 그리고 현실의 사건들은 동물지에 혼융되어 있다. 그것은 중세적인 지식의 형태를 보여준다.

동물지의 서술은 예외없이 도덕적·교훈적 의미를 내포하고 있는데, 특기할 만한 점은 긍정적·부정적인 예시 혹은 대립되는 양방향으로 해석이 항상 갈라진다는 것이다.[43] 이것을 형상언어 특유의 속성인 양가성이라고 부른다. 예컨대 도마뱀인 살라만더(salamander)는 뱀 또는 용의 상징과 하나의 계열을 이루며 모든 독 있는 생물 중 가장 힘이 세다고 여겨졌다. 뱀은 모든 동물 중 가장 차갑고 그 특징은 독(venom)이다. 독은 혈관을 타고 퍼진다. 뱀이 나무에 감기면 모든 과실은 독에 감염되고 그것을 먹는 사람은 죽는다.

하지만 살라만더는 불꽃을 이기는 유일한 동물로, 화염 속에서 살아가기조차 하는데, 플리니우스의 설명에 따르면 살라만더가 불을 이기는 것은 극히 차갑기 때문이라고 한다. 그리하여 살라만더는 기독교적 상징인 동시에 연금술적 완성태의 대표적인 상징이 되었다. 이것은 소금으로부터(sal), 그리고 만다라(mandara; 표 또는 탁자(table, tableau)가 된다)로부터 나온다고 생각되었다. 파라켈수스에 따르면 살라만더는 어둡고 물질적인 불이 아니라 '자연의, 영적인 불' 안에 산다. 이 정신적인 불은 육신(flesh)으로 만들어졌고, 소금 안에서 그 모양을 형성한다. 소금은 맛을 내는 데 필수 불가결한 것, 바다에서 추출한 것 그리고 눈물이다. 상처입지 않고 불 속에 산다고 생각되었기에 살라만더는 불의 원소를 나타낸다.[44] 불은 악에 대한 징벌이자 정신의 연단, 둘 다를 동시에 지시한다. 불

---

(43) Catherine Brown, *Contrary Things: Exesis, Dialectic, and the Poetics of Didacticism*, Stanford Univ. Press, 1998.
(44) White, *The Book of Beasts*, 1954, 182쪽, 488쪽.

속에서 죽음을 견딤은 순교를 암시한다. 불 속에서 의연하게 버틴다는 점에서 이 생물에는 융이 말하는 인간의 완성태인 그리스도적 면모가 있다. 불사조 역시 스스로를 사르고 재로부터 다시 환생한다.

그리스도적인 성스러움이란 지상적인 쾌락의 포기이다. 여기에는 감각기관의 거부가 있다. 예컨대 동물지에서 넓은 꼬리를 지닌 비버(라틴어 castor)는 사냥꾼에게 잡히면 고환을 물어뜯어내고 달아난다. 쫓기는 비버는 스스로 거세한다. 스스로를 물어뜯는 비버의 습성은 하나의 도덕적 알레고리로서, 순결하게 살아가기 위해서는 반드시 스스로 죄를 발라내어 그것을 악마의 면전에 던져야 한다는 뜻이다.

표범 역시 거세와 관련되어 있다. 표범은 먹이를 먹고는 사흘 동안 깊은 잠을 잔다. 그리고 나서 하품을 하면 입에서 너무나도 향기로운 냄새가 풍겨 그 어떤 동물도 그 향기에 저항하지 못하고 멀리서부터 향기를 따라 표범에게로 오게 된다. 그러나 용만은 그 냄새를 견디지 못하며 무력화된다. 여기서 표범은 그리스도의 상징이다. 표범의 반점은 테두리가 있기에 눈을 나타내며 따라서 거세를 뜻한다. 신화에서 시각과 배설물이라는 은유가 서로 관련된다는 것은 흥미로운데, 배설물이 정기적으로 신체로부터 떨어져나와야만 신체는 건강한 반면 눈 혹은 시각이란 고통없이는 제거될 수 없기 때문이다. 아우구스티누스가 '눈과 살의 탐욕'에 대해 말하듯 시각의 은유는 정념과 관련되며, 거세 혹은 눈멂이라는 은유는 지상적인 쾌락의 포기를 말한다.

현대의 살라만더 표상, 에릭 대글리쉬, 〈살라만더〉, 《흑과 백으로 그려진 동물들과 새들의 책》, 1928, 런던, J. M. 덴트

    펠리컨과 같은 몇몇 삽화들은 기독교 수난의 완전한 알레고리이다. 여러 필사본들에 되풀이되는 이야기는 이렇다. 새끼 펠리컨이 부모를 공격하면 어미는 자식을 죽인다. 그리고 나서 자신의 옆구리를 부리로 쪼아서 그 피로 죽은 새끼를 목욕시킨다. 그리하여 새끼들을 살려내는데, 이러한 재현은 그리스도가 인류에 의해 상처입었으며 인류는 그의 피흘림으로써 구원됨을 의미한다. 신은 그 아들을 희생시키나 되살린다.[45] 이러한 그림들의 근본적인 특성은 그 '생생한 활력성(animation)'에 있다. 동물들은 활기와 힘이 넘치게 그려져, 기이할 정도로 요동치는 생명력이 강조된다.

(45) White, *The Book of Beasts*, 132쪽.

동물지는 우습고 재미있는 한편 끔찍하고도 잔인한 진리가 기록되어 있다. 신화를 만들어내는 원시적 폭력이 알레고리적으로 기록되어 있기 때문이다. 그 대표적인 예가 꿀벌의 상징이다. 꿀벌은 순결한 달의 여신 다이아나(아르테미스)의 상징이자 여왕벌의 인도하에 협동적인 집단생활을 하는 곤충이므로 **공공선**을 나타낸다. 꿀벌은 달콤함과 쓰디씀(침을 쏜다)을 동시에 갖는다. 꿀벌이 순결을 상징하게 된 것은 고대부터 교미하지 않고 "말의 시체에서 저절로 생긴다"고 믿어졌기 때문이다. 고대에 여왕벌은 수컷이라고 여겨졌고 순결하게 태어나기 때문에 교황의 상징으로 변한다(바티칸에 있는 교황의 무덤에서 우리는 작은 꿀벌 조각을 발견할 수 있다).

　그러나 말의 시체란 무엇인가? 그것은 왕 혹은 영웅의 살해 흔적이다. 오르페우스, 디오니소스, 그리스도 살해가 있다. 영웅, 그는 왕의 더블이다. 그것은 희생양이자 (상징적) 그리스도의 시체이다. 그것은 사회가 지목한 **파르마코스**, 즉 인간 희생물의 시체, 때로는 소의 주검이기도 했다. 그리스도의 십자가 처형을 모방하여 일어났던 중세의 여러 엽기적인 범죄 기록들을 해독한 학자로부터 우리는 꿀벌의 순결한 탄생에 대한 믿음이 제의적인 초석적 폭력과 상관된다는 사실을 알게 된다.[46] 제의적인 폭력을 만드는 잔인한 인간성에는 아득한 심연이 있다. 영화 〈양철북〉의 해안에서 발견되는 죽은 말의 머리, 곰돌이 푸의 당나귀 이어로(Hero)의 말꼬리가 반복하여

---

(46) Henri Atlan, "Founding Violence and Divine Referent", in *Violence and Truth*, 192~208쪽. 저자는 그리스도의 십자가 처형을 그대로 모방해 일어났던 중세 살인사건 기록들을 살피고 있다.

빠지는 데에는 인간성의 아득한 심연에 잠재된 원시적인 폭력의 깊은 어둠이 있다. "말을 탄다", "말에 태운다(ride the horsey)", "말안장에 올린다(*in eculeo*)" 등의 중세 프랑스의 방언에는 죄인을 고문하여 처형한다는 의미가 있었다고 한다.[47]

여기서는 다만 그리스도와 관련된 몇 가지 기억에 대한 예를 들고 있으나, 동물지의 내용은 끝이 없다. 동물지는 경험적 관찰과 문헌학과 철학이 분리되지 않고 혼재되어 있던 시기의 사고 방식을 알 수 있다는 점에서 중요하다. 근대의 합리적 이성이 분리하고 망각했던 그 신화적 기억은 대단히 뿌리깊은 것이다. 동물지의 해석을 통해, 지금 우리는 상징으로부터 충분히 자유로운지 묻지 않을 수 없다. 동물지란 단지 미신이나 부적합한 관념에 불과한가? 표상은 우상이 지워진 결핍의 자리에, 예기치 못한 모든 사물, 모든 언어의 형태로 되돌아온다. 표상을 단죄하여 거부하기보다는 형상의 역사를

---

(47) 성 드니의 처형의 경우 이러한 표현은 분명히 적용된다. "ride the horsey"에 해당되는 말은 Vien chevauchier ceste buchete; en moustrant le cheau [sic] fust; Nous les metrons a la selete 등이다. 무대 감독은 막대기로 희생자를 치라고 명하고(en batant d'un baston) 희생자를 말안장에 올린다(eculeus). 'horsey'라는 말(cheval de fust)은 고문도구라는 뜻으로 사용되었다. 세비야의 이시도르는 《어원학》에서 대중들이 구경거리를 명하니 보는 모습을 묘사하고 있다. 엔더스는 고통과 기억, 시뮬라크르와 폭력의 역할에 대해 상세히 설명하고 있다. Jody Enders, *The Medieval Theater of Cruelty: Rhetoric, Memory, Violence*, 44~45쪽. 시뮬라크르 개념은 들뢰즈와 보드리야르의 이론에서 중요한 역할을 한다. 현대사회에서 시뮬레이션은 원본의 복제가 아닌 기원적인 과정이다. 존재나 사물들은 복사하기, 복제하기, 시뮬레이션을 통해 출현하며, 문학이란 이전에는 상상하지 못했던 새로운 것을 생산하는 시뮬라크라의 능력에 다름아니다. 철학과 예술의 임무는 생성을 재인식하는 것이 아니라 생성을 창조하고 극대화하는 것이다. 클레어 콜브룩, 백민정 역, 《질 들뢰즈》, 태학사, 2004, 165~170쪽. 시뮬라크르 용어에 대한 정리는 바디우, 《들뢰즈-존재의 함성》, 361~362쪽 주석 참조.

살펴 기호를 해독해나가는 가운데 보다 자유로운 사유가 가능하지 않을까?

기억의 극장 기획

고전 수사학의 장소이론 및 근대이성의 기획과 관련하여 한 가지 살펴보고 넘어가야 하는 것이 줄리오 카밀로(Camillo Julius Camillus Delminio, 1480~1544년경)가 남긴 기억의 극장 기획이다. 볼로냐 대학 교수였던 줄리오 카밀로는 영원한 진리에 대한 영원한 장소들의 기억에 의해 인간은 성스러운 가르침을 수호하고 전파해야만 한다고 생각했다. 기억의 사용자들은 과거를 재구축하고 향상되도록 만든다. 그가 기획했던 기억의 극장은 후원자(프란시스 1세)의 협력을 얻지 못해 결국 제대로 실현되지는 못했으나 논문을 통해 르네상스 문예에 대단히 큰 영향을 미쳤고 당시 그는 '성스러운 카밀로(Divine Camillo)'라고 불릴 정도로 인기를 끌었다. 로도비코 돌체(Dolce)가 극찬했던 카밀로의 '극장'은 중세 기억술과 헤르메스 총서, 카발라의 전통을 이어받아 복합시킨 일종의 백과사전적인 기획이었다.[48]

카밀로는 기억의 장소를 상상 속에서 하나의 **원형극장**으로 구축

---

[48] '기억의 극장'은 신비주의 철학자인 로버트 플러드(Robert Fludd)의 기억체계이론과 셰익스피어의 글로벌 극장 이념을 경유하면서 베이컨을 통해 근대 분류학의 과학적인 방법 그리고 벤담(Bentham)에까지 연결되지만 이 책에서는 근본적인 기획의 이념을 소개하는 데 그친다. 자세한 내용은 Yates, *The Art of Memory* 참조.

할 것을 추천하는데, 비트루비우스(Vitruvius)의 고대 원형극장 도안에 기초한 이 '기억의 극장'은 보통 극장처럼 관객석에서 무대를 바라보는 것이 아니라, 반대로 한 명의 관객이 무대의 중심에 서서 관객석 쪽을 한눈에 바라보는 것이었다. 이 관객석에는, 세상의 모든 지식이 한눈에 들어오도록 모든 학문과 그를 나타내는 상(像)들이 열을 지어 배치되며, 각각의 학문을 나타내는 이 이미지들은 특정한 의상을 하고 상징물을 들고 있다. 이 상들에는 실제로 눈으로 보여지듯이, 만질 수 있듯이 정확하게 기억해야만 하는, 관련된 모든 지식들이 각인되어 있어야만 한다.

극장의 형태는 비트루비우스에 의해 묘사된 고대의 원형극장을 토대로 한 것으로, 극장 기획 자체가 '세계'를 마법적으로 유비한다.[49] 전체적인 원형은 황도대(12기호들)를 반영하며, 일곱 개의 출입문(7자유학예와 7행성)과 무대로의 다섯 출입문(오감각)이 있으며, 네 개의 등변삼각형이 이를 연결한다. 이러한 고전적이고도 전통적인 배열은 삽화를 통해 팔라디오(Andrea Palladio)에게 전달되었으며 팔라디오 이후 유럽 극장의 고전적 기획에 큰 영향을 미쳤다. (유럽의 다른 건축들도 모두 그렇지만, 극장 또한 건축가 마음내키는 대로 설계된 것이 아니라 철저하게 옛 기획의 관례선상에서 조금씩 변화를 주며 옛날의 기획을 보완하며 지어졌다.) 카밀로의 '기억의 극장'은 실제로 건축되지는 못했으나 비트루비우스적인 건축물 자체는 팔라디오의 로마 극장 재건축에서 유사하게 실현되었고, 모든 학

---

(49) 비트루비우스, 《건축론》 V, 6장.

요한 야콥 쉬블러, 《퍼스펙티브 안의 원형극장》, 아우구스부르크 요한 크리스토프 베이글(Weigel), 1719

문을 한눈에 명확하게 보고자 하는 카밀로의 소망은 수많은 학자들의 이성과 지식의 기획에 응용되었다. 책의 제목으로 종종 '원형극장(amphitheatrum)'이 보이는 것은 카밀로의 기획과 무관하지 않다. 그것은 인간을 '위대한 기적'으로 간주하며 충만한 이 세계의 조화로운 기억을 봄으로써 지혜에 이를 것을 제안하는 것이었다.

극장에 대해 적극적으로 사고한 것은 무엇보다 시모니데스와 아리스토텔레스의 기억술을 분명하게 알고 있었던 마르실리오 피치노(Marsilio Ficino)였다. 피치노는, 질서는 비례(proportion), 조화(harmony), 연접(connection)을 포함해야만 하며, 만일 **질료**가 계열체로 완전히 흡수되어 기억된다면, 누군가 일자(一者)를 생각할 때 다른 이들은 각자의 필요에 의해 자연스럽게 그 사고를 따라올 것이라고 생각했다. '일자 속에 다자의 현존, 다자 속에 일자의 현존'은 신플라톤주의자들의 모토였다. 기억은 웅변에 행성의 힘을 부여한다고 간주되었고, 행성 간의 음악적 조화에 대한 사고는 케플러의 천문학 연구에 반영되었다. 고대의 기억술에 음악적인 조화와 비례를 덧붙인 것은 피치노의 공헌이었다. 피치노는 '극장'과도 같은 기억의 건축물에 신비스럽고 비결적인 이미지와 질료 들을 넣었고 그것을 통해 기억 이미지를 구축할 것을 주장했다.

피코 델라 미란돌라(Pici della Mirandola) 역시 〈인간의 존엄성에 대한 연설〉에서 카밀로의 기억의 건축물 형태를 다시 한번 주장한다. 연설문에서 그는 자신이 아랍과 사라센의 압둘라(Abdullah)의 저술을 읽었으며, 이 **지상의 극장**(*mundana scaena*)에서 무엇이 가장 경이로운지 물었고, 그들의 저작에서 인간보다 더 경이로운 것은 없다는 대답을 들었다고 말한다. 그리고 이것은 헤르메스 트리스메기스토스(Hermes Trismegistos)의 유명한 가르침, "기적은 인간입니다, 오 아스클레피우스여"라는 말과 일치한다는 말의 인용으로 휴머니즘에 대한 자신의 전거를 대고 있다.[50] 카밀로의 '극장'은 이 연설의 메아리로 가득하다. 세계를 신의 의지가 실연되는 극장으로 보는 것은 중세부터 당연히 받아들이고 있던 토포스였다. 로도비코 돌체 역시 키케로의 《웅변론》에 근거하여 《극장의 이상(*L'Idea del*

---

(50) Ficino, *Opera*; Pico della Mirandola, *De hominis dignitate*; Yates, *The Art of Memory*, 160~162쪽.

Theatro)》을 비롯한 카밀로의 논고들을 《기억에 대한 담화》에 포함시켰다. 여기서 그는 극장의 기획을 "인간 지성보다 한층 더 위대한 것"으로 묘사하고 있다.[51]

'기억의 극장'은 키케로 수사학의 부활과 불가분의 관계에 있었다. 키케로 수사학의 부활은 베네치아 아카데미와 도미니쿠스 수도회의 기억술 활용을 말해준다. 기억의 천구 체계를 만든 독일계 도미니칸 롬베르크(Romberch)는 기억의 기술이 화가들에게 대단히 유용하다는 것을 강조했고 이것을 '상상의 장소(*ficta loca*)'라고 불렀다. 〈유로파의 납치〉 우화를 기억하려면 기억의 상으로 티치아노(Tiziano)의 그림을 사용하라. 지옥의 기억에는 단테의 여정이 적합하다. 신화와 우화 역시 얼마든지 목적에 맞게 상의 조합에 채택될 수 있다. 잘라지고 부서진 조각들의 결합인 기억의 상은 결과적으로 그로테스크한 형태가 되나, 그 기괴함에 의해서 보다 쉽게 기억된다.

로셀리우스(Rossellius)의 경우, 옛 기억 체계를 확인할 뿐만 아니라 몇 가지 새로운 경향을 반영하는데, 점성학의 황도대와 수도원의 실제 장소를 기억의 로쿠스로 활용하고 있으며, 백과사전적인 자유학예를 강조하고 있다. 기억술은 이미지의 제조에 의해서만 활용되며 로셀리우스의 사고는 뒤이어 기억술의 영향을 받고 나온, 당대를 휩쓴 대중적인 문학작품 《폴리필로의 꿈》에 그대로 반영된다. 로셀

---

(51) '세계는 극장(Theatrum Mundi)'에 대한 설명은 E. R. Cujrtis, *European Literature in the Latin Middle Ages*, 1953, 138쪽. 돌체의 원제목은 *Dialogo nel quale si ragiona del modo di accrescere et conservala memoria*, 1552; Yates, *The Art of Memory*, 163쪽.

구와 사각입체의 엠블럼, 가브리엘 롤런하겐, Nucleus Emblematum, I, 1611, Arnhem

'모든 것은 일자로부터(Ab Uno)'라는 모토의 원문은, "모든 것은 일자로부터 나와서 일자로 돌아간다(Omnia ab uno, Omnia ad unum)" 이다. 원형의 퍼스펙티브와 소실점을 그리는 손 그림은 비결철학적인 엠블럼의 대표적인 표상이다. 하인리히 쿤라드(Khunrath)의 《영원한 지혜의 원형극장(Amphitheatrum sapientiae aeternae)》(1612)에 나오는 영원한 지혜는 영적인 씨앗으로 표상된다. 이것은 전체 세계라는 거대한 건축물의 중심인 소금(salt)의 지점으로, 그 안으로 한스 프레이더만 드 프리스(de Vries)의 페스펙티브적인 구축은 소실점이 되어 사라진다. 이 모토는 마치 노장철학의 어구처럼 느껴지는 역설적인 다른 경구들을 이끌어냈다. "잠 속에 깨어 있어라", "우리는 꿈이 만드는 질료이다." 우리는 경험과 이성이라는 두 기둥에 의존하여 잠 속에 깨어 있을 수 있다는 것이다. 또한 이것은 "느리게 서둘러라(Hasten slowly)"는 인내의 모토를 만든다. 홀바인의 〈대사들〉의 전경에 놓인 정물을 상기시키는 탁자 위에 놓인 '선물'들은, 창조적 작업에 동반되어야만 하는 성스러운 음악과 조화의 필요성의 환기이다.

리우스는 말한다.

그리스인들이 불카누스(Vulcanus)를 야금술의 자리에 놓았듯 문법에 대해서라면 나는 로렌초 발라(Lorenzo Valla)나 프리지아인들을 놓는다. 수사학에 대해서는 마르쿠스 툴리우스를, 변증법(논리학)에 대해서는 아리스토텔레스를, 또 철학, 신학에는 플라톤을, 회화에는 피디아스[52]나 제욱시스(Zeuxis)[53]를, 점성학(천문학)에는 아틀라스나 조로아스터, 또는 프톨레마이오스를 놓는다. 기하학에는 아르키메데스를, 음악에는 아폴론과 오르페우스를 놓는다.[54]

프란체스코회 소속이었던 제수알도(Gesualdo)의 《플루토소피아(Flutosofia)》 역시 그 시대의 대표적인 기억술의 예이다. 제수알도는 자신의 책을 피치노(Ficino)의 《삶의 서(Libri de Vita)》의 인용으로부

---

[52] 기원전 5세기 무렵 그리스의 조각가로, 아크로폴리스 재건 기획의 총감독을 맡았으며 제우스 신상 및 파르테논 신전의 아테나 여신상, 아테나 파르테노스를 제작했다.
[53] 플리니우스가 《자연사》에서 사실적 회화의 일례로 언급하고 있는 고대 그리스의 화가로, 포도송이를 든 소년 그림을 그렸는데 새가 날아와 포도를 쪼아먹으려 했다고 한다. 당시의 다른 화가 파라시오스(Parrhasios)는 제욱시스를 초대하여 자신의 그림을 보여주었다. 제욱시스가 그림 앞에 드리워진 베일을 걷어내려 했는데 그때서야 이 베일이 파라시오스가 그린 것임을 알아차렸다고 한다. 당시 사람들은 사람의 눈조차 속여넘기는 파라시오스의 기술을 찬미했다. 르네상스 이후 후대에 제작된, 실제처럼 보이는 이러한 사실적인 그림을 눈속임 그림(tromp l'oeil)이라고 부른다.
[54] 롬베르크나 로셀리우스 모두 도미니쿠스 수도회 소속이었다. 도미니쿠스는 후대의 예수회와 마찬가지로 기억술을 강조했다. Johannes Romberch, *Congestorium artificiose memorie*, 1520; Cicero, *De oratore*, Rossellius, *Thesaurus*, 1579; Yates, *The Art of Memory*, 114~133쪽 참조.

터 시작하는데, 피치노의 사고란 아리스토텔레스의 《신학대전(*Summa*)》과 플라톤 철학 그리고 단테의 우주론을 조합한 것이었다. 인간 정신 안에는 신성이 있으며 기억은 세 가지 층위에서 상위의 심급으로 전개된다. 단절된 우주들, 중층적으로 쌓인 천구들(sphere), 하위심급을 포함하는 상위심급의 하늘이 있고, 기억에 의해 보다 깊고 높은 다른 층위의 지식으로 이행해 간다. 이러한 사유는 분명 오컬트적이고 카발라적이다. 제수알도의 기억술은 세계의 세 가지 층위들 사이에서 작동하는 것이었다. 이것은 그대로 층위가 다른 심급의 구(sphere)로 표상되었다. 하나의 심급 위에 다른 심급의 하늘이 있으며, 기억은 최고 형태의 초천구 — 세라핌의 구 —에 비교된다.

1587년 파비오 파올리니(Fabio Paolini)는 베네치아 아카데미(*Academia degli Uranici*)를 만들었는데 여기서는 카밀로의 기억술에 관심을 기울였다. 근세라고 불리는 시기에 학자들의 자유로운 만남과 토론의 장소였던 아카데미의 발생과 확산은 주목할 만한 현상이다. 카밀로의 사후에도 '극장'은 베네치아 아카데미에서 지속적으로 논의되었으며, 현재 남아 있는, 이 시기를 연구하는 데 필요한 주요한 문헌들 대부분은 베네치아 아카데미의 논의를 토대로 만들어졌다. 파올리니는 《헵도마데스(*Hebdomades*)》(1589)라는 저서를 냈는데, 이것은 웅변에 대한 당시 베네치아 아카데미의 관심사를 반영하고 있으며, 카밀로의 '극장'에 대해 상당 부분을 할애하고 있다. 전체 내용은 카발라주의의 영향을 수용한 기독교 신비주의이며 이때 아카데미에서 주로 논의된 내용들이 카발라의 도식에 맞춰 7행성으로부터 비롯되어 전개되는 글의 구조를 통해 설명된다. 단계적인 천구의 심급을 매개하는 것이 7천사이다. 언어로 표현할 수 있는 것을 넘는 무한하고 절대적인 신성의 환기, 카발라적인 기억술, 이 것이 르네상스 신플라톤주의의 핵심적인 '방법(마법)'이었다. 파올리니는 헬레니즘 시대 헤르메스 문서에서 마법을 이론화할 전거를 찾았다.[55]

파올리니에게 영향을 미쳤던 것은 카발라와 심급들을 매개하는 매개자로 천사들을 상정한 마법이었다. 파올리니는 세피로트[56]와 극장이라는 도식을 인간의 단계적 완성을 향한 길이라고 생각했다. 마법은 베네치아를 이끌었던 관심인 웅변과 수사학에 힘을 실어주는 적절한 수단으로 생각되었다. 행성 간의(별들의) 음악에 관한 피치노와 케플러의 이론은 음악적 상응에 의해 행성의 힘들을 이끌어내 이용할 수 있다고 생각했다. 색조의 혼합 역시 별들의 힘과 더불어 웅변에 음악을 부여하며 이것은 음악적인 조화로 청중에게 별들의 영향력을 행사하는 일에 상응한다. 이러한 믿음은 괴테에게서도 발견된다.

수사학의 중요성에 대해 강조했음에도 불구하고 에라스무스는 키케로주의자들을 지극히 혐오했고 《키케로주의자들에 대하여》라

---

(55) Yates, *The Art of Memory*, 165~167쪽. 카발라 마법에 대한 파올리니와 베네치아 아카데미의 관심은 Walker, *Magic*, 126~144쪽, 183~185쪽. 한국어로 참조할 수 있는 브루노의 책은 조르다노 브루노, 강영계 역, 《무한자와 우주와 세계 외》, 한길사, 2000.
(56) 카발라에 전해 내려오는 '생명의 나무'의 이미지로 도표화되어 있으며 카발라는 유대 신비주의로 알려져 있는 고대의 비전적 지식 체계이다. 케테르(왕관), 코크마(知, 動性), 비나(이해), 케세드(자비), 게브라(신의 힘), 티파레트(미), 네차크(승리), 호드(영광), 예소드(기반), 말쿠트(왕국)의 열 가지로 구성된다.

는, 그들을 비판하는 책까지 썼다. 베네치아 철학자들이 결과적으로 철학과 점성술을 혼동하고 마법을 옹호했기 때문이다. 르네상스의 신비주의 철학자들은 차이를 무시하고 오로지 **상사**(similitude)와 **유사**(resemblances)만을 보는 재능이 있었는데, 피치노는 아퀴나스의 《신학대전》을 자신의 신플라톤적 신학과 무리없이 조합했으나, 그의 철학은 결과적으로 철학과 점성술 마법과의 혼란을 초래했다.

기억의 바퀴, 기억의 인장

조르다노 브루노[57]의 기억론은 각각 영국에서 씌어진 《봉인(Seals)》(1583~1585), 《그림자(Shadows)》, 《키르케(Circe)》(1581~1583) 등의 저서를 통해 전개되는데, 그것은 고대 신비주의 철학의 헤르메스 트리스메기스토스 문서, 아그리파 폰 네테스하임의 신비철학을 융합한 것이었다.[58] 《그림자》에서 언급되는 브루노의 '기억

---

[57] 유물론자, 범신론자이자 봉건적 신학 세계의 비판가로 알려져 있다. 부르노는 우주에는 무수한 세계가 있고 그 중 적지 않은 곳에 생물이 살고 있다고 주장해 1600년 화형당했다. 저서 중 《무한자와 우주와 세계》《원인과 원리와 일자》는 번역되어 있다. 브루노에 대해서는 Frances A. Yates, *Giordano Bruno and the Hermetic Tradition*, Routledge and Kegan Paul, 1971.

[58] 비결(秘結)철학으로도 불리는 신비주의 철학에 대해서는 이종흡, 《마술, 과학, 인문학》: 게르하르트 베어, 조원규 역, 《유럽의 신비주의》, 자작, 2001; 움베르토 에코, 《해석의 한계》, 열린책들, 1990 참조. 아그리파 폰 네테스하임은 《비결철학(*De occulta philosophia*)》(1533), 《학문의 허무에 관하여(*De vanitate scientiarum*)》 등을 저술했다. 그러나 이 책들은 기억술에 대해 부정적인 입장에서 기술하고 있다고 하는데, 브루노는 키케로를 비롯한 고대 수사학과 아퀴나스 헬레니즘 철학 등을 다양하게 섭렵하여 상이한 입장을 조화시키고자 했다. 브루노의 저작들은 다음의 총서에 정리되어 있다. Felice Tocco, *Le Opera latine di Giordano Bruno*, 1889; Yates, *The Art of Memory*, 207~230쪽.

의 바퀴'는 30개의 부분으로 분할되어 알파벳 문자와 상응되고 이것이 다시 다섯 부분으로 나뉘어 기억해야만 하는 150개의 이미지와 대응하도록 체계화되어 있다. 브루노의 기억의 바퀴는 현대의 많은 작가들에게도 영감을 주었다. 예컨대 보르헤스는 〈틀뢴, 우크바르, 오르비스 테르티우스〉에서 기억의 바퀴에 대해 언급하고 있다.

"삽과 곡괭이를 가지고 일주일간 작업했지만, 발굴된 것이라고는 고작 실험 연대보다 뒤늦은 시기의 '흐뢴(hrön)'인 수레바퀴 하나뿐이었다."

"국제 우편물 소인이 찍힌 커다란 상자 속에서 맹수의 문장이 새겨진 파리제 은그릇과 우트레히트제 은그릇 그리고 사모바르 같은 정교한 물건들이 나왔다. 이 물건들 가운데는 파르르 떨면서 잠자는 새처럼 신비스럽게 떨고 있는 나침반이 신비롭게 진동하고 있었다. 공주는 나침반을 알아보지 못했다. 파란색 자침은 자북(磁北)을 간절하게 가리키고 있었고, 금속 케이스는 오목한 모양이었다."[59]

수레바퀴란 운명(fortune), 우발적인 행운, 부(富)이다. 수레바퀴는 전적으로 우발적인(fortuitous) '헤르메스의 선물'이다. 그것은 기

---

[59] 보르헤스, 박병규 역, 〈틀뢴, 우크바르, 오르비스 테르티우스〉, 《허구들》, 녹진, 1988, 39쪽. 수레바퀴는 무엇보다 '운명(fortune)'이다. 그러나 그것은 또한 기억의 기술을 적용하는 기억의 원반이기도 하다.

억의 바퀴이다. 공주는 나침반을 읽지 못한다. 바늘이란 본래 없기 때문이다. '기억의 바퀴(wheel)'의 문자나 상형문자의 가능한 조합은 마음으로 읽어야만 하기 때문이다. 기억의 바퀴에 대해서 사람들은 각자 자신이 새겨둔 레퍼런스, 마음의 인장에 따라 다르게 읽을 수밖에 없다. 그것은 진리(알레테이아)를 환기시켜주는 장치이며, 해석은 하나로 수렴되지 않는다.

알레테이아가 언급되는 것은 플라톤의 《소피스테스》편과 진리 인식론에 관해 말하는 《테아이테토스》편이다. 소피스테스는 말로써 영상들(eidōla)을 보여줄 뿐이면서도, 영상(eidōlon)을 진실(alēthes)처럼 보이게끔 또는 믿게끔 만드는 자, 그러면서도 아예 처음부터 진실 내지 진리(alētheia)란 따로 없으므로 그게 바로 진리라고 말하는 자, 그래서 진리 인식(epistēmē)이란 애당초 없고 각자의 의견 내지 판단(doxa)만이 있다고 믿는 자이다. 소피스테스들은 여기서 '배움에 방해가 되는 의견들'을 근본적으로 제거해서 참된 지식(앎, 에피스테메)을 낳도록 하지 않는다고 비판받고 있다.[60] 《테아이테토스》에서 레테이아가 망각이기에 알레테이아는 탈은폐의 힘이다. 알레테이아 안에서 인간의 본질역사가 일어난다. 알레테이아는 은폐되고 숨겨진 것을 열어젖히는 비은폐성의 진리로, 인간이 궁극적으로 추구하는 최고의 것을 가리키기 위해 채택된 말이다. 에피스테메(앎)는 알레테스 독사(참된 견해)를 가능케 한다. 견해인 독사(doxa)의 나타남 자체와 더불어 일종의 **빛남**이 있다.[61]

'기억의 바퀴'는 여러 종류의 다이어그램들을 기억의 장소의 배치로서 활용하던 '**기억의 기술**'과 관계가 있다. '기억의 바퀴' 모델은

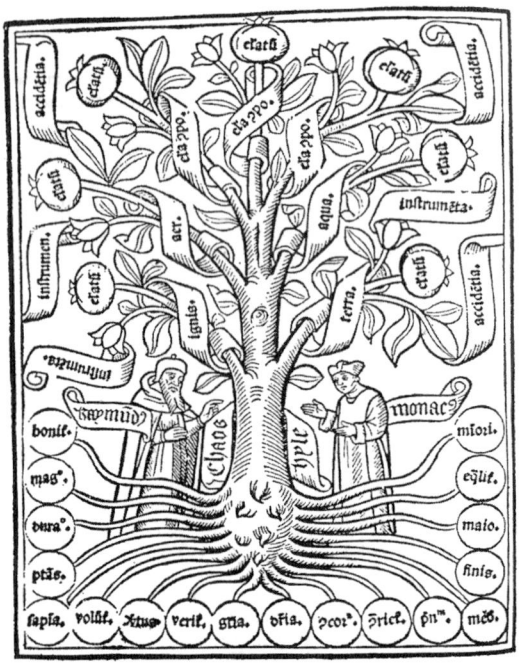

라이문두스 룰루스, 〈학문의 나무〉, 1515, 리옹

중세 전성기의 철학자 라이문두스 룰루스(Raimundus Lullus, 1235~1315)[62]의 《새로운 논리학(De nova logica)》에 나오는, 기억을 위한 문자의 원반으로, 이것을 통해 룰루스는 신의 속성들과 유대, 이슬람의 신비들을 매개할 수 있는 아홉 가지 속성들 혹은 신의 이름을 기억할 수 있는 확실한 원칙을 만들었다. 룰루스는 성스러운 개념들을 문자 B~K에 할당했다. 첫 번째 글자인 A는 제외되었는데, 그것은 엔 소프(En soph), 신의 성스러운 절대적인 측면을 지시하기 위해 보류되었다. (알파벳의 A에 해당하는 엔 소프는 그대로 히브리어의 첫 번째 문자와 상응하며 이것이 바로 카발라적인 보르헤스의 '알렙 א 이다.)⁽⁶³⁾ 이 원반에는 문자들과 상관되는 아홉 가지 주요한 질문들, 각각의 미덕과 악덕의 주제들이 할당되어, 이것을 회전시킴으로써 문자들의 열이 다른 고리의 코드와 상관되도록 고안되었다. 이것은 개념들의 가능한 모든 조합을 쉽사리 환기하여 기계적으로 대답할 수 있도록 하는 장치였다.

라이문두스 룰루스의 '기억의 기술(Ars Raymundi)'은 큰 영향을 미쳤다. 그것은 중세적인 스콜라 철학의 위계적인 논리 구조의 제약으로부터 사고를 자유롭게 조합하고 펼치는 가능성을 제공한다는

---

(60) 박종현, 《헬라스 사상의 심층》, 서광사, 2001, 210~211쪽.
(61) 마르틴 하이데거, 이기상 역, 《진리의 본질에 관하여》, 까치, 2004. 특히 125~145쪽. 나 자신을 나 자신에게 보여주고 나타난다는 의미에서의 도케오, 독사란 자신의 보임새이다. 이것은 자신을 내보이는 그것, 즉 대상으로부터 고찰되지 않고 오히려 그를 바라보는 사람으로부터, 관계맺음으로부터 고찰된다. 예컨대 독사 테우란 신의 광휘, 영광이다. 266~267쪽.
(62) 13~14세기 스페인 철학자로, 아랍어를 배우러 이슬람 세계로 가서 1275년경 모든 인류를 통일시키고 모든 문제를 풀 수 있는 기계(machine)의 보편적·논리적 기술을 발견하였다고 확신했다. 룰루스는 《세 현자의 서》라는 저작에서, 철학자와 신비주의 옹호자의 대화를 철학의 수준으로 고양시킨다. 여기서 그는 이교도의 개종을 예언하나 그것은 유대교도, 이슬람교도, 기독교도 아닌 형태의 새로운 신비주의였다. 그의 기계적 '조합의 기술(ars combinatoria)'은 형식주의적 사고의 태동을 보여준다고 평가된다.
(63) 카발라 학자들은 항상 〈알렙〉을 다른 모든 문자의 영적인 뿌리로 간주했다. 알렙은 본질적으로 모든 알파벳, 따라서 인간의 모든 담화를 포함하고 있다는 것이다. 〈알렙〉을 듣는 것은 거의 아무것도 듣지 못하는 것이다. 알렙은 들을 수 있는 모든 언어의 예비에 해당하지만, 그 자체로는 어떤 명확하고 특정한 의미를 지니지 않는다. 세피라를 잇는 길들은 다양한 수열을 만들어내는데 케테르(1)는 11을 통해 호흐마(2)로 이어진다. 11은 10+1, 즉 요드+알렙이며 그 발음이 '야', 즉 신의 이름이다. 조합에 의해 만들어지는 수열의 수는 무한하다. 존 킹, 김량국 역, 《수와 신비주의》, 열린책들, 2001. 165쪽, 191쪽.

라이문두스 룰루스, 〈기억의 사다리〉, 《새로운 논리학》, 1512

박학자였던 룰루스는 기독교와 이슬람적 정신 그리고 카발라를 혼합하는 "보편적·우주적 지식"의 철학을 만들었다. 그리스도의 계보를 나타내는 성서의 이새의 나무, 야곱의 사다리에 기억의 장소들을 놓은 것이다. 여기서 지성은 창조의 사다리의 발치에 나타나며 정신은 소피아(Sophia)를 만날 때까지 상승해야만 한다. 광물의 영역으로부터 식물, 동물, 인간, 천사, 신으로 단계적으로 상승해간다. 인물은 여기서 도구를 획득한 지성을 상징한다. 그에게 오르내리는 것을 가능하게 하는 도구는 기억의 원반의 기계적 결합술(조합술; Ars Combinatoria)이다. 결합술을 사용하는 철학자들은 원반의 문자열의 기계적인 조합에 의해 모든 가능한 사건들, 심지어 미래의 일까지도 대답할 수 있었다. 이러한 사고는 신인(神人; genius)을 추구하는 아그리파 폰 네테스하임과 피코 델라 미란돌라, 조르다노 브루노에게 이전되고 다시 아타나시우스 키르허(Kircher)에게 이어졌다. 연금술사들은 결합술에 공감했고 비전을 제시하는 비결적인 글쓰기를 지향했다. 1662년부터 1669년까지의 저작들을 통해 키르허는 야곱의 사다리의 상승과도 같은 단계적인 깨우침으로써 삼위일체의 세 심급으로의 반복을 통해 신이 우리에게 하강하듯이 정신은 신에게로 상승할 수 있다는 생각을 표현했다. 여기서 룰루스의 용어와 작업 들은 상형문자로 대치되어 차용되고, 상형문자의 해석은 오감에 의해 포착될 수 있는 지식을 넘어간다고 주장했다.

의미에서 환영받았다. 개념들은 상대적인 것으로 이해되었으며 관계의 새로운 조합과 배열 속에 열려졌다. 쿠사의 니콜라스는 이 원반을 '원형의 신학(Circular Theology)'이라 불렀다.[64] 그것은 원환이 상징하듯 끝없이 순환하는 것이면서도 차이가 있게 조합하는 것이었다. '원형의 신학'이 의도한 바는 순수한 명명이 사물에 대한 지배력을 갖고 있다는 믿음을 반영하는 일종의 보편언어의 기획이었다. 원환에 배치된 각각의 칸에 들어간 개념이나 단어가 작은 우주의 행성처럼 회전해 서로 결합하여 계열에 따른 다른 의미를 생성해내는 이것은, 구조는 단순하지만 그 표현 가능성은 무한하며, 이후 시대의 이성 중심의 경직된 사유 방식과는 다른 유연한 사고의 예를 보여준다고 하겠다.[65]

근대적 이성의 정합성을 뛰어넘는 이러한 시도의 놀라운 점은 이런 체계가 일종의 기계처럼 작동한다는 데 있다. 룰루스의 원환 체

---

[64] 12세기의 저술들에서 "sphaera infinita cuius centrum est ubique, circumferentia nusquam(중심이 어디에나 있고, 원주는 어디에도 없는 무한구)"에 비유되어 언급되는 신은 마치 수학자의 신처럼 보인다. 쿠사의 니콜라스(Nicholas of Cusa, 1401~1464)에 따르면, 신의 인식은 단계적 층위를 거칠 필요없이 즉각적으로 받아들일 수 있어야만 한다. 오직 직관적 이성만이 모든 인식의 최종적 결합 근거에 접근하며, "비접촉적 방식으로써 접촉할 수 없는 것과 접촉한다." 근본이 되는 일자는 접음(Einfaltung)의 방식을 통해 펼쳐진(ausgefaltete) 모든 것과, 근거지어진 다수의 것을 포괄한다. 이러한 접음(complicatio)과 펼침(explicatio)의 이론을 근거로 쿠자누스는 범신론의 혐의를 벗어난다. 쿠자누스는 '박학한 무지(docta ignorantia)'라는 유명한 가르침을 남겼다. 그에게 신은 가능성과 현실성의 합일이다. 슈테판 오토, 신창석 역, 《철학의 거장들》, 1 한길사, 2003, 495~497쪽.

[65] Alexander Roob, *Alchemy & Mysticism*, Taschen, 1997, 330~334쪽. 최근 유토피아 및 보편언어에 대한 기획을 동서양의 견지에서 고루 고찰한 책이 번역되었다. 다케다 마사야, 서은숙 역, 《창힐의 향연: 한자의 신화와 유토피아》, 이산, 2004.

계 안에서는 인간과 인간 외의 생물 혹은 무기물이 구분되지 않고, 결합 가능한 등가의 단위로 취급되며, 생각할 수 있는 모든 사물들의 접속이 가능하다. 범주적 경계 없이 사물의 의미와 언어는 조합되고 결합될 수 있다. 접속에 따라 전체 의미와 진리가 달라진다. '**조합의 기술**(*Ars combinatoria*)'을 예견하는 이러한 사고 방식은 스콜라적 논리학을 탈구시키는 수단이 되었으며, 독일의 아그리파 폰 네테스하임(Agrippa von Nettesheim)[66]이나 조르다노 부르노까지 기독교 카발리스트들에게 적극적으로 받아들여져 천문학, 점성학, 마법적인 사유에 활용되었다. 최초로 계산기의 원리를 고안했던 라이프니츠 역시 룰루스를 찬미했다. 회전하는 기억의 바퀴는 모든 생성적이고 발전적인 과정의 원형으로 연금술사들에게 공감을 불러일으켰다. 근세의 연금술사들 또는 신비가들은 기억의 바퀴로부터 특수한 글쓰기의 배열을 조합해내곤 했으며, 순수한 금 혹은 진사(辰砂)라 불리는 화합물, 즉 연금술적 왕을 만들어내는 최고 형태의 **결합**(*conjunctio*)을 추구했다. 그것은 이교적이며 화학적인 사유의 주제를 기독교적으로 변환시키는, 또는 그 반대 과정을 반복하는 어떤 기계적인 장치였다.[67]

---

[66] 독일의 대표적인 인문주의자로, 법학자·신비주의 철학자·수학자였으며 《신비철학에 관하여(*De Occulta Philosophia*)》(1510)를 썼고, 뒤러의 〈멜랑콜리〉에 나오는 마방진의 수 배열을 만들었다고 전해진다. 〈멜랑콜리〉의 마방진은 목성(富의 신 플루토)을 나타낸 것으로 세속의 유혹을 암시한다. 마방진에 대한 자세한 설명은 아르망 에르스코비치, 문선영 역, 《수학 먹는 달팽이》, 까치글방, 2000, 285~295쪽 참조.
[67] 앨리슨 쿠더트, 《연금술 이야기》, 민음사, 1995; 이종흡, 《마술, 과학, 인문학》, 지영사, 1999 참조.

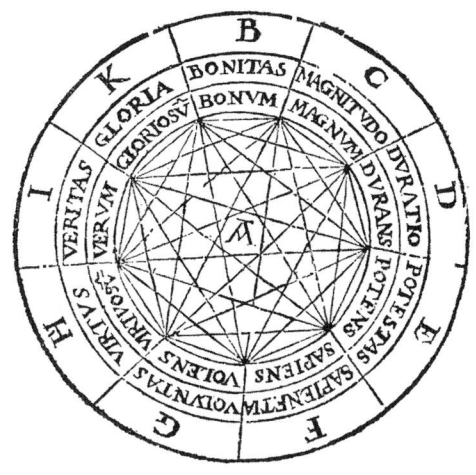

라이문두스 룰루스, 〈기억의 바퀴〉와 중심의 문자 'A',
Ars brebis, *Opera*, 1617, 스트라스부르크

바퀴의 상징은 원환에 대한 상징과 관련되어 신플라톤주의로 그대로 이어졌다. 유출설을 나타내는 '일자로부터(*Ab Uno*)'는 대표적인 신플라톤적인 신비주의의 모토이다. "모든 것은 일자로부터 나오고, 모든 것은 일자에게 돌아간다."[68] 플라톤에 대한 주해로부터 비롯되는, 신을 부정형태로만 파악하는 일종의 부정신학인 신플라톤주의는 논리적 이해를 뛰어넘는 비전(Vision)의 언어로밖에 말할 수 없었다. 오감으로부터 벗어난 여섯 번째 감각을 추구하며, 육체적인 감각기관이 만드는 일체의 정념에서 해방된 **아파테이아**

(68) Alexander Roob, *Alchemy & Mysticism*.

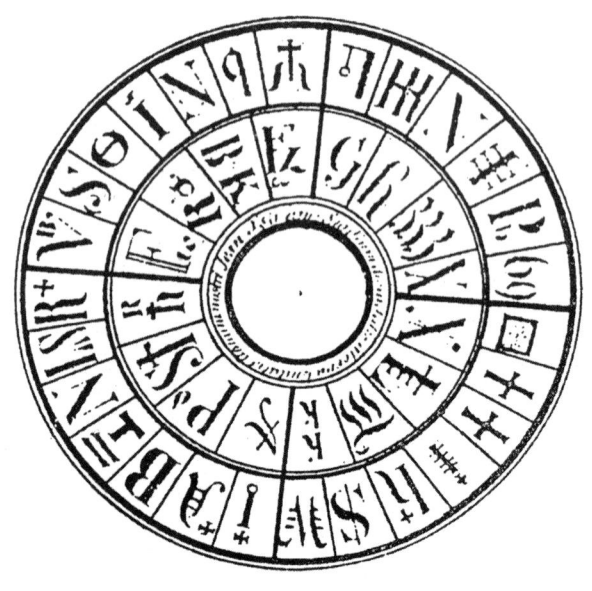

요하네스 파우스투스, 《자연의 마법》의 기억의 바퀴, 1849, 스투트가르트

(*apateia*)에 의해, 자아를 버리고 오로지 **질료**(*matter*)들의 흐름이 되어 의식의 집중에 의해 강한 밀도로 흐를 것을 주장한다. 신플라톤 신학의 전개는 **존재**(Being), **생명**(Life), **힘**(Power)의 삼조(trinity)의 구조를 따르며, 마음(Mind)의 내재적 구조는 진리의 삼조에 의해서 한정된 것으로부터 폭발해나가(9, 27, 72,······) 무한히(*ad infinitum*) 전개된다. 대표적인 신플라톤주의 철학자 프로클로스(Proclos)는 시공간의 유인이 되는 창조자인 데미우르고스(dēmiourgos) 및 플라톤적인 이데아의 형태 혹은 장소인 코라(*khōra*) 또는 저장소(receptacle)로의 이데아의 투사를 논한다.[69]

구와 사각입체, 〈운동 속의 휴지〉, 오토 페니우스(Vaenius),
《상징과 엠블럼 모음》, 1624, 브뤼셀

프로클로스는 지성이 세계 내 개별자들과 직접적으로 연결될 수 있다고는 생각하지 않았으며, 세계 안에 외부성과 다수성으로 오로지 예견될 수 있다고 생각했다. 또한 창조 행위를 통해 이데아는 질료 속에 필연적으로 반영된다고 보았다. 질료는 변형과 창조와 생성이 되고 성스러운 공감은 필리아(philia)를 만들며 정신을 상승케 한다. 프로클로스는, 존재의 측면은 부모들의 트리니티(크로노스, 레아(Rheia, Rhea),[70] 아버지로서의 제우스)에 의해 표상된다고 보았다. 시간의 신 크로노스는 존재(Being)이고 레아는 휴지와 운동(Rest and Motion)이며 제우스는 동일성과 차이(Sameness and Differance)이다.[71]

1583년 초 런던에서 출판된 조르다노 브루노의 《인장들》은 피치노와 카밀로의 철학을 물려받아 인간이라는 소우주가 대우주를 내포할 수 있다고 본 것으로(*microcosm vs macrocosm*), 한마디로 기억의 기술이다. 여기서의 세계는 신의 내포된 이미지이며, 그것은 '정신의 눈, 영혼의 감각(*Mental oculi Sensus Anima*)'에 의해서만 파악될 수 있는 비전이다.[72] 《인장》은 전적으로 새로운 작업이 아니라 이전 해에 파리에서 출판되었던 《키르케》에 나오는 일곱 행성에 대한 주문마법을 발전시킨 것이다. 《인장들》의 영국 판본에는 〈서른 개의 인장들〉 그리고 〈서른 개의 인장들에 대한 설명〉, 〈인장들의 인

(69) 그리스어 코라(chora, khōra)에 대한 논의는 플라톤의 《티마이오스》와 데리다의 *On the Naming*, 그리고 크리스테바의 《시적 언어의 혁명》에서 찾을 수 있다. 플라톤에게 코라는 "마치 어머니의 자궁이 태아의 발생을 허용하는 터를 제공하는 것처럼, 그 안에서 생성·소멸하는 것들이 나타나는 '기반'의 뜻으로 사용되고 있다. 크리스테바는 주체에게 주어진 가능성으로서의 다양한 위치들까지 제거된 언어적 분절 이전의 욕동의 리듬을 '코라' 또는 '원기호적 코라'라고 명명한다. '코라'로 지칭되는 돌진(charges)과 정지(stases)의 반복적 리듬은 기호도, 기표도, 입장도, 명제도 아니며, 아직 그 어떤 정체성도 구성하지 않는다. 그러나 언어와 발화 주체에 선행하는 이 리듬이 어떤 상징성도 띠지 않는 신체 동작에서처럼 언어 바깥에 존재하고 있을 뿐만 아니라 '의미실천'을 행하는 언어적 텍스트 내부에서도 기능하고 있다는 것이다. 이것은 언어가 육체적 리듬이나 욕망을 '반영'한다는 주장을 넘어서 언어 자체가 본질적으로 육체적 과정의 연속이며 그럴 때에만 종결된 '체계'가 아닌 생산적 '과정'일 수 있다는 과감한 주장을 내포한다. 플라톤, 박종현·김영균 역주, 《티마이오스》, 서광사, 2000, 145~146쪽; 줄리아 크리스테바, 김인환 역, 《시적 언어의 혁명》, 동문선, 2000, 275쪽.

(70) 신들의 어머니이다. 그리스 신화에서 하늘신 우라노스와 땅의 여신 가이아의 딸로, 시간의 신 크로노스의 자매이자 아내이고 제우스, 포세이돈, 하데스, 헤라의 어머니이며 페루지아 대지 모신인 퀴벨레와 동등한 신격이다. 거울과 석류를 들거나, 열쇠와 화환을 들고 사자와 표범이 끄는 전차를 탄 모습으로 표상된다. 도시의 보호자이기에 탑이나 성채로 된 관을 쓰고 있다. Manfred Lurker, *Dictionary of Gods and Goddesses, Devils and Demons*, Routledge, 1994, 44쪽.

(71) Proclus, *Commentary on the First Book of Euclid's Eliments*, recit. Rappe, *Redaing Neoplatonism*, Cambridge Univ. Press, 2000, 178쪽, 187쪽, 186~191쪽. 창조주인 데미우르고스와 신체의 주체(subject)가 되는 질료에 대한 사유 참조. 데미우르고스는 지배자라기보다 수학자이고 장인이다.

(72) Sara Rappe, *Reading Neoplatonism*, 130쪽.

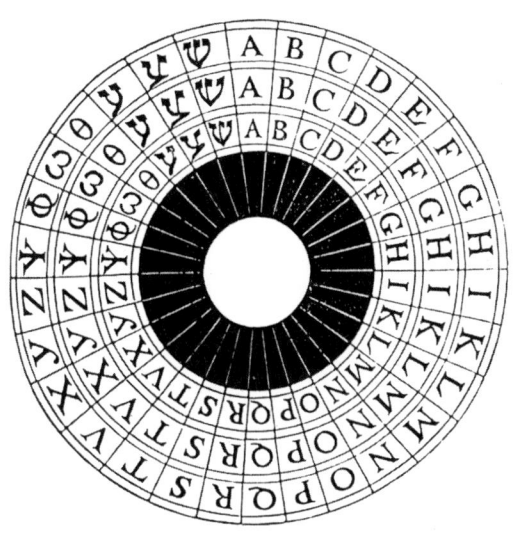

조르다노 브루노, 기억의 바퀴, *Opera* II, 1886, 나폴리
황도대 이미지의 기호와 행성, 문자 들이 원반의 열을 통해 상응하도록 만들고 있다.

장〉 등 새로운 글이 덧붙여진다. 그렇다면 인장이란 무엇인가? 인장이란 연쇄되는 기억을 끄집어내는 상(像)의 봉인이다.

브루노는 자신의 글을 통해 일종의 정신적 연금술을 기획했다. 그는 세계의 모든 지식을 조합하기 위해 가능한 모든 방식으로 노력했고, 카밀로의 극장에 제시된 조합 가능한 기억들을 좀더 과학적으로, 동시에 강력하게 (마법으로) 만들고자 했다. 《인장》의 내용 중 상당 부분은《그림자》에서 언급된 것을 발전시킨 것으로, 두 종류의 기억, 즉 점성학적인 이미지에 기초한 기억과 건축물들 안에서 장소들을 사용하는 고전적인 기억술을 추천한다. 점성학적인 체계들은

《키르케》에서 주장했던 것과도 같이, 천상의 말로 별들에 영향을 미쳐 힘을 발휘하기 위한 행성마법과 관련되었다. 브루노의 《인장들》은 엘리자베스조 영국 르네상스기의 인문주의에 큰 영향을 미쳤다.

동양의 도가나 《산해경》에 비유될 수 있는 서양의 비주류 사고 방식인 연금술적 사유를 무조건 사이비 과학으로 매도할 것만은 아니다. 연금술적인 사고는 현대의 심리학과 일맥상통하는 점이 있다. 즉 인간의 완성은 점차적·단계적으로 일정한 경로를 따라 발전해 가는 것이며 그 과정에서 각각의 단계를 건너뛸 수는 없다. 의미라든지 지혜란 일방적 가르침이 아니라 오로지 경험을 통해서만 얻게 되는 무엇이다. 요컨대 그것은 배움의 과정으로, 반드시 각자가 홀로 걸어야만 체득할 수 있으며 각자가 경험하고 깨우치는 만큼 얻게 되는 정신적 여정이다 등. 한편 브루노에게서는 자연과 세계의 조화에 대한 중세적인 믿음의 지속인 **아르모니아 문디**(*harmonia mundi*)를 볼 수 있으며, 중세적인 유비와 상사의 사유 방식인 신학적 예현론(typology)은 이러한 방식으로 르네상스 정신 안에 계승되었다. 얼마든지 연접되고 조합 가능한 단위체적 지식이란 개념이 그러한 내성적인 발전을 돕는 조건이자 보조물이었다.

《인장들》을 저술하기에 앞서 브루노는 《키르케》와 《그림자》에서 점성학적인 배열들의 변주들, 룰루스적인 사유의 장치(device), '영혼'의 진정한 (기계적인) 작동 방식을 찾기 위해 유대 경전인 《카발라》를 끌어들였다. 이 탐색은 항상 '인장들의 인장'에 대한 생각으로 귀결되는, 고전적인 옛 기억술에 대한 마술적 변주였다. 《그림자》에서 브루노는 그림자의 비전으로 시작하여 점차 기억 체계를 통일하

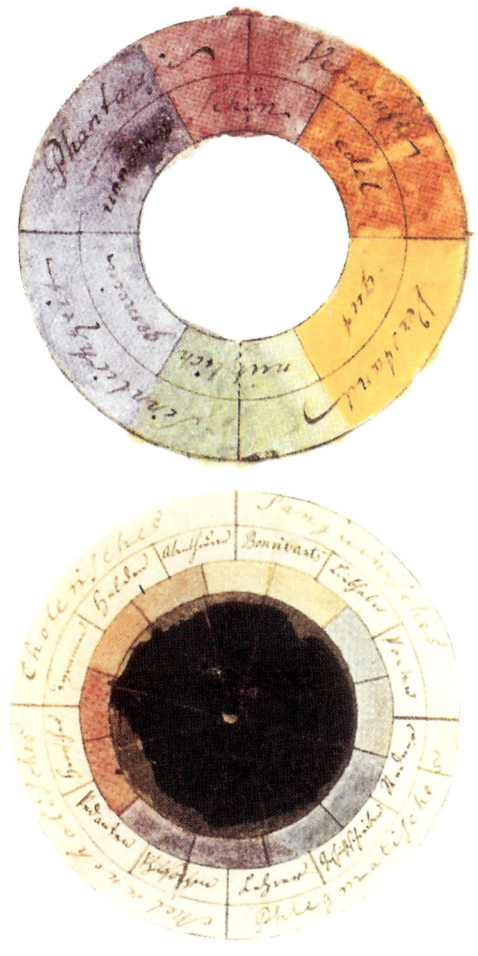

괴테의 기억의 바퀴

괴테는 실러와 같이 1799년 기억의 기술로서 색채들의 감각경험과 윤리적인 범주들을 연결해보려고 시도했다. 이 도해에서 그는 인간이 지닌다고 간주되던 전통적인 네 개의 기질들을 여섯 가지 색에 대응시키고 있다. 긍정적이거나 낮의 측면들은 따뜻한 색채이고 여기에는 이성과 지성이 상응한다. 부정적이거나 밤의 측면에는 차가운 색조들이 할당되어 감각과 상상력을 일깨운다.

는 과정으로 진행해가는데,《인장들》에서는 이 질서를 거꾸로 하여 기억 체계로 시작해 '인장들의 인장'으로 끝난다. 브루노는 자신이 비록 기억술의 옛 방식을 사용하고 있지만, 그것들을 개량하여 새롭고 더 나은 방법을 발견했다고 주장한다. 이 새로운 방식은 〈키르케의 노래〉편에 나오는 행성마법과 관련되는 것이었다. 행성마법은 별들의 힘을 끌어들임으로써 마음을 움직이는 능변을 낳는다. 30개의 인장, 30개의 원칙적 언명들과 마술적인 기억의 기술은, 기억을 돕기 위한 각각의 설명들을 동반하며 이러한 연결은 이미지의 적극적 활용이다.

    브루노의 30개의 인장 중 가장 인상적인 것을 꼽아보라면 **나무**와 **숲** 그리고 **사다리**를 들 수 있다. 이 세 가지는 라이문두스 룰루스의 기억술인《학문의 나무(*Arbor scientiae*)》와 연결된다. 그것은 '이름'에 의해 언급되며, 나무들은 모든 지식을 나타내고 모든 것에 공통된 기본원칙에 뿌리내리고 있다. 기억의 '사다리'는 룰루스의 바퀴로 조합되는 문자들에 상응하는 다른 형상이다. 이러한 봉인들은 룰루스가 정초한 조합의 체계들의 원칙에 상응하며, 점성학이자 마법이다. 한편 '화가 제욱시스(예술가)'는 이미지들의 활용법에 대한 인장이다. 인장들과 그림자를 연접하기 위해서는 '**이중그림**(double picture)'을 그려넣어야만 한다. 그 하나는 이상(理想)의 그림자(*Shadow of Idea*)에 대한 묘사이고, 다른 하나는 보이지 않는 것이나 말해질 수 없는 것을 지각 가능한 것에 의해서 환기시키기 위해 마련된다. 감각적인 사물들의 이미지는 우리로 하여금 기억되어야만 하는 것의 비감각적인 모습에 대해 상기하게 한다.

프레허(Freher), 《역설의 엠블럼집》, 18세기

기억의 바퀴의 다이어그램들은 시대에 따라 그 양상이 다르며 대단히 다양한데, 이것은 영원한 창조와 종말, 알파와 오메가가 있는 영겁회귀를 나타낸 기억의 바퀴이다. 이 바퀴는 시간과 공간을 넘어 카오스, 거울의 눈, 의지를 향해 그 자체를 영원히 이끌어가며 사랑과 분노(증오)라는 두 가지 이중적 국면으로 균열되고 중심부에는 트리니티가 있다.

정리해보면 '인장'이란 기억해야만 할 것을 명시해두는 상(像)의 봉인이다. 오늘날 '인장'을 가장 쉽게 접할 수 있는 것은 모차르트의 오페라 〈마술피리(Zauberflöte)〉이다. 이것은 프리메이슨의 형제애를 기억하기 위한 작품으로, 각각의 장은 야콥 뵈메(Jakob Böhme)의 이론에 따라 이미지의 봉인에 기초하여 전개된다. 모차르트는 프리메이슨 결사를 기억하기 위해 〈마술피리〉 외에도 다른 작품을 남겼다. 바흐 또한 조합의 기술에 관심을 가졌는데, 그의 작업실에서 조합술에 대한 라이프니츠의 논고가 발견되었다고 한다. 브루노가 기억술을 위해 채택하는 주요한 이미지들은 집단무의식적인 형상언어를 만들어내는 심성의 심층을 말해준다는 점에서 좀더 세밀히 살펴볼 만한 가치가 있다. 근세의 비결주의 철학자들은 인간의 완성이란 외부적이고 물리적으로 주어지는 무엇이 아니라, 자연의 기호를 읽어가는 가운데 내면적으로 깨우치며 발전해야만 하는 내재적 여정 또는 상승과 하강의 단계로 보았다는 점에서 현대 심리학의 선구자들이라 할 만하다.

이성의 옹호, 합리화의 길을 가는 근대사로부터 망각된 베네치아 아카데미의 기억의 시도로부터 한 가지 주목하고 넘어갈 사항이 있다면, 그것은 신플라톤주의적인 마법사들이 기억의 기술을 통해 당시의 주류담론에서 배제된 것, 예컨대 (부정신학이라는 면에서 중세 신비주의와 확실하게 연결되는) 이슬람적 사유 방식이나 유대교적 경향, 카발리즘을 포괄함으로써 기독교의 정통담론을 극복하려고 노력했다는 점이다. 그들은 언어의 한계를 직시하고 형상언어에 관심을 쏟았으며, 정통 기독교 외부의 사유(카발라와 아랍 철학)를 끌어안고 소화하려 했고, 지식의 기계적인 조합과 배열 가능성에 주목했다. 아리스토텔레스의 언명, "생각한다는 것은 이미지들로 관상하는 것이다(Intelligere est phantasmata speculari)"를 적극적으로 활용하면서도 그 한계를 벗어나고자 했던 브루노의 반(反)아리스토텔레스주의는 진정 근세 안의 외부라 부를 만한 것이었다.[73]

한편 브루노에게는 단자, 즉 **모나드**에 대한 사고가 있다. 모나드

---

(73) Yates, *The Art of Memory*, 243~251쪽, 252쪽.

는 본래 수학 용어로, '1' 혹은 '단위'를 뜻하는 그리스어 모나스에서 온 말이다. 라이프니츠는 모든 존재의 기본인, 단순하고 불가분한 실체를 모나드라고 불렀는데, 원자와는 달리 비물질적이며 그 본질적인 작용은 표상이다. 표상에는 의식적인 것 외에 무의식적인 것도 포함된다. 표상이란 외부의 것이 내부의 것에 포함되는 것으로, 이 작용에 의해 모나드는 자신의 단순성에도 불구하고 외부의 다양성과 관계한다. 모나드들은 독립된 채 서로 인과 관계를 지니지 않는다. 모나드에는 창(窓)이 없으며, 내포된 내용은 동일하다. 모나드 자체가 모든 행위와 내부적 정념의 원인이다. 그러므로 정신 혹은 자아는 근본적으로 자율적이다. 창이 없다면 모나드는 어떻게 소통할 수 있는가? 모나드는 비록 창이 없으나 그 자체가 전체 우주에 대한 '살아 있는 거울'이다. 모나드에 의해 표상되는 다양성이란 세계 전체이며, 따라서 모나드는 우주의 살아 있는 거울로서 소우주를 이룬다. 자아라는 거울이 우주를 그 시점으로부터(*from its point of view*) 반영하는 것은 주체성(subjectivity)이라는 측면에서 자아를 정의한다. 각각의 자아는 우주를 특정한 각도에서 반영한다. 수많은 세계는 무한히 병립한다.[74]

무한한 세계

우리 시대에 브루노 철학 및 브루노의 영향을 받은 라이프니츠 철학은 기존의 형이상학적 존재론을 뛰어넘는 양상이론의 '가능세계 철학'을 상기시킨다는 측면에서 새롭게 조명될 수 있다. 파르메니데스의 논리를 이어받아 러셀이 대표적인 논리적 모순의 예로 들고 있듯이 '둥근 사각형'은 현실에서 불가능하다. (이 문제의 수학적 해결은 π, 무한의 도입이다.) 그러나 크립키(Saul A. Kripke)는 양상이론을 위한 모델 구조를 제안했으며, 논리학을 '가능세계'라는 측면에서 재해석했다. 크립키 이후 많은 철학 작업에 의해 논리학의 전체 체계가 재구축되었으며, 논리적으로 가능한 것들에 대해 말하는 일이 이성적으로 합법화되었다.

전통적인 존재론으로부터 균열되어 나온 가능주의(possibilism)와 현실주의(actualism)에서 실제 세계는 가능한 세계들의 일련의 세트 내에서 현상된 '가능한 하나'이며, 단일한 현실은 더이상 절대적이고 예외적인 지위를 갖지 않는다. "우리의 실제 세계는 무한한 가능세계들에 의해 에워싸여 있다."[75] 담론의 우주는 실제 세계에 제한되지 않으며, 무한히 가능한, 비실현된 세계들 위로 펼쳐진다.

'가능세계' 모델은 철학의 많은 전통적인 문제들을 재주조하며 양

---

(74) 라이프니츠의 경우, 《단자론(*Monadlogie*)》에서 소통의 답은 보나벤투라(San Bonaventura)와 후안 루이스 비베스(Vives)의 '마음의 나'가 지닌 내부적 거울, 즉 전통적인 기독교 신학의 입장의 연결선상에서 말해지고 있다. 거울은 speculum, 창은 specularia이다. 모두 바울의 거울 딕툼에 근원적인 계보를 지니고 있다. Juan Luis Vives, *De anima et vita*, 1538. 창이 없는 모나드의 소통 문제를 들뢰즈는 내부의 "주름(pli)을 통해서"라고 대답한다. 그것은 표현주의적 관점에서 펼쳐지고 다시 접혀야만, 재주름잡혀야만 하는 것이다. 그러므로 거울반영과 퍼스펙티브의 관점이라는 대답은 근대적인 혹은 탈근대적인 주체의 자아의 발견에 연결된다. Leibniz, "Paris Note", 1676; Debora Shuger, "The 'I' of the Beholder: Renaissance Mirrors", in *Renaissance Culture and the Everyday*, 30~31쪽; 들뢰즈, 이찬웅 역, 《주름, 라이프니츠와 바로크》, 문학과지성사, 2004.

(75) Hintikka, *Knowledge and Belief: An Introduction to the Logic of Two Notions*, Ithaca, Cornell University Press, 1962; Jaakko and Merrill B. Hintikka, *The Logic of Epistemology and the Epistemology of Logic: Selected Essays*, Dordrecht, Kluwer, 1989 등이다.

상이론을 넘어 확장되었고 학제간적 통찰을 제공했다. 심지어 가장 불가능해 보이는 것들도 생각하고 말할 수 있다면 양상적으로 '가능한 것(possibilia)'의 범주에 들어간다. 그것은 다만 비실현되었을 뿐이라고 보는 것이 가능세계이론이다. 가능세계는 우리가 그에 대해 말하거나, 상상하거나, 믿거나, 소망할 수 있는 그러한 세계이다. 가능세계는 인간의 노력에 의해 발견되거나, 현실로 구축될 수 있다. 학자들은 다양한 가능세계의 해석적 모델들이 가능하다고 말한다.[76]

예컨대 가능세계 철학은 일관된 몇몇 공리나 가정으로부터 유도되는 우주론을 만든다. 그 이성은, 이성을 넘는 초-이성이다. 가능세계 종교는 공동의 믿음을 구축하며 우주론적인 서사의 기획에 참여한다. (유토피아의 종교는 패러독스라는 토머스 모어의 위트가 생각난다.) 가능세계 자연과학은 철학과 마찬가지로 우주에 대한 대안을 다양화에 의거해서 내놓는다. 가능세계 역사학은 실제 인간 역사의 이해를 돕는, 반사실적인(counter-factual), 가능한 역사적 사실에 주목한다. 가능세계 행위이론은 인간의 행위를 가능한 다른 과정들의 설정으로써 설명한다. 가능세계의 허구는 미학적인 행위들을 생

---

[76] 보다 비판적인 시각에서는, 예컨대 맑스주의 계열의 이론들, 들뢰즈나 네그리 등은 스피노자를 경유하며 가능성보다는 필연적인 실재의 잠재태(virtuel; virtuality)라는 개념을 채택한다. 라캉 등과 들뢰즈의 근본적인 차이는 현실을 보는 관점으로, 들뢰즈 철학이 '변용'이라는 명목으로 타자를 제거한다는 비판에 대해(베이스호흐로트, 1990) 들뢰즈 철학의 입장에서 가능세계론은 타자론이다. 서동욱, 《차이와 타자》, 《프루스트와 기호들》 참조. 바디우의 경우도 잠재적인 것과 가능적인 것의 혼동은 반드시 피해야 하며 가능적인 것은 실재적인 것에 대립한다고 지적하고 있다. 알랭 바디우, 《들뢰즈-존재의 함성》, 117~118쪽, 232쪽. 아리스토텔레스의 경우 가능태와 잠재태는 구분되지 않는다. 나는 여기서 다만 조르다노 브루노의 사고를 좀더 이해하고 보완하는 견지에서 가능세계론에 대한 논의를 소개하고 있다.

산한다. 역사를 통해 시, 음악, 이야기, 그림, 조각, 연극, 춤, 영화 등은 언제나 지속적으로 가능한 세계를 확장해왔다. 그것은 실천적 세계이며, 기호적 체계에 의해 구축된다. 가능세계 미학은 미메시스 미학의 단일세계관적 한계와 원형적·순환론적 세계관을 근본적으로 벗어날 수 있는 실마리를 던져준다.[77]

힌티카(Hintikka), 크립키, 에코는 가능세계를 위한 정식화를 제안하고 있다. (1) 가능세계들의 운용 가능한, 작은 일련의 담론을 너의 우주로 선택하라. (2) 한정된 요소들을 포괄하는 작은 세계들(mini world)을 디자인하라. 제한된 수의 매개변수에 의해 그 세계가 특정화될 수 있도록 하라. 에코에 따르면, 유한한 수의, 가능한 개별자들에 의해 구성되는 '가능한 작은 세계'들은 우리가 경험적으로 구축하고 창조해나가는 것이다. 가능세계이론에 의해 상상적 세계와 허구의 역할에 대한 오래된 이념들이 쇄신되어가고 있는 중이다. 허구세계는 비실현된 가능태들의 조합이라는, 한정된 존재론적 지위를 갖는다. 가능세계의 고유성은 인간이 발견하고 만들어 나가는 것이다. 가능세계를 발견하기 위해서는 가능한 무엇에 대한 믿음이 필요하다. 세계는 우발적으로 사건들을 낳는다. 그러나 거기에는

---

(77) Lubomír Doležel, *Heterocosmica*, Johns Hopkins Univ. Press, 1998, 12~20쪽. 애니메이션들을 분석하며 이 책에서 필연적으로 다루었던 문제 중 하나가 욕망과 폭력의 파생에 관련된 지라르의 미메시스론이다. 욕망과 경제에 얽매일 수밖에 없는, 정해지고 예정된 삶에서 다른 면을 보도록 만들어주는 가능세계이론은 내게 희망으로 다가왔다. 그러나 철학자들은 가능한 것과 잠재적인 것을 엄밀히 구분하는 경향이 있다. 알랭 바디우, 《들뢰즈-존재의 함성》, 116-117쪽, 232쪽. 환상과 허구, 잠재적인 것과 가능한 것에 관한 현상학적 입장의 통찰은 야마구치 마사오, 김무곤 역, 《문화의 두 얼굴》, 민음사, 2003, 212~215쪽 참조.

'운명'에 대한 지극히 고전적인 믿음처럼, 노력이 현실로 실현되는 어떤 우연적인 순간이 있다.[78]

우주는 무한하며 인간들이 지상에 세운 기독교 왕국 외에도 다른 세계가 존재한다고 말했던 브루노는 1600년 종교재판에 회부되고 곧이어 화형당한다. 세계가 그의 신념대로 무한한 것이라면, 마법사 브루노가 화형을 당하지 않는 세계가 가능할 것이며, 그것을 믿었기에 그는 화형당하면서도 신념을 굽히지 않았을 것이다. 양차대전으로까지 이어지는 근대화의 과오에도 불구하고 가능세계에 대한 믿음은 어느 정도 실현되어온 것도 사실이다. 이 글을 보르헤스의 말을 상기하며 마치는 것이 적당할 것 같다. 어느 각도에서 보아도 "보이는 지구상의 모든 지점들이 뒤죽박죽되지 않고 들어 있는" 대단한 장소인 '알렙(Aleph)'도 **'잊혀져서'** 사라지고 만다.

"틀뢴에서는 사물들이 복제된다. 그런데 사람들이 그것들에 대해 잊어버릴 때는 마찬가지로 사라지거나 세부를 잃어버리는 경향이 있다. 어느 거지가 동냥하는 동안에는 계속 있었는데 그가 죽자 시야에서 사라져버린 문지방의 예는 전형적이다. 때로는 몇 마리의 새, 한 필의 말이 원형극장의 유적을 사라지지 않게 지키기도 했다."[79]

---

(78) 크립키의 저서 중 《이름과 필연》이 서광사에서 번역되었으며 에코의 저서들은 대부분 번역되었다. Umberto Eco, "Small Worlds", *VS. Versus* 52/53:53~70쪽.
(79) 보르헤스, 〈틀뢴, 우크바르, 오르비스 테르티우스〉, 《바벨의 도서관》 참조.

II
상상동물, 그로테스크와 하이브리드

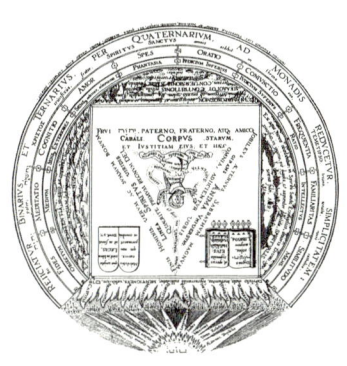

고삐 풀린 상상력이 풀어놓는 판타지. 중세의 괴물들은 동물들의 이종교배적인 하이브리드이다. 실제동물과 상상동물의 혼합, 날짐승과 어류의 혼합. 요컨대 괴물이란 장소의 혼합이다. 괴물이 그로테스크하다는 것은 이질적인 요소들의 병립을 의미한다. 괴물이 괴물인 것은 상반된 것들을 그대로 공존시키고 어느 한 영역으로 다른 것을 흡수해 넣지 않기 때문이다.

3

그로테스크와 하이브리드

　우울해서 견딜 수 없는 사람에게는 로베르토 베니니의 〈몬스터〉를 보라고 권하고 싶다. 최근 몇 년 동안 이 영화를 볼 때만큼 그렇게 웃어본 적이 없기 때문이다. 왜 웃음이 나오는지 반추해보니, 그것은 기표와 기의의 미끄러짐 때문이었다. 즉 실제로 의미하는 것과 의미되는 것 사이의 엄청난 간극이 웃게 만든 것이다. 미끄러짐이라면 또한 존재의 거기 있음(il y a)으로의 우울한 미끄러짐이 있지만, 여기서는 이성과 함께, 또한 이성에 반하여 유쾌하게 미끄러져 보자.

　소심하고 가난하며, 평범함이 지나쳐 무능한 주인공 로리는, 몇 가지 우연한 오해로 인해, 세간을 들끓게 하는 토막살인을 자행한 연쇄살인자, 즉 **몬스터**라는 혐의를 뒤집어쓴다. 경찰은 우선 그의 일상을 몰래 촬영하는데, 그의 사소한 행위 하나하나가 의심을 가진

눈에는 엄청나고 엽기적인 행위로만 본다. 결정적인 증거를 잡아 로리를 체포하기 위해 경찰은 여경 제시카를 그의 아파트에 투입하기로 결정한다. 마침 실업자 신세에 집주인을 피해다니던 그는 그녀를 흔쾌히 동거인으로 받아들인다. 범죄수사에서 미리부터 선판단(편견)으로 설정된 몬스터의 죄의 '입증'은 간단하다. 로리가 호색한이라 쉽사리 도발된다는 것을 입증하면 된다. 그러면 몬스터는 체포될 것이다. 그런데 제시카가 아무리 유혹적인 상황을 연출해도 선(善) 그 자체인 로리는 결코 넘어가지 않고 오로지 성자처럼 인내한다.

질문, 고통, 고문

여기서 폭력과도 같은 제시카의 도발은 라틴어 *questio*(질문)가 본래 '고통을 준다, 고문하다(torture)'는 의미 또한 갖고 있다는 것을 상기시킨다. 고대 수사학과 《유스티니아누스 법전》에서 진리는 "고통과 고문에 의해서 노예로부터 끌어내지는 것"이다. 그러나 진리를 끌어내기 위해 고통을 주는 것은 불합리하고 어리석다. 왜냐하면 진리가 그곳에 있으리라는 선판단을 가정하고 나서만 질문은 성립할 수 있기 때문이다. 선판단이 그토록 확고한 것이라면, 스피노자가 말하는 '직관'이 될 수 있다면, 사유에서 진리를 끌어내기 위한 **인베레**(*invere*, 발견, 고문, 창안)는 불필요하다. 라틴어의 의미를 되새겨보자. 진리를 '발견(invere)'하기 위해서는 수사학적으로 '창안(inventio)'해야만 한다. 고대 법학과 수사학에서 '창안'인 **인벤티오**

멜뤼진, 《멜뤼진 로맨스》, 목판화, 16세기 초

토요일 밤마다 멜뤼진은 혼자서 목욕한다는 조건으로 결혼하여 인간남자를 부유하게 만들어준다. 멜뤼진은 남편에게 목욕하는 자신을 엿보지 말라고 신신당부한다. 하지만 남편이 그 약속을 어겨 그녀는 자신이 이룩한 모든 부와 함께 사라진다. 피토니사(pithonissa)라는 말이 예언녀를 뜻하듯, 피톤이라는 유명한 뱀과의 관련성에서 뱀은 총명함과 예지를 나타내기도 한다.

는 바로 고통을 주는 것, 고문이다. 질문이라는 말이 태어난 곳은 고대 검투사들이 싸우던 원형극장과 중세 신비극의 피가 흩뿌려지던 연극적인 투기의 장소이다.[1]

　질문이라는 용어는 본래 고문, 논쟁, 법적 질문, 취조를 뜻했다. 질문이 동사화되기 위해 행위와 묶이는 말은, 때린다(*battre*, to beat), 재미있게 하다, 쾌락을 얻다(*esbatre*), 묶다(*lier, liesse*, to bind), 그리고 기쁨(joy) 등이다. 진리를 발견하기 위해 자기 자신에게 질문을 던지는 학자들은 그 누구보다도 스스로에게 엄밀한 질문의 고통을 가하는 사람이다. 그들은 진리를 위해서라기보다 잘못 생각하지 않기 위해, 잘못된 것을 말하지 않기 위해 스스로에게 질문을 던진다. 그것은 스스로를 다그치며 가혹하게 훈련되어야만 하는 무엇이다. 그러나 표현된 말에서 그 고통은 지워진다. 수사학은 언어의 매개를 통해 폭력을 비폭력으로 바꾸는 것이다. 수사학자들과 극작가들은 그들이 발견한 진리의 불안정함을 숨기는 기술을 창안에서 배운다. 질문을 하는 것은 궁극적으로 고통이나 기쁨으로 묶일 수 있다. 플라톤이 《법률》편에서 말했듯이, 모든 법은 국가 안에서건 개인 안에서건, 쾌락과 고통에 대한 질문이다(I, 636d). 법은 질문이다. 《티투스 안드로니쿠스》에는 다음과 같은 구절이 있다. "나 혼자라도, 저러한 폭력의 일원이 되지 않을 것이며, 그것을 당하지도 않으리." 그러나 폭력은 삶의 모든 층위에 존재했다. 고대 사회

---

[1] Jody Enders, *The Medieval Theater of Cruelty*, Cornell Univ. Press, 1999. 이스토리아를 만들어내기 위한 수사적인 창안을 사지(members)의 조합으로 본 것은 《건축론》을 썼던 알베르티였다. 사유는 건축이다. 알베르티에 대해서는 Baxandall, *Giotto and Orators*, Oxford, 1971.

자체가 노예없이는 유지될 수 없었기 때문이다. 우리가 알고 있는 바 노예들은 원형극장의 볼거리를 원했다.[2]

고문과 수사적인 창안과 기억 사이의 어원적인 관련성은 고대 법에서의 진리와 신체적인 고문(취조)과 고대 연극과 수사학 이론들이 각각 상호관련된다는 것을 보여준다. 롱기누스와 퀸틸리아누스는 '말을 만들어내는 것'은 무엇보다 **기억**이다고 말한다. 인벤티오(고통, 창안)을 돕는 가장 중요한 요소가 바로 기억인데, 기억(re-membered)되기 위해서 먼저 기억 대상은 사지가 흩어져야만(dis-membered) 한다.[3] 폭력이 기억의 전제조건이다. 설득의 힘을 만들어내는 수사학 기술 중 가장 중요한 것이 창안 혹은 분리된 것들을 배열·연접·절합하는 발명이라는 뜻을 지닌 인벤티오이다. 인벤티오는 이야기, 즉 **히스토리아**를 만든다. 그러나 히스토리아에서 읽거나 듣거나 보는 사람의 마음을 움직이는 것은 무엇보다 쾌락과 함께 고통이다. 때문에 역사 서술은 흔히 비극의 플롯을 취한다. 설득의 수사학의 기원에는 잔혹한 폭력의 극장이 있고, 현대의 설득의 수사학은 성의 폭력을 만든다. 퀸틸리아누스의 지적처럼 고대의 법학자와 수사학자는 공히 인벤티오로써 청중의 설득을 위한 일루전을 만들어냈다.

---

(2) 창안(inventio)과 기억(memoria)은 폭력과 고문을 미학적이고 바랄 만한 욕망의 그림으로 바꾸는 것이다. Enders, *The Medieval Theater of Cruelty*, Cornell Univ. Press, 1999, 171쪽. 질문과 구타에 대한 언급에서 들뢰즈의 《마조히즘》을 떠올릴 수 있을 것이다.
(3) 앞서 본 시모니데스의 일화에서처럼 무너진 건물 때문에 손님들 전부가 형체를 알아볼 수 없게 으깨져 죽은 것이 시모니데스가 기억술을 구사하기 위한 전제가 된다.

그러나 장소들의 배열, 수사적인 창안, 설득력있는 이야기, 역사라는 뜻으로 변하는 이스토리아(historia)를 만들어내는 가장 중요한 수사적 방법인 인벤티오는 진리를 보증하지 않는다. 인벤티오에게는 이성이란 없고 정당화만이 있다. 교육의 이념에는 질문이 필수불가결하다. 그러나 질문하는 자, 질문할 수 있는 자는 오로지 질문할 권리가 있다고 느끼는 자들일 뿐이며 오로지 대답해야만 하고 반응해야만 하는, 또는 오스틴적 의미의 수행적인 말을 만들어낼 수 없는(왜냐하면 발화할 (사회적인) 자격이 없으므로) 노예는 질문할 수 없다. 노예들은 심문을 당하는 자이고 자국의 언어가 아닌 알 수 없는 말로 울부짖는 자이다. (로리는 중국어 시험장에서 알 수 없는 말을 지저귄다.) 주인의 언어는 채찍이고 노예의 언어는 의미없는 말, 혹은 여러 가지 질문에 같은 대답(비명 혹은 절규)만을 되풀이하는 노래이다. 구속된 자의 언어는 가난하다. 단조롭게밖에 말할 수 없다. 그런데 거꾸로 여기서 질문을 던지는 것은 여자이다. ("당신은 '몬스터'인가요? 대답해보세요." 이 질문의 정답은 응답을 거절하는 것이다. 대답하면, 즉 반응하면 로리는 몬스터로 입증된다. 심문에 대답하지 않는다는 점에서 로리는 정답을 말한 것이다.)

여경 제시카가 몸으로 연출하는 강제적인 **질문**은 경찰이라는 **정의**(또는 공권력, 국가이성)의 상징과 포개진다. '국가이성'의 상징인 경찰력의 강제된 질문(주인의 속성)을 여자가 몸으로 연출한다(노예의 속성)는 점에서 이것은 전적으로 불합리하다. 담론의 장소, 즉 토포스들은 이중의 심급에서 정확히 반대 방향으로 상호전치된다. 관객은 코미디의 전통적인 특성인, 관객으로 하여금 일반적인 상식의 범주를 벗어나게 만드는 메타 차원에 놓인다. 이것은 푸코의 광인선과 들뢰즈의 분열자에 대한 데리다의 강력한 비판, 고전이성이 아니라 이미 이성과 언어 자체의 역사에 폭력이 있다는("그리스 기원의 벽두부터 이성 자체에 대항해서 이미 분열된 것, 광인들의 자유로운 배회라는 것은 생각만큼 그렇게 자유롭지 않고, 말 그대로 자유로운 것이 아닐 뿐만 아니라······") 데리다의 통찰을 상기시킨다.[4]

로리에게 제시카의 도발은 **고문**에 가깝다. 이것은 전형적인 코미디의 토포스이다. 그래서 웃읍다. 그렇다면 무엇이 가능한가? 인벤티오가 진리를 보증하지 않는다면 무엇이 가능한가? 아마도 수사학자의 입장에서는, 언어의 장소들의 장소성의 인식, 공통개념의 유희, 직관, 생의 긍정성을 반항하는 토포스의 배치가 가능할 것이다. 메타 차원의 인벤티오를 통해서는 웃음이 가능하다.

주인공은 중국어를 배우러 다니는데 그것은 두 가지 목적을 동시에 만족시킨다. 일반 시민답지 않은, 약간은 형이상학적인 자질과 다국적 기업의 구직시험이 그것이다. (중국어는 상형문자로서 르네상스기의 이탈리아인들은 상형문자를 대단히 칭송해왔다.) 경제적인 상황을 타개하기 위해 다국적 중국 기업에 응시하지만 막상 시험장에서는 당황하여 본인이 모르는 중국어(?)를 나불나불 떠들다 실패하고 만다. 진짜 살인범이 밝혀져 마침내 혐의가 풀릴 때까지, 이 무해한 소시민을 체포하기 위해 군경이 출동할 정도로 그의 상황은 해결의 기미없이 꼬여만 간다. 그리고 마침내 진짜 '몬스터'가 발견되

---

(4) 자크 데리다, 남수인 역, 《글쓰기와 차이》, 동문선, 2001, 69쪽.

는데, 그는 바로 로리가 중국어(상형문자)를 배우러 다니던 중국어 선생이다.[5]

고삐 풀린 상상력

그렇다면 몬스터란 무엇인가? 몬스터란 본래 라틴어로 '보여준다(monstere)'는 뜻이다. 무엇을 보여주는가? 그것은 외부로부터 들어온 감각 인상의 잔영이 형성한, 부재하는 기억인 시뮬라크르나 판타스마타에 의해 인간 내부의 어두운 내면의 힘들을 형상화해 보여준다. 그렇다면 과거에는 어떠한 괴물들이 있었을까? 《오디세이아》에서는 외눈박이 퀴클로프스가 몬스터로 설정되어 있는데, 그가 인간을 잡아먹기 때문이다. 제우스의 바람기를 감시하는, 천 개의 눈을 가진 아르고스 역시 몬스터이다. 헤라클레스가 죽인 수많은 괴물들, 에키드나와 피톤, 혼돈들. 신화에는 가지각색의 몬스터들이 나오는데 그들은 근세의 미학적 데코룸으로부터 배제되는 대표적인 것들이다. 그들은 오비디우스의 《변형담》과 마찬가지로, 도덕적인 알레고리로 윤색된 뒤에야 그림의 토포스로 받아들여질 수 있었다.

고삐 풀린 상상력이 풀어놓는 판타지와 시뮬라크르 들, 뱀여인 멜뤼진, 스핑크스, 그리핀, 외눈박이, 트리포드, 바실리스크, 짐승이나 물고기 머리의 인간 등은 중세의 대표적인 몬스터이다. 중세의

---

(5) 중국어 선생은 상징(상형문자인 중국어)의 상징, 요컨대 '상징적 힘'의 알레고리라는 점에서 그가 범인이라는 영화의 설정은 시사적이다.

DS의 마스터, 바젤 시의 문장을 보호하는 괴물 바실리스크, 목판화, 1511
대표적인 하이브리드인 바실리스크는 닭이 뱀의 알을 부화한 것이다.

몬스터는 동물들의 이종교배적인 하이브리드이다. 분절된 신체는 각각 고유한 속성을 나타낸다. 실제동물과 상상동물의 혼합, 날짐승과 어류의 혼합. 요컨대 괴물이란 장소의 혼합이다. 몬스터가 그로테스크하다고 말할 때, '그로테스크하다'는 말은 이질적인 요소들의 **절합**과 **병립**을 의미한다. 괴물이 괴물인 것은 상반된 것들을 그대로 공존시키고 어느 한 영역으로 다른 것을 흡수해넣지 않기 때문이다. 전통적인 서구적 사고는 경계에 위치하거나 경계를 넘는 존재들을 몬스터로 간주해왔다. 그것은 타자들의 긴 목록이기도 하다. 마녀,

개머리 인간이 소를 숭배하다, 존 맨더빌 경, 《여행기》 중의 목판화, 아우구스부르크, 1482, 파리 국립도서관

존 맨더빌 경의 여행기에는 여행 도중에 마주치게 되는 수많은 괴물과 괴인족 들에 대한 설명이 나오는데 이 설명과 필사본의 삽화는 커다란 영향을 미쳤다. 한편 맨더빌 경의 여행기에 나오는 괴물 목록은 《산해경》에 나오는 괴물과 괴인족 들과 유사하다는 점도 흥미롭다.

이교도, 집시, 유대인, 흑인, 동성애자 등.

한편 괴물을 악의 **예시**(*exemplum*)로 보았던 중세와는 달리 인문주의는 괴물의 긍정적인 측면을 보았다. 근세에 찬미된 프로테우스는 변형의 신이다. 그는 성스러운 '바다의 노인'으로, 그리스 신화에서 다양한 모습으로 변할 수 있었으며 예언과 신탁의 힘을 지녔다. 프로테우스는 그와 접촉하는 사람에게 예지의 은혜를 베푼다. 르네상스 저자들이 말하는 프로테우스는 위대한 지혜 덕분에 어떻게 그 자신을 **모든 사물**에 **적합**하게 만들 수 있는지 알고 있었다고 전해진다.

르네상스의 프로테우스적인 변형의 정신에서 몬스터가 보여주는 변형의 역할을 빠뜨릴 수 없는데, 신플라톤주의 인문주의자들에게 변형의 신 프로테우스는 끝없는 변화의 과정에 있는 인간을 나타내는 엠블럼이었다.[6] 신플라톤주의자들에게 변형은 자유의지에 따르는 도덕적인 책임을 수반하며, 우미와 관용에 의해, 이성에 의해 올바른 방향으로 인도되어야만 했다. 그것은 존재 근거의 박탈을 의미하는 것이 아니라 강한 의지를 필요로 하는 것이었다. 사실 변형이란 위험한 상징이나, 변형을 추구하는 것은 운명을 변화시킬 수 있다고 생각하는 적극적이고 능동적인 정신에 깃든다.

그러나 변형의 신인 프로테우스의 가르침이 실제로는 그 자신의 방약무인한 이미지와는 정반대라는 것은 놀랍다. 즉 프로테우스의 변형의 가르침이란 과잉을 피하고 상반된 것들 간에 균형을 맞추라는 것, 행위를 평범한 것에 의해(*aurea mediocritas*) 조율하라는 것(데코룸)이었다. 인간의 성취는 가능한 많은 세계에 자기 자신을 배치할 수 있는 능력—다양한 변신 능력—에 달려 있다. 하지만 그 실체는 **절제**였다.[7]

근세로 접어든 이후 초자연적인 존재들에 대한 믿음은 의식의 심층 아래로 점차 사라진다. 모든 것은 이성의 빛으로 조명되었는데, 실제로 1776년에는 《악마의 죽음에 관하여》라는 논문이 발표되기도 했다.[8] 괴물이란 옛이야기 속에서만 존재하는 것으로 믿어지고 도덕적 설교와 삽화 안에서만 존재하도록 의식으로부터 추방된다. 이제 괴물들은 오로지 무의식 안에서만 존재하며, 알레고리의 외관을

---

(6) J. L. Vives, *Fabula de homine*, 1518; Pico della Mirandolla, *Oratio de hominis dignitate*, Roma, 1486, 224쪽. 이 연설은 저자의 친구들에 의해 사후출판되었다. recit. in Cassirer, Kristeller, and Randall, *The Renaissance Philosophy of Man*, 387~393쪽; *Perpetual Motion*, 148~149쪽.
(7) Michel Jeanneret, *Perpetual Motion: Transforming Shapes in the Renaissance from da Vinci to Montaigne*, Johns Hopkins Univ. Press, 1997, 160~162쪽.
(8) Victor I. Stoichita, *A Short History of Shadow*, Reaktion Books, 1997, 163쪽.

한 신화를 통해서만 나타나게 된다.

그 대표적인 예가 자아의 완성을 향한 '**영원한 변형**(*perpetuum mobile*)'의 이야기인 오비디우스의《변형담》이다. 이미 중세부터 지식인들은《변형담》의 호색적이고 이교도적인 사랑 이야기를 있는 그대로 받아들일 수 없었다. 그들은 자신들이 동물지에서 했던 것과 마찬가지로 오비디우스 이야기를 오로지 기독교적인 **교훈**으로 받아들였고, 주해, 병치, 축약본의 형태로 텍스트에 직접적인 손질을 가하기 시작했다. 14세기 초에 씌어진《도덕적인 오비디우스(*Ovid Moralisé*)》는 오비디우스 이야기를 기독교적 구원의 알레고리로 윤색한 것으로, 신화를 주제로 한 그림들이 대거 제작된 17세기까지 영향을 미쳤다. 신화가 이야기되거나 재현될 때는 언제나 보다 심도 깊은 도덕적 내포를 찾는 일을 전제로 했다. 수녀들에게 보이기 위한 판본도 따로 제작되었다.《도덕적인 오비디우스》에서 예컨대 일련의 강탈(rape) 주제들, 특히 소로 변한 제우스에 의해 납치되는 에우로페(Europe)라든지, 독수리에 의해 천상으로 납치당하는 렘브란트의 가니메데스(Ganymedes)는 그리스도에 의해 구원되는 영혼의 유비이다. 유노(Juno)가 공작 꼬리에 붙인 아르고스(Argos)의 눈은 허영과 오만에 대한 경고였다. 그러므로 옛 그림을 볼 때는 그것이 그려졌을 당시엔 눈에 보이는 이상의 의미가 부여되었으리라고 일단 생각해보아야만 한다.[9] 시대에 따라 텍스트는 다르게 읽혔

---

(9) De Jongh, *Questions of Meaning*, Primavera pers, 2000. 도덕화된 오비디우스와 중세 해석학의 관련성은 Rita Copeland, *Rhetoric, Hermeneutics and Translation in the Middle Ages*, Cambridge Univ. Press, 1991, 122~124쪽.

던 것이다.

　그러나 주어진 질료(*matter*)를 통해 주체가 새롭게 변형되고자 할 때 언제나 몬스터의 표상은 필수불가결한 역할을 했다. 괴물의 표상은 근대의 미학에서 점차 폐기되어가나 여전히 내면화되어 지속되던 어떤 흐름을 설명해준다. 과학, 기술, 합리성이 주요담론인 우리 시대에도 그것은 동일하다. 거기에는 이성에 의해 언제나 그림자로 억압되고 마는 무엇이 있다. 그림자, 그것은 억압되었을 뿐, 사라지지 않았다. 매스컴은 언제나 재난과 폭력의 서사를 보여주고, 그림자들은 영상과 애니메이션에서 미쳐 날뛰고, 모호한 적개심은 질투의 추동력이 된다. 내면에 횡행하는 몬스터에게 현대는 중세와 크게 다를 바 없다. 우리는 몬스터들이 집단적 광기나 폭력이라는 형태의 죽음의 힘으로 현상하지 않도록, 그 강력한 힘이 모두를 살리는 생명의 힘으로 전환되도록 스스로를 이해할 필요가 있다.

4

중세의 동물지와 괴물지

스스로의 꼬리를 무는 뱀 우로보로스는 **시간**을 나타낸다. 이집트 신화에서 우로보로스는 태양이 지나는 밤의 황도대 길(두아트)의 상징이다. 자신의 꼬리를 문 뱀은 고리 혹은 원이 된다. 우로보로스는 시간이며, 태양이 지나는 행로인, 별이 빛나는 밤의 길이다.[10] 이집트인들은 지평선을 가로지르는 태양의 길을, 라 신(태양신)이 시간의 배를 타고 누트(Nut; 하늘)의 몸을 항해하는 모습에 비유했다. 이 **시간의 배**는 매일 저녁 지하세계로 내려갔다가 이튿날 아침 솟아오르는 라에 의해 운행되는 태양의 배이다. 죽은 자들은 라처럼 빛나는 태양이 되거나 부활하기 위해 그 시간의 배를 타기를 원한다. 별이 빛나는 두아트를 나타내는 이집트의 상형문자는 **원 속에 든 별**로

---

(10) *Mythical Beasts*, 41~43쪽.

표현되는데, 자비로운 존재들뿐 아니라 사악한 존재들까지 모두 두아트에 거주하는 것으로 믿어졌다.

우로보로스, 앰피스배나, 헤르마프로디테

두아트는 열두 개의 구획으로 이루어져 있는데 이는 밤의 열두 시간과 일치한다. 거기에는 다수의 문과 문지기가 있고 이들의 비밀스런 이름을 말해야만 한 구획에서 다음 구획으로 옮겨갈 수 있다. 지상의 나일 강, 천체의 은하수와 상응하는 두아트의 계곡을 따라 별들의 강이 흐르고, '시간의 배'에 타기를 원하거나 그 길을 막고 싶어하는, 선하고 악한 존재들 모두가 그 강의 양쪽 둑으로 몰려든다. 이 어둡고 불안한 통로를 성공적으로 항해하면 그 결과로 태양이 떠오르고 낮이라는 밝은 세상이 나타난다. 인간은 이성이라는 작은 조각배에 의지해서 근심스러운 밤을 항해한다. 라 신이 두아트를 항해해서 천국으로 가는 길은 우주 전체를 나타내는 동시에 살아 있는 동안의 깨달음과 천국의 환희를 나타낸다.[11]

반복을 통한 차이의 여지를 생각지 않는, 시간의 순환적 성격에 대한 맹목적인 믿음은 결정적 운명론과 패배주의를 만든다. 때문에 진취적이었던 근세 지식인들은 여기에 다른 모토와 도상을 첨가해 운명론적 순환론을 극복하고자 했다. 엠블럼집에 나타난 근세의 우

---

(11) 멜리사 리틀필드 애플게이트, 최용훈 역, 《이집트 신화》, 해바라기, 2000, 80~81쪽, 161~163쪽.

자신의 꼬리를 문 뱀, 야콥 뵈메, 《신지학적 작업》, 1682, 암스테르담

로보로스 표상들에는, 날개를 달고 날아가는 포탄 혹은 **날개를 단 두 상**이 덧붙여지는데, 이것은 운명 또는 포르투나(Fortuna)의 변덕을 지식과 판단으로 극복한다는, 적극적이고 능동적인 의미의 추가였다. 예컨대 17세기 내과의였던 카메라리우스(Camerarius)는 우로보로스의 도상으로 다음과 같은 모토를 만들었다. "끝은 시작에 있다", "행운보다는 판단을 믿는 편이 낫다."

보르헤스의 《상상동물 이야기》의 장을 여는 앰피스배나(Amphisbaena)는 양방향, 두 개의 머리를 지닌 뱀이다. 앰피스배나는 시간의 뱀 우로보로스의 변형태로, 근세에는 알레고리적인 양가성을 나타내기도 했다. 우로보로스가 선적인 통시적 시간

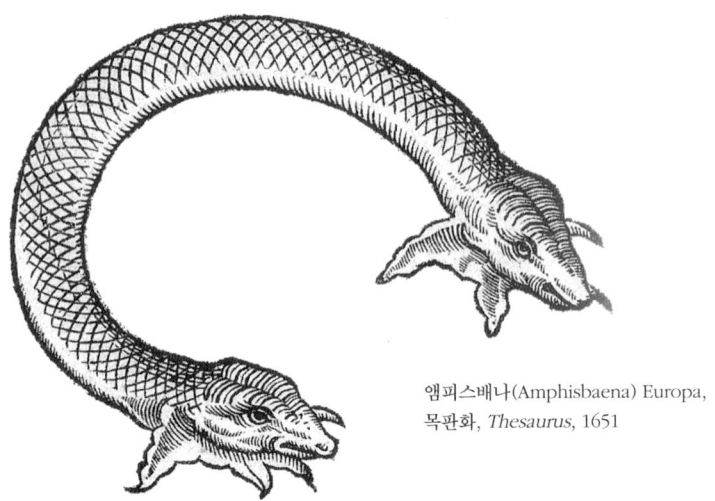

앰피스배나(Amphisbaena) Europa, 목판화, *Thesaurus*, 1651

(diachronic time)이라면 앰피스배나는 전방향적이고 가역적인 공시적 시간(synchronic time)이다. 구조는 통시적이고 사건은 공시적이다. 법이나 규범의 형식적인 틀지음으로 이해되는 경화된 구조는 이행의 존재 양태인 코뮤니타스(communitas)와 대비된다. 낱말은 발화되는 순간 파롤(parole)이 되며 시간의 각인을 지니고 정지성으로부터 탈피한다.[12] 즉 통시적이고 공시적인 파롤과 랑그의 시간은 사건 속에서 교차한다. 언어, 즉 문장이나 발화는 시간 속에서 일어나는 사건으로 볼 수 있다. 신화는 시간의 이 두 가지 범주를 포괄하며 세 번째의 것을 더한다. 즉 영원이 순간 속에 있는 아이온의 시간, 신화적 시간이다.[13]

앰피스배나의 표상이 말해주는 시간이 현재를 중심으로 과거와 미래의 양방향으로 갈라지듯, 알레고리의 의미는 내부적·외부적 양방향으로 열린다. 신화나 서사시가 주로 채택하는 알레고리는 의미들을 펼치기에 원심적인 반면 시(詩)는 의미들을 구심적으로 끌어들여 응축시킨다. **자유의지**와 **선택**의 자유를 강조하는 르네상스적인 정신은 근본적으로 그로테스크함의 가치, 상반되는 것 중 어느 하나를 폐기하지 않고 그대로 하나의 몸 속에 지속시킬 수 있는 능력인 양가성을 옹호했다. 대극의 것, 상반된 것, 공존 불가능한 것들을 포괄하는 상상동물이 바로 앰피스배나였다고 할 수 있다. 17세기에 세밀화와 분류학이 발전함에 따라 당시에는 어느 쪽이 머리인지 결정하기 어려웠던 지렁이를 앰피스배나라고 부르게 된다. 과학에 의해 우주적인 뱀에서 환상의 색채가 지워져버린 셈이다.

괴물이란 문을 지키는 존재, 경계부와 교차로의 존재이다. 피타고라스와 플라톤의 영향을 받은 기독교의 지배로 영혼과 육체를 분리하여 사고했던 중세와 근세의 대표적인 유혹과 근심은 무엇보다 성 역할이었다. 남성, 여성의 적절한 성 역할에 대한 근심은 성의 위반자를 괴물로 보는 사고 방식을 만들어냈다. 셰익스피어의 연극에서 운명의 장난에 의해 잠시 복장을 바꿔입고 성의 경계를 넘어야만 하는 여성 주인공이 자신은 괴물이 되었다고 탄식하듯이, 여성화된 남성이나 남성화된 여성이란 근심의 대상이었다.

그러나 형상언어의 특징상 이것은 양가적인데, 정해진 성 역할을 뛰어넘는 것은 부정적인 의미와 함께 긍정적인 의미를 지닌 상징이

---

(12) 야마구치 마사오, 김무곤 역, 《문화의 두 얼굴》, 민음사, 2003, 63-68쪽. 리쾨르에게 발화 혹은 문장은 사건이며 리쾨르는 폴리세미가 구조와 사건을 교환한다고 본다.
(13) Lacan, *The Language of the Self*, Johns Hopkins Univ. Press, 1981, 207쪽.

안드로지니(Androgyny, 자웅동체)의 삽화,
율마누스(Ulmannus), 《세 겹의 책》, 15세기 초

율마누스는 야콥 뵈메처럼 분노와 사랑 사이에서 인간의 자유 선택을 강조했다. "여기에서 그대는 그대의 작업이 조응하는 가운데 그대가 있고 싶은 세 왕국을 가지리." 인간은 두 겹의 태양으로부터 창조되며 내부적이고 정신적인 태양은 성스러운 헤르마프로디테를 구현한다. 그는 그리스도, 순수함의 남성 돌(stone)인 이기심을 벗어난 연금술의 의인화이다(Mercurius/spirit). 그리고 마리아는 여성적 돌(Luna/body)이며 그 결합은 아버지(soul/sun)이다.

되었다. 여성 전사인 아마존이나 숲의 여인(Wild Women)이 그러하듯, 남녀의 자질을 한 몸에 지닌 자웅동체는 금지된 것이자 부정한 동시에 대단히 에로틱한 것이었고 표상적으로는 결합 불가능한 극성의 완성태를 지시했다. 연금술적 사고에서 이러한 완성태는 쌍둥이 왕으로 표상되는 **레비스**(Rebis) 혹은 남자와 여자, 두 개의 머리를 가진 자웅동체인 **헤르마프로디테**(Hermaprodite)[14]로 나타난다.

쌍둥이 표상인 레비스는 **레스 비나**(*res bina*), 즉 '두 겹의 문제'라는 뜻이며 헤르마프로디테의 상징이다. 화학자들의 조상이었던 근세의 연금술사들은 성숙 기간을 채우기 위해 광물을 달여내는 과정을 레비스라고 불렀다. 레비스는 남성적인 것과 여성적인 것으로 간주되는 두 가지 물질에 의해 상징된다. 즉 능동과 수동, 용해력이 있는 액체적인 것과 휘발성이 있는 기체적인 것. 이들은 근본적으로 같은 실체이자 물질이었으나 상반되는 성질이 복합된 완성태이다. 연금술적인 사고에서 대극의 것들은 최종 과정인 레비스에서 조화되는데, 그것은 금과 철학자의 돌을 만들어낸다. 두 개의 대극의 힘들 사이의 맞부딪침에서 나온 운동으로부터 모든 생명이 나온다고 보는 것은 엠페도클레스의 사고로까지 거슬러올라가는 오래된 것이다.[15]

15세기 초 율마누스(Ulmanus)라든지 미하엘 마이어(Mayer)의

---

(14) 헤르마프로디테 도상은 통상 남녀 두 개의 머리와 두 개의 팔과 다리를 가진 자웅동체의 인물이지만, 텍스트에 따라서는 샴쌍둥이와 같이 남자와 여자가 서로 등이 붙어 있는 모습으로 나타나기도 하고, 남녀의 구분이 불분명한 젊은 미청년(처녀)의 모습으로 나타나기도 한다.
(15) Roob, *Alchemy & Mysticism*, 25쪽.

철학적 알, 〈빛나는 검으로 알을 쳐라〉, 미하엘 마이어, 《달아나는 아탈란타》, 1618, 오펜하임

주해는 "어떤 새는 다른 새보다 고귀하며, 만일 마르스가 불카누스의 도움을 얻는다면 불과 철을 정복할 수 있으리라. 검은 내면의 불, '근원적인 자연(Naturae)'을 의미하며 그것은 외부의 불, 화로의 물질적인 불에 의해 추동된다. 불은 모든 것을 구멍내고 침투하기에(porous), 그리하여 구멍이 많아지면 물이 투과하고 단단한 것은 융해되고 부드러워지리라. 알은 카오스적인 제일질료(prima materia)이며 그것이 파괴될 때 새로운 생명이 나온다. 죽음 후 우리는 새로운 생명으로 들어간다."

《달아나는 아탈란타(*Atalanta Fugiens*)》(1618), 바질 발렌틴의 《화학의 극장(*Theatrum Chemicum*)》(스트라스부르크, 1613) 등에 나오는 레비스의 삽화는 연금술사들의 '철학자의 알' 또는 '우주알'을 나타내는 하나의 타원형을 묘사하고 있는데, 그것은 '원초적 일자'의 양극화에 상응하여 곧이어 금이 가서 쪼개진다. 이것은 화학적인

G. 스텐겔리우스(Stengelius), 《성스러운 엠블럼의 파사칼리아》, 1672, 잉골슈타트

알에서 나오는 카스토르와 폴룩스(디오스쿠로이). 백조와 결합해서 낳은 레다의 쌍둥이 아들인 필멸의 카스토르가 죽은 뒤 불멸의 폴룩스가 나온다. 그들은 하늘에서 신들과 하루를 보내고 지하세계에서 다른 하루를 보낸다.

윌리엄 블레이크, 《낙원의 문》, 1793

여기서 알은 인류의 시야(vision)의 제한된 장을 의미한다. 지상에서 솟아난 모든 사물의 거대하고 딱딱한 그림자로부터 무한한 차원의 공간으로 확장해가라는 뜻의 삽화이다.

원소들의 분리 과정을 형상화한 묘사인데 알 속의 씨앗은 철학자의 돌(금)이자 쌍둥이 왕(종종 카스토르와 폴룩스라고 불리기도 했다) 혹은 남녀양성인 헤르마프로디테의 형상이다. 래비스-헤르마프로디테는 하늘과 대지, 남성과 여성, 해와 달, 유황과 수은, 물과 불이라는 양극화된 속성 간의 근본적인 합일의 상징이다. 우리가 기억해야만 하는 것은 근세의 비결철학자들이 정신과 물질의 이분법, 언어와 이성, 특히 기독교적 사유의 한계를 극복하고자 노력했다는 점이다.

유혹하는 괴물들, 키마이라 하피 세이렌

괴물들은 어떻게 생겨났는가? 혼돈과 태초의 여성신격의 결합이 있다. 성서 외경에서는 신이 아담과 함께 진흙으로 만들었던 최초의 여성이자 마녀 **릴리스**(Lilith)를 언급한다. 릴리스는 성적인 괴물로 중세의 **수쿠부스**인데, 그녀는 정해진 성 역할을 거부하고 달아나 마녀가 되어 악마와 결합해 괴물들을 낳았다. 때문에 신은 아담의 갈비뼈로 남성의 일부분에 지나지 않는 이브를 만든다. 한편 수쿠부스는 외경이나 유대 카발라에서 언급되는, 남성신격 야훼에 대응하는 여성신격 **세키나**이기도 하다. 세키나는 남녀의 혼례시 침대 위에서 결합을 주관한다고 믿어졌다. 릴리트는 자연 자체이자 고대적 모성의 신격이며, 솔로몬의 검은 마리아 혹은 시바의 여왕이고, 멀린의 연인인 호수의 여인(Lady of the Lake)이다. 릴리스는 19세기 서양 회화에서 죽음을 불러오는 치명적인 여인 **팜므 파탈**로 재현된다. 이 야기들은 되풀이된다.

한스 발둥 그린, 〈살로메〉, 목판화, 1511~1512년경, 홀스타인 115, 로젠발트 컬렉션

대표적인 팜므 파탈의 도상이다.

 키마이라의 탄생은 릴리스 이야기와 구조적으로 서로 같다. 키마이라는 혼돈인 타이폰과 태초의 뱀 에키드나에 의해 태어나며 자매들은 고르고(Gorgo)이다. 키마이라는 사자 머리에 염소의 몸, 여인의 가슴을 하고 용 혹은 뱀의 꼬리를 한 여성 괴물로, 사람을 홀리는 목소리를 지녔다고 한다. 키마이라는 그리스어로 '염소'라는 뜻이다. 키마이라는 무의식으로부터 나온, 강하게 억압된 상상력을 나타낸다. 고대부터 시인과 철학자 들은 키마이라를 폭풍과도 같은 격정적 이미지로 파악했다. 이것은 하이브리드로서 혼성된 존재의 모든 성질을 지닌다. 그 성적인 변덕은 염소만큼 예측을 불허하며, 사자

키마이라, 아레초, 투스카니(이탈리아), 기원전 5~4세기에 제작된 듯함, 피렌체 고고학 미술관

이 브론즈 조각은 아마도 에투르스칸 신성에게 봉헌하기 위해 제작되었던 듯하다. 오른쪽 앞발 아래에 명문이 새겨져 있다. 아레초의 이 키마이라는 1553년 투스카나 지역의 민족주의적인 여파로 생긴 에트루스칸 미술 수집의 흥미로 인한 중요한 발견으로 기록된다.

만큼 지배하려 들고 권위적이며 파괴적이고, 마치 뱀처럼 휘감겨든다는 것이다. (그것이 바로 상상력이다.)

신화에서 키마이라는 시골 지역의 영토들을 황폐화시킨다. 키마이라는 우물과 지하수로를 따라 이동하는데, 둑이나 제방도 그를 막지 못한다. 반드시 근원을 차단하고 수로와 코스를 바꿔서 대적해야만 한다. 키마이라는 유혹적이라 직접 대면해서는 결코 맞설 수 없으며 오로지 은신처로 잠입해 들어가서 파괴해야만 한다. 이 괴물이 설치는 곳은 전제적이고 나약한 통치자의 변덕에 의해 재난의 영역이 되므로 수로를 차단하는 영웅이 필요하다. 영웅 벨레로폰(Bellerophon)은 날개달린 말 페가수스(Pegasus)를 타고 키마이라를 죽인다.

벨레로폰은 글라우코스의 아들이자 시지푸스의 손자로 고향을 떠나도록 강제되며 프로테우스 왕 휘하에서 봉사하게 된다. 여왕 안테이아(Anteia)가 그를 사랑하게 되어 유혹하려고 하는데 반응하지 않자 오히려 그가 자신을 유혹하려 했다고 모함한다. (이야기는 라신(Racine)의 《페드르(Phèdre)》와 거의 유사하다.) 프로테우스는 벨레로폰에게 편지를 들려 리키아(Lycia)의 왕 이오바테스에게 보낸다. 편지의 내용은 사자를 죽여버리라는 것이다. 이오바테스는 편지를 읽고 나서 벨레로폰에게 키마이라와 싸우라는 (필연적으로 죽을 수밖에 없는) 임무를 부여한다. 그러나 벨레로폰은 미네르바의 도움으로 황금고삐를 가지고 날개달린 말 페가수스를 길들이는 데 성공하며 괴물을 죽이고 귀환한 영웅은 왕의 딸과 결혼하게 된다. 그러나 나중에 신들의 총애를 잃은 그는 버림받아 고독하게 죽는다.

《알렉산더 로맨스》의 삽화, AD 8세기의 콥트 필사본
물고기 꼬리에 새의 날개를 지닌 여인이 나온다.

날개달린 새-여인이 재앙의 새가 된 경우인 **하피**는 중세 동물지에서 자주 언급된다. 재앙의 새-여인인 하피는 '인간에게는 허락되지 않는 세계'의 수호자이다. 아르메니안 버전의 《알렉산더 로맨스》에서 알렉산더 대왕은 인간의 머리를 한 두 마리 여인-새를 마주하는데, 그 새들은 그에게 신들의 나라로 돌아오라고 말한다. 3세기에 씌어진 그리스 버전에서 알렉산더는 이 새들을 '축복받은 자들의 섬'에서 만나는데, 병사들이 이 땅에서 집는 모든 것은 금 또는 진주들이다. 인간에게는 열리지 않는 세계의 수호자로서의 하피는 7세기 중반의 필사본에 나타나는데, 거기서 선원은 네 마리 원숭이, 스핑크스, 인간 머리의 새가 거주하는 한 섬에 착륙하게 된다.

하피는 **탐욕**과 **의식**의 자기학대의 죄를 나타낸다. 하피는 세이렌처럼 언어 재능이 뛰어나다. 〈사랑의 헛수고〉로 번역되어 있는 셰익스피어의 〈아무것도 아닌 것에 너무 많은 것이(Much ado about nothing)〉에서 대학이 있는 학문의 도시 파두아의 지식인이자 왕의 오른팔인 베네딕크 경은 기지에 가득한 독설가인 베아트리스에 대한 혐오로 왕에게 "이 **하피**와 한마디라도 이야기를 하느니(이 표독스럽고 더러운 입을 지닌 여자와 대화하느니) 어디로든, 지구 끝까지라도, 차라리 피그미에게라도 대사로 보내달라"고 애걸하며 '예의 바른 욕설'을 퍼붓는다. (그것은 코믹하게도, 현실을 제대로 보지 못하는 그의 소망과는 정반대로 실현된다. 즉 다른 사람들이 베네딕크와 베아트리스가 사랑에 빠지도록 계략을 꾸미고 그는 넘어간다. 자신을 남몰래 사랑한다는 루머에 의해 베네딕크는 베아트리스를 사랑하게 되어, 발화된 소원과는 반대로 실제로 그는 그녀의 소망을 들어주기 위해 지구 끝까지라도 가서 죽음을 무릅써야만 할 지경에 이른다. 그는 베아트리스의 오열과 요청에 따라 친구를 적으로 돌리고 보복을 맹세한다. 다행히 극은 운명의 도움으로 비극이 아니라 희극으로 끝난다.)

하피의 독설은 대단히 잔인하다고 전해진다. 신화는 다음과 같이 진행된다. 처음 만난 이를 실수로 살해하고 난 뒤 하피는 물가로 가며, 물에 비친 모습을 보고 자신이 죽인 사람이 친구라는 것을 깨닫는다. 후회로 가득하여 슬픔은 매순간 새로워지는데 어떤 버전에서는 마치 오이디푸스의 정답에 좌절한 스핑크스처럼 자살한다. 단테의 《지옥편》에서 하피는 '폭도'의 묘사에 등장하는데, 은혜로운 켄타우로스는 타자들에 대해 폭력을 범한 죄인의 영혼을 안내하며, 하피들은 스스로에 반하여 폭력을 범한 자들, 특히 자살한 자의 영혼을 관리하는 역할을 한다.

폭풍우와 재난을 몰고오며 날개와 날카로운 발톱을 지닌, 스스로를 힐책하는 하피의 이미지와 지하세계 복수의 정령인 그리스의 에린네스(Erinyes)의 이미지는 상당히 유사하게 겹쳐지는데, 에린네스는 크로노스가 자신의 아버지를 사지절단했을 때 지구에 스며든 핏방울로부터 생겨났다고 한다. 그리스 비극작가들은 에린네스를 '밤의 딸'이라 불렀으며, 그 숫자는 셋이다. 그 이름은 각각 알렉토(Allekto; 중단없는 여자), 테이시포네(Teisiphone; 살인에 복수하는 여자), 메가이라(Megaira; 질투하는 여자)이다. 머리는 뱀똬리이며 지하에서 모든 죄지은 자, 특별히 친인척을 죽인 자를 쫓아다닌다.

소포클레스의 비극 〈오이디푸스 왕〉에서 오이디푸스가 죄를 범하고 자신의 눈을 파냈을 때 그는 에린네스에게 쫓기고 있다. 그들은 나중에 보다 완화된 이미지를 지닌 관용의 에우메니데스(Eumenides; 기질이 잘 조절된다는 뜻) 또는 셈나이(Semnai; 은혜로운 자)로 전환된다. 어떤 스승도 없이 오로지 스스로 질문하여 문제들을 해결했던 오이디푸스는 에린네스에게 보복당하나 모든 것을 잃고 나서 그의 정신은 궁극적 자유를 얻는다. 그는 아무도 알지 못하는 멀리 떨어진 숲에서 은둔하며 현자가 된다.[16] 로마에서 에린네스는 퓌리(Furiae, fury; 미친 자)로 불렸다. 퓌리의 특성은 다른 괴물들처럼 자기파괴적이라는 점이다. 그것은 육체가 흩어져도 사념

꼬리를 펼쳐보이고 있는 세이렌 엠블럼, 파올로 지오비오,
《전사와 연인의 임프레사 대화록》, 1574, 리옹
스타벅스는 이 엠블럼을 디자인 로고로 차용했다.

이 넋는 강한 집념이며, 존재의 내재적 악 때문에 스스로를 무화시키는 정신이다.

세이렌은 하피와 닮았다. 그러나 하피가 지옥의 새인 데 반해 세이렌은 아름다우며 인어와 겹쳐지는 탓에 애호되는 캐릭터이다. 이를테면 한국 애니메이션 〈마리 이야기〉의 주인공 나무가 꿈 속에서 만나는, 물고기와도 새와도 같은 소녀는 원형적인 세이렌이다.[17] 천사와도 같이 아름다우며 유혹적인 세이렌은 **새-여인** 혹은 **물고기-여인**이다. 새나 물고기는 공기와 바다(물)의 상징에 의해 세이렌이

---

(16) Goux, *Oedipus, Philosopher*, Stanford Univ. Press, 1993; 크리스티앙 비에 편, 정장진 역,《오이디푸스》, 이룸, 2003.

대지에 묶인 보통의 인간들보다 좀더 정신적이면서도 현실적인 이중적 존재라는 것을 의미한다. 새는 고대의 4원소 중 '공기'에 해당한다. 새는 날며(날아가는 것은 탈주(fleeting)함이다), 나는 것은 지상을 딛고 서는 것이 아니다. 그것은 정신적인 만큼이나 공상적인 속성이다. 아름답지만 정형화되지 않는 거친 바다는 언제나 죽음과도 같은 실재이며 현실이다. 이것이 새와 물고기 표상에 들어 있는 기본적인 내용이다.

세이렌에 대한 최초의 문헌적 묘사는 호메로스의 《오디세이아》에서 볼 수 있는데 이것은 5세기 아테네 꽃병에 새겨져 있다. 그들에게는 두 가지 속성, 아름다움과 치명적인 노래가 주어져 있으며, 한때는 인간 처녀였고 페르세포네의 친구였다. 잘 알려져 있듯이 페르세포네는 지하세계의 왕 하데스에게 유괴당하며, 세이렌은 유괴당하는 페르세포네를 바다 건너 쫓아가기 위해 날개가 자라났거나 또는 하데스를 저지한 벌로 새-여인이라는 형태로 벌을 받았다고 한다. 4세기에 호메로스 주해를 쓴 세르비우스(Servius)[18]는 세 명의 세이렌을 묘사하는데, 각기 노래, 플루트, 리라를 속성으로 지닌다.

---

(17) 〈마리 이야기〉의 첫 장면에서 도심으로 들어와 물고기를 못 찾고 길을 잃은 갈매기는 박상륭의 《7일과 꿰미》의 무력한 가장 갈매기와도 같다. 바다는 물고기를 쉽게 주지 않기에 갈매기는 무리하여 먼 곳까지 날아간다. 나무는 어른으로 성장하며 꿈을 잃은 상태이다. 어린 시절의 나무가 만나는 세이렌이 아무 말도 하지 않으며 아무 깨달음도 주지 못하고, 바다의 폭풍에서 돌아오는 것이 내 아버지가 아닌 남의 아버지라는 것은 신화의 부정적인 다시 쓰기이다. 그것은 한국 문학의 전형적인 어떤 상실감을 여실히 드러내준다. 한국 문학에는 강인한 어머니만 있고 아버지가 없다. 나무의 아니마는 노래(말)하지 않고 어떠한 깨달음도 주지 못한다. 한편 김기덕 감독의 작품을 비롯하여 최근의 영화서사에서는 어머니 부재의 현상들이 보인다. 어머니 부재의 다른 예로는 황석영의 《오래된 정원》을 꼽을 수 있다.

들판(혹은 장(field))에서 꽃을 꺾다 본의 아니게 지하로 붙들려 간 페르세포네 이야기는 납치된 헬렌의 이야기와 구조적으로 같다. 에우리피데스의 〈헬렌〉에서 헬렌은 '지상의 처녀 딸들'인 세이렌에게 자신의 탄식을 위로하기 위해 플루트와 파이프를 연주해달라고 청한다. 핀다로스는 플루트가 세이렌의 감미로운 노래와 가장 닮은 악기라고 말했고, 고대와 중세의 신화 해석자들은 세이렌의 족보를 만들었다. 세이렌들은 외따로 떨어진 바다의 섬에 살았는데 때로 그 섬은 '향신료의 섬'이라고 전해진다. 세이렌들의 어머니는 합창과 춤과 노래의 뮤즈 테르프시코레 또는 비극의 멜포메네라고 전해지며, 아버지는 바다의 신 포르시스 또는 강의 신 아케로스이다. 아테네 꽃병 그림에서 세이렌은 여인의 머리를 지닌 새이다. 그 도상은 호메로스 이전에 이미 보편적인 것이었는데, 기원전 6세기 이전에 새-여인 형태의 진흙 향수병이 있었다. 향기의 유혹적인 힘이 아마도 노래의 유혹에 관련되었을 듯하다.

오비디우스는 《사랑의 기술》에서 항해하는 배를 노래로써 좌초시키는 세이렌을 바다괴물(monstra maris)이라고 불렀다. 그 노래는 유폐된 섬에서 오는 것이 아니라 실재인 바다 자체에서 온다. 유혹되면 죽는다. 세이렌이 부르는 노래는 특별한 종류의 지식이다. 그들은 가장 아름다운 것과 가장 끔찍한 것을 노래하고, 인간의 모든 역사와 결말 그리고 오디세우스의 운명을 알고 있으며, 그가 고향으

---

(18) 4세기의 라틴 문법학자, 주해자, 교사로, 암브로시우스·테오도시우스·마크로비우스의 사투르날리아 안에 나오는 화자 중의 하나이다. 로마에서 생의 대부분을 보냈으며 베르길리우스 주해서로 유명하다.

로 돌아가 마주하게 될 미래의 위험까지도 경고해준다. 오르페우스와 오디세우스, 오로지 두 사람만이 세이렌의 노래의 힘을 깨뜨릴 수 있다. 오르페우스는 보다 아름다운 그 자신의 음악으로 세이렌의 노래를 잦아들게 하며, 오디세우스는 동료들의 귀를 밀랍으로 막고 자신을 배의 돛대에 묶고 그 노래를 듣는다. 흥미로운 것은 돛대에 묶는다는 아이디어가 오디세우스 자신에게서 나온 것이 아니라 마녀 키르케의 충고라는 점이다. 이것은 영웅서사의 효과를 감소시키기 때문에 편의상 누락되곤 했던 부분이다. 기독교 작가들은 신화에 기독교적인 해석을 더했다. 대략 5세기경부터 오디세우스와 세이렌의 이야기는 유혹에 대한 경고로 사용되었다. 교회라는 배에 타고 안전하게 항해하기 위해 네 귀를 합법적 강령으로 틀어막아라, 그리고 너 자신을 믿음의 돛대와 믿음의 사슬에 묶어라. 다른 기독교 작가들은, 오디세우스가 귀를 막은 밀랍은 유혹을 평정하기 위해 이성을 작동시키는 '철학'이라고 말한다.

중세에 세이렌은 호색이나 사치, 지상세계의 기쁨을 나타냈다. 기독교는 여성을 처녀 마리아로 숭배하거나 만악의 근원으로 폄하했다. 여성의 성적 매력을 만악의 근원으로 보는 기독교 특유의 태도 때문에 세이렌의 이미지는 사치와 호색을 비롯한 성적인 악덕을 경고하기 위한 부정적인 예시였다. 세이렌은 최초의 여성 판도라와 마찬가지로, 유혹적인 노래와 함께 신들이 선물한 아름다운 용모를 갖고 있다. 세이렌 도상에는 경구가 따라다닌다. "꿀이 든 독을 경계하라, 가장 달콤한 노래와 어둠의 깊이로의 끌어들임을", "너를 유혹하는 외모의 매력을 허락하여 받아들이지 말라." 알치아티는 뮤즈들이 그녀들의 깃털을 뜯은 것을 인용하며 세이렌을 조롱한다. "깃털 없는 새들, 다리 없는 처녀, 꼬리 없는 물고기여, 그들은 무엇일 수 있는가? 자연은 영원히 그들이 단일존재가 되는 것을 부인한다." 알치아티가 세이렌의 이미지로부터 끌어낸 경구는 단순하다. "여인은 덫이다."

인간 머리를 한 새-여인은 다른 문화권에서도 두루 나타나는데, 그 의미는 대개 비슷하다. 이슬람 문학과 미술에는 모든 질문에 대해 진리를 대답해주는 새-여인이 있다. 이 새-여인은 네 가지 유형이 있는데, 모두가 외따로 떨어진, 접근 불가능한 영역에 산다고 믿어졌다. 이들 모두는 하피와 세이렌과 유사하다. 8세기의 콥트(Copt) 직물[19]에 나타나는 새-여인은 종종 궁전 장면에 나오며 고귀한 행복을 상징한다. **영혼의 새**는 중세로 들어서면 물고기-여인이 된다. 세이렌은 인어로 변한다. 7세기경까지도 세비야의 이시도르는 세이렌을 새-여인으로 묘사하고 있으나 10세기에 들어서면 세이렌은 바다에 사는 인어가 된다. 새-여인을 묘사하고 있는 필사본들은 여전히 존재하지만, 동반되는 삽화들은 물고기-여인을 보여준다.[20]

《오디세이아》에서 오디세우스를 돕는 세이렌은 바다에 살지만 새-여인이지 인어는 아니다. 그러나 신화는 새-여인이 물고기-여인이 된 이유에 대해 설명하고 있다. 헤라는 뮤즈들에 대항한 음악

---

[19] 콥트는 이집트를 말한다. 콥트 미술에서 직물은 고대부터 중요한 위치를 점한다.
[20] Helen King, "Half-Human Creatures", in *Mytical Beast*, 138~167쪽.

세이렌, 《공방 동물지》,
12세기, 영국, 뉴욕 모건 도서관

경연에 참여해보라고 세이렌들을 충동질해 참여하나 패배한다. 뮤즈들은 세이렌의 깃털을 뜯어내 그것으로 왕관을 만든다. 세이렌들은 패배의 벌로 깃털이 뜯겨지고 날개를 잃는다. 날개를 잃고 물고기가 되어서도 그들은 음악적 재능을 발휘하여 여행자들을 죽인다.

물고기-세이렌이 최초로 등장하는 중세의 동물지는 아마도 8세기 초 알트하임의 《괴물서》일 것이다. 12세기 말에 새-세이렌은 물고기-여인, 즉 인어가 되는데, 이것은 당시의 과학적 사고 방식과도 관련이 있다. 아리스토텔레스와 히포크라테스에게서 영향을 받은 중세의 저자들은 여성이 선천적으로 남성보다 물기가 많고 습윤하다고 생각했다. 월경은 수분의 과잉을 제거하기 위한 것으로 믿어졌다. 바다는 여성적이고 배는 남성적이라고 생각되었다. 항해자들은 대개 남자이다. 배의 선두에 장식한 인어 형상은 적어도 한쪽 가슴을 드러내고 있어야만 했는데, 가슴을 드러낸 여인이 바다의 폭풍을 가라앉힐 수 있다고 생각했기 때문이다. 이러한 물고기-세이렌은 동물지 전통에서는 상상동물 세라(Serra)와도 연결된다. 세라는 폭풍우치는 바다의 표면에서 항해하는 배 사이로 날듯이 뛰어오르는 물고기이다. 그들은 바다 표면에서 나는 듯 헤엄치나 실제로 날 수는 없는데 이것은 믿음있는 자들은 구원받기 위해 오로지 꾸준히 지속해야 함을 보여준다.

인어들은 특유의 상징물을 갖는다. 긴 머리, 빗, 목소리, 선견과 예지 그리고 죽음과의 관련성 등. 헬레니즘 장례 미술에는 네레이드 또는 바다 님프의 행렬이 나온다. 그녀들은 바다 켄타우로스들과 함께 돌고래 등 바다 동물을 타고 사자의 영혼을 '축복받은 자들의 섬'으로 전한다. 폭풍에 대한 인어들의 예지력은 그것을 일으키는 능력을 가짐이다. 19세기 그리스 민담에서 인어는 토요일 밤에 흑해에 나타나 "알렉산더가 살아 있는가?" 하고 선원들에게 묻는다고 전해진다. "그는 살아 있고 세계를 통치한다"고 대답하면 무사하지만, 바라던 대답이 주어지지 않으면 폭풍을 일으켜서 배에 탄 선원 모두를 죽인다. 바라던 대답이 주어지면 인어는 바다를 고요하고 평화롭게 만들고 리라를 켜고 노래를 부른다.

세이렌과 하피처럼 인어는 **죽음**을 가져온다. 인어와의 관계가 죽음을 가져오기에 그들은 역설적으로 은혜를 베풀 능력 또한 지닌다. 물과 관련된 반인반수의 다른 변종인 14세기경의 멜뤼진 이야기에서 뱀여인 멜뤼진은 결혼한 남자를 부유하게 만들어준다. 이 결혼이 지속되기 위해서는 한 가지 약속을 지켜야만 하는데, 그것은 토요일마다 목욕하는 자신을 남편이 결코 보아서는 안 된다는 것이다. 그는 부유하고 행복해졌으나 금기를 깨고 욕조를 들여다보다 뱀의 하반신을 한 멜뤼진을 발견하며, 아내도 행복도 사라져버린다.

인어, 작자미상의 목판화, 15세기 초
성당의 캐피탈의 조각도 대개 같은 모습으로, 물결치는 긴 머리에 빗이나 거울을 들고 있다.

서구 문명 밖의 신화에서, 물에 사는 여성은 인어와 유사하나 그들이 반드시 물고기 형태로 나타나지는 않는다. 하와이 신화의 히나는 해저에 사는 여성인데 인간과 살기 위해 그곳을 버리지만 그녀의 오빠는 물고기로 변신하여 그녀와 만난다. 하와이 신화에서 오누이 간의 사랑은 금지되지 않는다. 인도 전설에서 아슈파라즈는 군신인 인드라 신을 따르는 물의 님프이고, 인간 형상을 하고 있으며, 인어의 아름다움, 음악적 기술, 미래에 대한 예지를 나누어 가진다. 물의 님프들은 인어처럼 노래의 재능을 지닌 '천상의 쿠르티잔'이다. (상징에서 노래란 '말'이다.) 우리나라의 우렁 각시 이야기도 이 연장에 놓일 수 있다.

세이렌과 구별되는 인어의 특성은 그가 지닌 부(富)이다. 인어의 바다 속 왕국은 난파로부터 건진 보물로 가득하다. 인어는 보물을 갖고 있다. 이것은 반인반수들의 특성인, 경계를 수호하는 자로서의

나는 물고기 세라, 《공방 동물지》,
12세기, 영국, 뉴욕 모건 도서관

성격이 인어에게도 해당됨을 보여준다. 필멸의 인간과 인어의 관계는 죽음을 불러오는 재난이 된다. 인어는 그 매력에도 불구하고 처녀로 남아야 하며 결코 닿아서는 안 된다. 인어의 보물은 그리하여 순결성이라는 이미지와 결합한다. 유혹적인 세이렌과 인어는 하반신, 즉 성기관이 없는 신체를 가지고 있다.

그렇다면 하반신이 없는 인어와 세이렌 들은 오로지 여자들뿐인지, 아니면 그들에게 접근 가능한 특별한 남성 존재들이 있는지 궁금증을 가져볼 법하다. 트리톤은 남성 인어이지만 대단히 희귀한 존재이다. 초기 그리스 꽃병 그림에는 남자 세이렌들이 있지만 서양의

상상동물, 그로테스크와 하이브리드 | 147

중세 문예에서는 남성 인어의 도상은 발전되지 않았다. 그러나 과거에는 남성 인어가 존재했는데 그 도상적 기원은 고대 바빌로니아로 거슬러올라간다. 기원전 5000년경의 근동에는 남성-물고기, 염소 모양의 물고기, 또는 일각수 물고기가 존재했다. 물고기 머리를 하거나 물고기 껍질을 망토처럼 에워싸고 있는 그들은 바다에서 나오며 인간을 가르치는 문화영웅이다. 인간의 교사라는 점에서 그들은 켄타우로스와 같다.

오비디우스의 《변형담》에는 인어가 되어버린 어부 글라우코스(Glaucus)와 스킬라(Scylla)의 이야기가 나온다. 어부였던 글라우코스는 어느 날 해안가 풀밭 위에 그물을 펼쳐놓았는데 갑자기 그곳에 물고기가 생겨나 바다로 움직여 간다. 놀란 그는 이것이 마법인지 신들의 뜻인지 궁금해 풀을 먹어본다. 그러자 그는 곧바로 바다생물로 변하여 물로 들어가야만 했다.

훗날 글라우코스는 님프 스킬라에게 매혹되는데, 이 님프는 마치 아폴론에게서 도망치는 다프네처럼 해안가의 바위 위로 올라가 달아나버린다. 절망한 그는 마녀 키르케에게 가, 달아나는 님프가 자신을 사랑하도록 사랑의 미약(媚藥)을 만들어달라고 청하는데, 그러나 키르케 자신이 글라우코스에게 반해버린다. 그는 키르케를 원하지 않아 분노한 키르케는 사랑의 약이 아닌 다른 약을 주어서 스킬라를 끔찍한 괴물로 만들어버린다. 서양 미술에서 이 에피소드는 달아나는 님프와, 열망하며 탄원하는, 인어 모습을 한 노인 글라우코스로 재현된다.[21]

날개달린 이벡스, 페르시아 아카메니드 왕조 시대(기원전 6~4세기), 파리 루브르 미술관
제례에 사용되던 꽃병의 금도금된 은손잡이 부분으로, 두 뿔은 각기 구법과 신법을 나타낸다.

완성을 향한 여정, 이벡스 켄타우로스

여성형 괴물들이 모두 유혹적이며 심지어 유혹 자체를 나타내는 데 비해 남성형 괴물들은 완성을 향해가는 과정에 있는 인간을 나타낸다. 이것은 심혼의 영향에 사로잡혀, 아니마가 말할 때는 에로스가, 아니무스가 말할 때는 로고스가 작동한다는 융의 지적을 떠올리게 한다.

이벡스(ibex)는 염소와 사슴이 섞인 듯한 모습으로, 산에 산다고 전해지는, 두 개의 뿔을 가진 환상동물이다. 〈모노노케 히메〉에 나오는 붉은 영양(elk)과도 일맥상통한다 하겠다. 이벡스는 바위산에 사는 영양을 닮았다. 이벡스의 특징은 두 개의 뿔이다. 때문에 이벡스의 상징은 염소의 상징을 포괄한다. 고대와 중세 도상학에서 털은 대개 욕망을 나타내기 때문에 털투성이의(hairy) 덥수룩한 야인은 '욕망이 가득한 자'이다. 이벡스의 두 뿔은 대단히 강하여, 이 동물이 높은 산에서 떨어질 때 그것이 지면에 박혀 몸의 무게를 감당해 상처입지 않고 달아날 수 있다. 중세에 이것은 구법과 신법의 조화를 이해하는 지식인을 나타내는 표상이었다. 자신에게 어떠한 일이 일어나더라도 그들은 이벡스가 두 뿔로 버티는 것처럼 독서로부터

---

(21) 글라우코스는 스퀼라가 자신이 받은 고통만큼 고통받기를 원하는데 키르케는 미약으로 스퀼라의 하반신을 개대가리로 뒤덮어버린다. 글라우코스는 잔인한 키르케에게서 도망치고, 스퀼라는 바다괴물이 되어 오디세우스의 선박을 난파시켜 수많은 이타카 용사들을 죽임으로써 키르케에게 복수하고 종내는 바위가 된다. 오비디우스, 이윤기 역, 《변신이야기》, 민음사, 1994, 461~466쪽; Stefano Zuffri ed., Thomas Michael Hartmann trans., *Gods and Heroes in Art*, Los Angeles, The Paul Getty Museum, 2002, 101~102쪽.

리크스, 프란체스코 스텔루티, *Archivio Linceo IV*의 드로잉 모음, 수채화

표범 혹은 파르두스(표범과 암사자의 하이브리드) 또는 들고양이를 닮은, 세계에서 가장 날카로운 눈을 지녔다고 전해지는 상상동물이다. 헬레네의 도착을 알리는 《파우스트》 2부의 문지기 린코이스는 린크스의 의인화이다.

끌어낸 모든 선(善)에 의해 지탱한다는 것이다.[22]

상상동물 이벡스는 형태상 염소의 상징과 관련되는데, 숫염소는 막무가내의 고집이 있으며, 호색적이고 항상 짝을 열망한다고 전해진다. 때문에 염소는 **완고함**과 **호색**을 상징한다. 양쪽 방향 모두를 보는 그 눈은 욕망으로 가득해 그로부터 라틴어 이름 히르쿠스(hircus)가 나왔다. 히르쿠스는 '머리털이 많은(*hirsute*, hairy)'이라는 뜻이다. 숫염소의 악마적인 뿔은 아래를 향하고, 중세는 색욕을 가장 치명적인 죄로 여겼기에 염소는 '죄지은 자'에 비유되며, 때문에 **희생염소**(scapegoat)가 된다. 보통 희생양으로 이야기되는 것이 실은 희생염소이기도 했다. 그렇다면 아르고호의 영웅들이 찾던 황금양털은 무엇인가? 그것은 금으로 상징되는 초월적 가치와 순수성

---

[22] White, *The Book of Beasts*, 30쪽.

의 결합, 즉 쉽사리 성취하기 힘든 불가능한 과업의 완성으로 볼 수 있다.

염소는 대개 부정적인 것을 상징하지만 선한 염소들은 멀리, 그리고 넓게 보는 시각 능력 때문에 선하다고 믿었다. 멀리 본다고 믿었던 것은 또한 날카로운 직관적 시각을 가진 고양이과의 상상동물 린크스(Lynx)인데, 괴테의 《파우스트》 2부에서 파우스트를 도와 게르만 세계에 도착한 헬레네(이데아의 알레고리)를 맞는 성문지기의 이름은 린코이스로, 그는 메피스토텔레스와는 또다른 파우스트적인 정신의 분신적 구현이다. 고대 장식미술과 중세 필사본에서 우리는 상상력의 상징인, 노래하는 여성형 괴물 키마이라의 사자 몸체로의 변형태에 이벡스가 결합해 있는 모습을 볼 수 있다.

플라톤은 영혼을, 희고 검은 두 마리 말이 끄는 전차에 비유한다. 전사, 기사, 제후는 대개 말을 타는 모습으로 재현되는데, 말을 타낸다는 것은 정념과 충동을 성공적으로 통어함을 뜻한다. 때문에 말탄 기사의 모습은 인간적 고귀함, 즉 귀족성의 표상과 결합한다. 말은 정신적인 원소인 공기를 제외한 물, 불, 흙의 원소와 충동과 원념을 나타낸다. (그러나 말은 북쪽 바람신 보레아스 때문에 공기의 움직임, 즉 바람과는 관련된다.)

말 혹은 말탄 사람이 영웅과 전사를 나타내며 때론 용의 표상을 대치할 수도 있다는 것은 말의 표상이 얼마나 포괄적이고 폭넓은지를 말해준다. 인간의 영혼을 반드시 제어해야만 하는 말로 표상하는 것이 수천 년 동안의 원형적 습관이었다면, 반인반마의 켄타우로스는 완성을 향해 가는, 노력하는 인간, 날개달린 말 페가소스는 정신적으로 완전히 발전된 인간을 나타내는 표상이 된다. 켄타우로스는 키론(Chiron)이 그랬던 것처럼 이상적인 인간의 교사이자 의술을 지닌 의사이다. 그는 예술과 과학, 짐승과 인간의 면모를 함께 지닌다. 그러나 켄타우로스의 하반신이 여전히 말이라는 것은 그 근본이 폭력이며 동물적인 한계에 묶인 존재라는 점을 나타낸다. 중세 필사본에서 거울을 든 켄타우로스는 **오만**의 표상이다.

켄타우로스는 대개 활과 화살을 들고 있으며, 인간의 내부적인 정념 혹은 선과 악의 내부적 투쟁을 표상한다. 켄타우로스는 또한 '강력한 힘'으로, 전적으로 부정적인 측면의 폭력적이고 야만스러운 힘뿐만 아니라 대단히 강렬한 정념, 복수에 대한 원념, 야만스러운 이단성 등을 나타낸다. 활과 화살은 목표의 힘이다. 그는 무엇을 쏘는가? 도상적으로 그들은 무엇보다 세이렌을 사냥한다. 켄타우로스들은 활과 창으로 세이렌을 사냥한다. 여자 켄타우로스는 존재하기는 하나 마치 남자 인어가 보기 힘들 듯 드물게 재현된다. 이는 전세계적인 표상으로, 활과 화살을 든 고대 동양의 궁수(*Sagittarii*)는 이른바 동양의 켄타우로스이다. 궁수는 12황도대에서 화살좌를 나타내며, 영어 Zodiac(황도대)는 프랑스어처럼 '원환을 이루는 동물들'이라는 뜻의 그리스어 Zodiakos에서 유래했다. 자신의 꼬리를 삼키는 우로보로스처럼 궁수는 때로 자기 자신의 꼬리를 활로 겨누는데 이는 스스로를 평정하는 힘을 나타낸다.[23]

스페인의 한 임프레사에 나타난, 입술에 손가락을 댄 공손하고

---

(23) *Mythical Beast*, 140~143쪽.

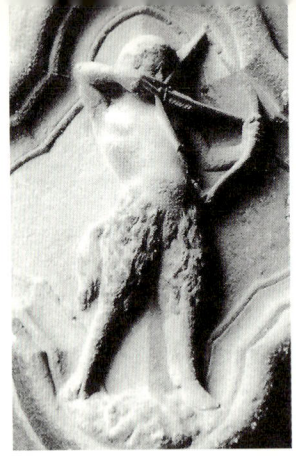

켄타우로스, 아미앵 대성당의 서쪽 파사드 왼쪽 문의 부조, 1220~1235년경

자기 자신의 꼬리를 활로 쏘는 동양의 궁수, 《탄생》서의 삽화, 1300년경, 아부 마 샤르(Abu Mâ Shar)의 것으로 전칭됨, 파리 국립도서관

자신의 꼬리를 쏘는 궁수의 이미지는 나쁜 충동을 제어하는 인간의 노력을 상징하는 것으로 해석된다.

성 안토니우스에게 길을 가르쳐주는 켄타우로스, 이벡스, 랭부르 형제, 《베리 공을 위한 기도서》 중의 삽화, 뉴욕 메트로폴리탄 클로이스터 컬렉션

씨뿌리는 미로 속의 켄타우로스를 그린 개인 임프레사, 침묵의 엠블럼, 콘살보 페레즈(Perez), 지롤라모 루셀리(Ruscelli), *Le impresse illustri*(베네치아, 1584)

신중한 켄타우로스는 미로 안에서 희망의 씨앗을 뿌리고 있다. 이 임프레사에 대한 주해는 "미로에서 희망을 본다"이다. 켄타우로스의 양손은 두 가지 다른 삶을 동시에 지시한다. 침묵의 제스처는 관상적 삶(Vita Contemplativa)을, 씨뿌리는 손은 행동적인 삶(Vita Activa)을.[24] 르네상스적 인간이란 신체와 정신, 관상과 행위가 조화를 이룬 인간을 말한다. 융 역시 미로에 대해 말한다. 소로를 통해 우회하여 진리를 찾아야 한다. 인간은 실재에서 스스로 찾아낸 것, 감응한 것 이상을 알 수도, 가질 수도 없다. 침묵의 엠블럼은 말한다. 희망을 가지고 너의 진리를 찾아라. 희망의 씨앗을 뿌려라. 그러

---

(24) Karen Pinkus, *Picturing Silence: Emblem, Language, Counter-Reformation Materiality*, 1999(1996), Univ. of Michigan Press, 10~15쪽.

다비드 빈크분스를 방한 클라에즈 얀스 존 피스허(Visscher)의 동판화, 〈새둥지 찾는 사람〉, 1610년경, 뉴욕 메트로폴리탄 미술관, 휘트니 컬렉션

나 그것은 말해질 수 없는 것으로써 전달되어야만 하는 말이다.

행동적 삶과 관상적 삶에 대한 다른 유명한 대비는 '마르타와 마리아 집의 그리스도'라든지 '새알 훔치는 사람'과 같은 도상적 주제들이다. 사도들을 접대하느라 너무도 바쁜 마르타는 오로지 그리스도만 바라보고 비싼 향유를 쏟아붓는 비현실적인 마리아에게 화를 낸다. 그러나 행동과 관상이라는 두 가지 원칙은 배치되는 것이 아니라 조화되어야만 하는 것이다. '새둥지 찾는 사람(Birdnester)' 혹은 '새알 도둑'이란 오래된 신화적 주제인데 16~17세기의 판화에서 그것은 양가적이다.[25]

비는 풍요를 가져오고, 하늘과 땅을 매개한다. 정신과 육체를 분

---

(25) 새알 도둑 이야기는 비와 관련된다. Levi-Strauss, 앞의 책, 363쪽.

명히 갈랐던 중세에는 관상적 삶이 보다 소중한 것으로 권장되었다. 그러나 근세에 들어서면 두 가지 삶은 조화되어야 바람직한 것으로 권장된다. 이것은 양가적이며, 해석의 층위는 다양하게 열린다. 도덕적인 권고인 동시에 당시 발아하기 시작하던 자본주의에 대한 비판이기도 하다. 새둥지를 발견하는 사람이 있는 반면 막상 새알을 꺼내는 것은 다른 사람이다, 행동가가 생각만 하는 사람보다 귀중한 것을 획득한다, 노동하는 사람과 이윤을 얻는 사람은 다르다 등등.

말과 유사하면서도 한 단계 저급한 동물이 있으니 바로 당나귀이다. 서양의 고전 중 고전인 아풀레이우스의 《변형담》은 인간이 당나귀로 변하여 갖은 고생의 여정 끝에 다시 인간으로 돌아오기까지의 이야기를 그리고 있다. 혼돈의 붉은 당나귀는 정신적인 깨달음을 얻어 황금당나귀, 즉 인간으로 돌아온다. 이 여정은 정신의 완성에 대한 연금술적 변환 과정이다. 중세의 동물지는 여러 종류의 당나귀 및 노새 말 그리고 당나귀 상의 상상동물에 대해 말해준다.

예컨대 **오나거**(onager)는 야생당나귀 괴물로 거세공포와 관련된다. 거세공포는 시각 상실로 상징되는데, 이것은 질투심에 불타는 당나귀 형상의 야수로, 자신의 자리를 빼앗기지 않기 위해 새로 태어난 젊은 동료의 고환을 물어뜯는다고 여겨졌다. 생식력의 빼앗김은 정신분석학적으로 눈멂 상태에 비유되며, 오나거는 악마의 유비이다. 중세에 눈은 성기관과 마찬가지로 죄의 근원이었다. 아우구스티누스는 '눈과 살의 탐욕'에 대해 말한다. 현실의 볼거리는 정신적인 것에서 영혼을 멀어지게 하며, 눈은 상처받기 쉬운 기관이다. 현

사자를 닮은 괴수 보나콘, 《공방 동물지》, 영국, 12세기, 뉴욕 모건 도서관

실에 미혹되지 않기 위해서 때로는 상징적으로 시각을 버릴 필요가 있다.[26)]

말과 관련된 또다른 환상동물은 **보나콘**(bonnacon)인데, 플리니우스에 따르면 보나콘은 몸은 말이고 머리는 황소이다. 보나콘의 뿔은 자기 자신을 향해 굽어 있어, 방어 기제로는 쓸모가 없다. 그들이

도망칠 때 그 배설물은 두 에이커의 대지를 덮는다. 이 독스러운 배설물은 닿는 모든 것을 침윤시켜 모든 추적자를 만(bay)에 몰아넣는다.[27] 만이란 육지로 들어온 바다이자 산으로 에워싸인 땅이다. 그것은 건축물의 기둥과 기둥 사이의 간격을 일컫는 명칭이며, 교회라는 배, 성당에서 성직자와 평신도를 가르는 가로대, 막다른 골목, 궁지의 명칭이기도 하다. 베이(bay)는 적갈색 전쟁마이자 월계수 잎, 따라서 명성이기도 하다. 보나콘에 대한 설명은 환상과 경험적인 관찰의 혼합으로, 배설물을 통한 방어전략이란 쫓기는 동물의 실제 습성이며, 스스로를 향해 굽은 뿔로 인해 멸종된 동물이 실제 있었음을 우리는 알고 있다.

일각수의 꿈, 유니콘

영화 〈블레이드 러너〉의 마지막 장면에서 탈주하는 레이첼의 구두에 유니콘 종이접기가 스치며, 데커드는 그것을 집어서 잠시 들여다본다. 영화 중반에 데커드는 유니콘 꿈을 꾸기도 하는데, 그렇다면 유니콘의 의미는 무엇인가? 유니콘에는 원형적인 깊은 의미 맥락이 깔려 있다.

현재까지 남아 있는 유니콘 도상 중 가장 유명한 것은 파리 클뤼니 미술관에 있는 대표적인 중세 미술품인 〈오감각〉 태피스트리들

---

(26) Pamela Gravestock, "Did Imaginary Animals Exist?" in *The Mask of the Beast*, 1999, 126~134쪽.
(27) Gravestock, "Did Imaginary Animals Exist?", 131쪽, 168쪽.

과, '클로이스터'(수도원의 회랑)라고 불리는 뉴욕 메트로폴리탄 지소의 〈유니콘 사냥〉이다. 파리의 태피스트리는 **자유선택**이, 뉴욕의 태피스트리는 '사로잡힌 유니콘'이 주제이다. 두 가지 다 중세의 알레고리이기 때문에 종교적이고 세속적인 의미에서 상반된 층위의 해석이 가능하다. 이것은 해석의 양가성을 보여주는 좋은 예로, 특별히 리처드 드 푸르니발(Richard de Fournival, 1204~1260년경)의 《사랑의 동물지》가 해석의 전거이다. 드 푸르니발의 《동물지》는 유니콘을 그리스도와 악의 기독교적·종교적 상징으로 해석하는 기존의 동물지 전통을 수용하는 한편 세속적 해석을 제공한다.

"나는 향기에 의해 사로잡혔다, 처녀의 달콤한 향기로 잠에 빠지는 유니콘처럼. ······그녀의 무릎 위에서 잠에 빠져서······, 유니콘이 잠에 빠져들었을 때 사냥꾼들은 그것을 죽인다. ······ 나는 내가 세 가지 감각에 사로잡혔음을 말하련다, ······ **청각, 시각, 후각**이라는. 그리고 만일 다른 두 가지 감각에 의해 완전히 사로잡힌다면 ······ 입맞춤의 맛을 보고(미각) 껴안음에 의해 닿는다면(촉각) ······ 그리하면 나는 진정으로 잠에 빠지게 되리."[28]

클뤼니의 〈오감각〉은 각각 상징적인 의미가 대단히 풍부하지만, 여기서는 마지막 태피스트리만을 집중적으로 살펴보겠다. 일련의

---

(28) Beer, *Master Richard's Bestiary*, 15~16쪽; recit in Janetta Rebold Benton, *Medieval Menagerie*, 1992, 115쪽; Margaret B. Freeman, *The Unicorn Tapiestries*, 229~230쪽; Richard de Fournival, *Master Richard's Bestiary of Love and Response*, trans. J. Beer, 1986, xviii, xv.

개혁 프랑스 교회의 문장과 납, 위에서부터 각각 라 브루스, 셰네이,
생-소방(비엔나), 18세기

태피스트리들에 이어지는 오감각의 묘사 뒤 여섯 번째 태피스트리
에서 레이디는 "*A Mon Seul Desir*(내가 사랑하는 유일한 이를 위해)"
라고 수놓인 천막 앞에 서 있으며, 유니콘과 사자는 천막을 젖히고
있는 참이다. 이 태피스트리의 의미는 오래도록 논란이 되어왔다.

그녀는 시녀에게서 보석을 집어들고 있는 것일까, 아니면 거절하고 있는 것일까?

　이 여섯 번째 태피스트리의 의미는 다른 〈오감각〉 태피스트리 연작들로부터 유추되었으며, 그 의미는 '자유선택'에 관련된다고 생각되었다. 여인은 **감각적 생활**의 상징인 보석을 거절한다. 레이디가 착용하고 있던 보석들을 풀어 상자에 넣었다면, 그녀의 행동은 거부의 의미임이 분명하다. 이 주제는 플라톤부터 이어지는, 자유의지에 대한 고대적 이념과 관련이 있다. 즉 감각들 또는 정념들이 우리로 하여금 빗나가도록 이끌지 않아야만 한다는 것이다. 유니콘은 **처녀성(순결함)**, **정숙한 사랑**, **긍정적인 사랑**을 뜻한다. 왜냐하면 그리스도와 마찬가지로 유니콘은 처녀에게 가기 때문이다.[29]

　사자와 유니콘이 함께 레이디의 천막을 열어젖히는 태피스트리의 도상이 보여주듯, 형상언어로서 중세의 유니콘 도상은 언제나 사자 도상과 떼어서 생각하기 어렵다. 도상학적으로 그들은 빈번하게 한 쌍으로 나타난다. 영국 왕실의 문장에서 뒷발로 뛰어오르는 유니콘과 사자는 언제나 한 쌍이며 루이스 캐럴(Lewis Carroll)의 《거울 나라의 앨리스》에서는 유니콘과 사자가 플럼케이크를 놓고 다툰다. 사자와 유니콘은 형상언어의 대표적인 속성인 **양가성**을 지니고 있는 상징들로, 반대급부적인 속성들인 **선과 악**, **영광과 광포함**, **그리스도와 악마**를 동시에 지시한다. 선악의 표상에서는 **자유선택**이

---

(29) J. Rebold Benton, *Medieval Menagerie*, 115~129쪽; John Cherry, *Mystical Beast*, 1995, 44~70쪽; Margaret B. Freeman, *The Unicorn Tapestries*, NY, The Metropolitan Museum of Art, 1956.

내가 사랑하는 유일한 이를 위해, 프랑코-플레미쉬(Franco-Flemish), 브뤼셀, 1480~1500년 경, 태피스트리, 파리 클뤼니 미술관

사로잡힌 유니콘, 프랑코-플레미쉬, 브뤼셀, 1500년경, 태피스트리, 뉴욕 클로이스터 컬렉션

중요한 역할을 한다. **분노**(Fury)와 **우미**(Grace) 중 무엇을 택할 것인가?

뉴욕 클로이스터에 소장된 〈유니콘 사냥〉에서 유니콘은 독이 든 물을 뿔로써 정화시키는 그리스도로 제시되고 있다. 그러나 유니콘은 사냥꾼들에게 쫓기다 아름다운 처녀가 아닌 가짜 처녀에게 속아서 사로잡힌다. 이것은 사슴 사냥이라는 귀족적 여가를 환기시킨다. 유니콘은 인간들에게 사로잡혀 죽지만 다시 살아난다. 마지막 일곱 번째 태피스트리는 유니콘이 아직도 살아 있음을 보여준다. 종교적인 해석에 따르면, 파괴할 수 없는 이 유니콘은 부활의 그리스도이다.

사로잡힌 유니콘의 흰 털 위에 뿌려지는 붉은 빛은 피가 아니라 화면 위편의 석류에서 떨어지는 즙이다. 석류즙은 유니콘의 종교적·세속적 의미 둘 다를 보조하는 상징이다. 석류의 붉은 즙은 죽음을 극복한 **부활**, 많은 씨앗은 **교회**, **희망**, **우애**의 알레고리이다. 세속적인 해석에 따르면 씨앗은 인간적인 비옥함, 왕관, 고귀함을 상징한다. 융은 인간적·정신적 완성의 원형으로서의 그리스도를 말하고 있으며 여기에 세계의 모든 일각수 신화, 특히 유니콘 신화를 관련시키고 있다.[30] **그리스도이자 악**. 극단적으로 상반되는 개념을 포괄하는 그것은 양가적이다. 융 심리학에서 유니콘은 그리스도와 마찬가지로 변형의 완성태에 관련되는 상징이다. 독이 든 물을 정화시키는 유니콘은 내면의 확고한 중심을 나타내는 일련의 상징들,

---

[30] C. G. Jung, *Psychology and Alchemy*, Princeton Univ. Press, 1968, 432~468쪽.

이스라엘 판 메케넴, 〈매사냥꾼과 레이디〉, 동판화, 1484
년경, 베일리 미술관 베버 컬렉션

불타지 않고 빛나는 별, 철학자의 돌, 금, 장미창, 연못의 황금물고기와 관련이 있다. 유니콘이 관련되는 한 그것은 종교적으로나 세속적으로나 죽음을 극복하는 사랑과 인간의 완성에 대한 이야기가 된다.

　세속적인 해석에 따르면 이것은 궁정적인 사랑의 찬미이다. 유니콘은 크나큰 고통을 감내하고 마침내 그의 레이디의 사랑을 얻은 연인이다. 유니콘이 갇혀 있는, 아름다운 정원의 둥근 울타리는 이 유니콘이 그녀의 사랑에 의해 에워싸였음을 보여준다. 이것은 '사랑의 사슬'이라는 긍정적인 사랑의 알레고리이다. 사로잡힌 기사는 그의 레이디에게 충실해야만 한다. 긍정적인 사랑(고상한 사랑)의 이념이란 가부장적 소유의 질서를 만드는 낭만적인 연애 이념과는 달리 **교육**적인 측면을 내포한다. 여성은 기사를 보다 높은 상태로 이끌어야만 하는데, 이것이 성립되기 위해선 기사는 그가 바랄 수 있는 나머지(*surplus*)를 결코 요구해서는 안 된다. 그러나 남성이 사회적 신분이 높을 경우 정신적 교유에만 만족할 수 있는 사람은 거의 없다고 간주되었기에 긍정적인 사랑이란 사회적인 신분의 차이를 전제한 뒤에야만 실제로 성립되었다.[31]

때문에 이 태피스트리가 결혼 선물로 제작되었다는, 설득력있는 가설은 일종의 아이러니를 만들어낸다. 여자는 남성의 소유물로 간주되었기에 실제로 남편과는 긍정적인 사랑을 할 수 없었기 때문이다. 오늘날에는 양성 간의 관계가 가부장적 교환의 질서로 환원되거나 포섭되지 않는 새로운 가능성이 모색되고 있는데, 구(Goux)가 제시하는 새로운 '이상주의(*idealism*)'라든지 세르와 데리다가 명명하는 코라(*khōra*)가 이에 해당한다. 남녀라는 이항대립을 떠난 새로운 성의 장소가 만들어지고 있다고 보아도 무방하리라.

중세의 동물지에서 유니콘은 아름다운 처녀에게만 사로잡힌다고

---

(31) "In Quest of a New Order", Brigitte Cazelles, *The Unholy Grail*, Stanford Univ. Press, 1996, 201~211쪽.

크리스페인 드 파스(Chrispijn de Passe), "사랑은 모든 것을 이긴다," 다니엘 헤인시우스의 동판화, 《사랑의 엠블럼집》, 1608, 암스테르담

명시되어 있다. 그렇다면 사자는? 사자는 사자 조련사가 아니라 아이에게 사로잡힌다. 사자를 탄 아이, 사자를 길들이는 사랑, 관용과 은혜로운 우미, 그것은 차라투스트라가 채택한 도상이었다. 인간은 인내와 수고를 상징하는 당나귀와 낙타로부터 용기를 지닌 힘의 제왕 사자를 거쳐 순진무구하며 창조적인 아이로 상승한다. 광포한 사자를 가볍게 탄 아이는 때로는 횃불을, 때로는 활과 화살을 든 큐피드이다. 그는 비너스의 아들이며[32] 가장 위대한 신들에게도 화살을 날리는 짓궂은 어린 소년이다. 날개달린 해사한 소년 큐피드는 아레스의 무구를 밟고 금촉화살을 들고 웃는다. 사랑으로 미치게 된 레아는 큐피드를 벌하고자 광포한 사자를 보내지만, 걱정하는 어머니에게 그는 이미 사자의 갈기를 잡고 등에 타 놀고 있노라

---

(32) Jochen Becker, "Amor vincit Omnia: On the closing image of Goethe's Novelle", in *Simiolus*, Vol. 18, No. 3, 1988, 133~144쪽.

고 대구한다.[33]

 이것은 본래 에로스의 힘을 나타낸 고대 도상에서 온 것인데, 보다 고식의 표상에서는 사자를 길들이는 인간이 아이가 아니라 대지의 어머니인 퀴벨레 혹은 아프로디테였다. 사자가 걸고 있는 화환은 코로나 투리타(*Corona turrita*)라 불리며 퀴벨레의 상징이다. "모든 것은 사랑에 의해 정복된다(*Omnia vincit Amorum*)." 혹은 "사랑은 모든 것을 극복한다(*Amor vincit Omnia*)." 이것은 《호메로스 송가》[34]에서 아프로디테를 기리는 부분, 스타티우스(Statius)의 《저녁별 베누스(금성) 찬미(*Epithalamium of Stella and Violentilla*)》, 루키아누스의 격언, "사랑은 사자(왕)를 정복한다(*Amor Leonem Domans*)" 등, 어느 것이 가장 오래된 출전인지 알 수 없을 정도로 수없이 인용되던 문구이다. 그러나 근세에 이 모토가 인용될 때는 보통 세네카의 문헌 《은혜에 대하여》에 근거하며 그때 말해지는 사랑은 에로스가 아닌 필리아였다. 이것은 서구의 정치철학적인 모토로 사용되어 자유와 관용을 주장하는 시민정신의 모태가 되었다. 근대 국가의 성립에는 이처럼 진지한 부분이 존재했다.

---

(33) Debra Hassig, "Sex in the Bestiaries", in *The Mark of the Beast: The Medieval Bestiary in Art, Life, and Literature*, 1999, 59쪽. 이하 MB로 약칭.
(34) 기원전 9세기 시인인 호메로스의 이름으로 전해오는 송가(Ode)의 제목은 33개에 이르는데, 현재 전편이 남아 전하는 것은 《일리아드》와 《오디세이아》 뿐으로, 이들 모두 육각운으로 되어 있다. 이 두 서사시는 각각 24절로 되어 있는데, 이는 알렉산드리아 음유서사시의 전통과 유사하다.

황야의 인간과 사티로스

유니콘 이야기는 〈오감각〉 태피스트리 외에 '황야의 인간' 또는 '야생인(The Wild Man)'이라는 토포스와 관련된다. 그는 누구인가? 옷을 제대로 걸치지 않고, 머리털이 덥수룩하고, 인간 세계를 떠나 홀로 황야에서 동물처럼 살아가는 인간이다. 그는 상상의 인간인 동시에 실존 인간이다. 이것은 실제와 허구가 뒤섞인 이상한 이야기이다.

먼저 실제 존재했던 '황야의 인간'부터 말해보자. 적어도 우리가 알고 있는 한 그들은 셋이다. 초기 기독교부인 성 크리소스토무스와 성 안토니우스, 그리고 히브리어 성서를 라틴어 불가타(Vulgate) 성서로 번역한 성 히에로니무스이다.[35]

〈이사야서〉에는 다음과 같은 구절이 있다.

---

(35) 성 안토니우스는 251~356년 이집트에서 활동했고 알렉산드리아의 주교였다. 아마도 에투르스칸 출신으로 생각되는데, 성 아타나시우스의 기록에 따르면 스무 살 때 자신이 가진 모든 것을 팔고 고독 속에 황무지로 들어갔다고 한다. 그는 피스피르의 버려진 요새 안에서 온갖 종류의 유혹에 고통받으며 바울의 흔적을 찾았다. 그는 푸주한, 소시지 제조자, 바구니 뜨는 사람과 가축의 후원성인이다. 15세기에 그는 대중적으로 숭배되었다. 그는 숨어살며 많은 제자들에게 자신을 헌신했고 정원을 가꾸고 가축을 돌보고 매트를 짜며 금욕적인 생활을 했다.
성 히에로니무스(341~420년경)는 학생, 고고학자, 도서관원, 학자, 서적상, 순례자, 번역가의 후원성인으로 축일은 9월 30일이다. 오늘날 발칸 반도의 스트리돈 귀족집안 태생으로 로마에 가 도나투스 문하에서 교육받았다. 한동안 필사작업을 하다 366년경 세례를 받고 학자들의 연계를 위해 여행했다. 칼키스 사막에서 375~378년 동안 은자 생활을 했다. 그러고 나서 콘스탄티노플을 경유해 로마로 가서 교황 다마수스를 보좌하며 그리스어 성서를 라틴어로 번역했다. 말년에는 베들레헴으로 은퇴한다. Stefano Zuffi ed., Thomas Michael Hartmann trans., *Saints in Art*, The Los Angeles, J. Paul Getty Museum, 2003, 33쪽.

그리고 왕국들 중 가장 영광스러웠던 그 바빌론, 칼데아인들의 가장 유명했던 오만은, 주가 소돔과 고모라를 파괴했던 것처럼 파괴되리라. 그곳에서는 더이상 아무도 살 수 없으리. 그곳은 세대와 세대를 거듭하여도 발견되지 않으리. 아라비아인들은 그곳에 천막을 칠 수 없을 것이며, 목자들조차 그곳에서 쉴 수 없으리. 그러나 야생동물들만은 그곳에서 머물 수 있으리니, 그 길들은 뱀으로 가득할 것이며, 털이 수북한 자가 그곳에서 춤추리라.

여기서 '털이 수북한 자'를 라틴어로 번역하기 위해 히에로니무스가 부연하며 택하는 Pilosi saltabunt ibi, vel incubones, vel satyros, vel silvestres quosdam homines, quos nonnulli Fatuos ficarios vocant, out daemonum genera intelligunt 들은 모두 '황야의 인간'을 설명하는 말로, 반인반수의 사티로스에 해당한다. 고대에 디오니소스 축연을 동행했던 사티로스는 귀가 길다랗고 염소 발굽으로 변하는 다리를 가졌다. 사티로스의 특징은 호색이며 중세 악마의 모습으로 상상되었다. 바빌론의 폐허에서, 황야에서 춤추는 것은 사티로스이다. 이 번역본으로부터 잠자는 님프(물 또는 숲의 정령)를 탐욕스럽게 쳐다보는 고대의 사티로스는 자는 여자를 덮친다는 중세의 인쿠부스가 되며, 또한 사람이 거주하지 못하는 황야에서 살아가는 야성적인 은자가 된다.[36]

---

(36) Lynn Frier Kaufmann, *The Noble Savage: Satyrs and Satyr Families in Renaissance Art*, UMI, 1979.

성 안토니우스는 《바울의 생애》 주해에서 바울의 흔적을 찾아 황야를 헤매던 일화를 적고 있다. 그는 안내자를 찾다가 그곳에서 황야의 인간인 켄타우로스, 그리고 이어서 사티로스와 만났다고 기술하고 있는데, 아마도 그것은 그의 내면적인 사건이었으리라. 켄타우로스는 그의 질문에 답하지 않고 올바른 방향만을 가리켰던 반면, 뒤이어 나타난 작은 사티로스는 자신이 누구인지 응답하고 그리스도로의 구원을 열망했다고 한다.

황야에서의 성 안토니우스의 마지막 유혹은 유명하다. 그것은 마치 푸코의 도서관 환상처럼 떨치기 어려운, 이성을 향한 열망이었다. 그러나 사티로스는 성자에게 솔직하게 고백하고 구원을 바라자 성 안토니우스는 "짐승도 그리스도를 말하는구나." 하고 놀란다. 이 에피소드는 세비야의 이시도르에 의해 보존되고 야코부스 드 보라진(De Boragine)의 《황금전설》에서 보충되었다. 중세인들은 야인이 인간의 육체(flesh)를 먹는 반짐승의 괴물이라고 생각했는데, 12세기에 야인은 필사본의 가장자리에 다른 괴물들과 함께 빈번히 나타나며, 13세기 중반에는 연극과 목판화 혹은 장식미술에 나타나고, 14세기 동안 인기는 정점에 달했다.[37]

중세에는 반인반수인 사티로스나 켄타우로스는 성당의 주두(capital)를 제외하고는 자주 나타나는 도상이 아니었으며 절대악의 상징 또한 아니었다. (중세 최고악의 상징은 뱀이나 용이었다.) 사티로스는 온몸이 털로 덮인, '머리털이 수북한' 야인이 된다. 그는 인

---

[37] Salisbury, *The Beast Within*, 150~151쪽.

카드게임의 마스터, 〈숲의 여인의 여왕〉, 동판화

적없는 황폐한 곳에서 문명을 피해 살아가는 자이다. 야인에 대한 상상은 12세기경 북유럽에서 보다 구체화되었는데, 그 묘사된 성향이 그리스 신화의 사티로스와 거의 같으면서도 게르만이나 켈틱 신화의 요소를 포함하고 있는 것으로 보아, 설화나 민담을 구전했던 지역민들의 이주와 교우 때문으로 생각된다. 그들은 플루트 대신 곤봉을 들고 있으며 인간을 위협하고 여자와 아이를 훔쳐간다. 켄타우로스와 다른 점은 **숲의 여인**(the wild women)을 정해진 짝으로 가진다는 것이다.

한편 야생인은 오르페우스 신화와 관련된다. 오르페우스 신화는 목표를 향해 노력하나 결과적으로 실패하게 되는 인간의 궁극적인 한계를 보여준다. 아폴론이 그랬던 것과 같이 오르페우스는 그리스도의 유비로 해석되었다. 유리디체는 지상적인 것에 대한 정념의 상징으로, 들판(field)에서 꽃을 꺾다가 뱀에게 물려 지하세계로 가게 된다. 이것은 페르세포네 신화와 같다. 디오니소스가 어머니를 찾으러 지하세계로 가듯 오르페우스 역시 아내를 찾으러 지하로 내려간다. 음악의 힘으로 승리하나 감각에 대한 향수를 떨치지 못해 세속적인 것들을 영원히 뒤돌아본다. 그의 신체는 메이나드들에게 찢기고 참수되며 참수된 머리는 강물에 떠내려가 음악, 즉 말을 남긴다. 예술의 힘에도 불구하고 오르페우스는 끝내 정념을 떨치지 못하고, 죽음을 극복하지도 못한다. 피에르 베르쉬르는 《도덕화한 오비드우스(Ovidius moralizatus)》에서 오르페우스를 그리스도 유형으로 묘사할 뿐만 아니라 일종의 다비드(다윗 왕)로 묘사했다. 둘 다 음악가 왕이라는 점에서 공통적이다.[38]

태양신이자 음악과 학예, 의술의 신이며 인간 이성을 상징하는 아폴론 도상은 비잔틴 미술과도 같은 초기 기독교 미술에서는 그대로 그리스도의 모습으로 채택되었다. 지상으로 인간화한 아폴론이 바로 오르페우스이다. 오르페우스는 중세에는 궁정적인 서사시 《오르페오 경》이 되며 경험을 통한 인간의 입문 과정을 그린다. 켈틱 신화와 그리스 신화가 혼합된 이 서사시에서 오르페오 경은 영주이다. 유리디스는 요정세계로 붙들려가고 오르페우스는 아내를 되찾기 위해 기사 만 명을 동원하여 요정 왕의 성에 쳐들어간다. 전투에

---

(38) Edward Peter Nolan, "The Severed Head", in *Now through A Glass Darkly*, 1990, 153~160쪽, 306-307쪽; Segal, *Orpheus*, Johns Hopkins Univ. Press, 1989.

이스라엘 판 메케넴, 마스터 ES 방작,《숲의 여인과 야인의 전투》, 동판화

서 처참하게 패배하고 스스로를 회의한 끝에 성을 자신보다 단순한 사람에게 위임하고 황야에서 10여 년 간을 헤매이게 된다. 오르페오 경은 풀뿌리를 먹고 짐승처럼 살아가는 야인이 된다.

이것은 적어도 두 가지 이야기를 조합하고 있는데, 아일랜드 민담 속의 영웅인 쿠클라인의 아들 브랜(Bran)의 이야기—그는 항해 끝에 궁극적으로 지혜와 권력을 얻는다—와, 헤세의 소설《지와 사랑》의 주인공처럼 '황금의 입(골트문트)'이라는 별명을 가졌던 성 크리소스토무스(St. Chrisostomus)의 일화이다. 황야에서 고행하며 회개한 끝에 음유시인이 된 오르페오 경은 음악의 힘에 의해 유리디스

bxg의 마스터, 〈야인가족〉, 동판화

를 되찾게 되며, 영원한 젊음을 지닌 신적인 인간들이 사는 요정 왕의 궁전에 초대받는 유일한 인간이 된다. 요정 왕의 성은 도저히 인간의 언어로는 묘사할 수 없을 정도로 훌륭하고 장엄하며 왕은 기독교적인 영혼 구원의 진리를 말하는 마법사이다. 그러나 오르페오 경은 영원한 생명과 아름다움을 지닌 님프 칼립소의 섬을 떠나 페넬로페에게 돌아가는 오디세우스처럼(님프와 비교할 때 페넬로페가 가진 것은 인간으로서 언젠가는 죽는다는 사실뿐이다) 유리디스를 데리고 자신의 성으로 돌아간다. 오로지 인간답게 죽음과 맞대면하기 위하여.

　머리털이 수북한 황야의 야인에 대해서 중세에 가장 보편적으로 알려졌던 이야기는 '황금 입의 요한(성 크리소스토무스)'이다. 요한은 유혹에 빠지기 전까지는 경건한 은자로 살았으나 결국 육욕에 굴복해 기독교의 관점에서 가장 큰 죄를 짓게 된다. 그는 황야에서 길을 잃은 왕의 딸을 강탈한 뒤 자신의 죄를 깨닫고 그녀를 바위 위에서 던져버렸다. 이후로 그는 야수처럼 살아가리라 굳게 맹세했다. 그는 밝은 곳으로 나오지 않고 손과 무릎으로 기어다녔으며 풀 외에는 먹지 않았다.

어느 날 이 야인은 회개의 고행을 하던 중 멀리서 벌거벗은 여인이 바위에 앉아 아이에게 젖먹이는 모습을 보게 된다. 그가 죽이려 했던 공주는 기적적으로 살아났으며 젖먹고 있는 아이는 그의 아이였다. 이후로 그는 신의 섭리와 부부 간의 사랑을 찬미하는 글을 남긴다. 크리소스토무스와 오르페오는 젊은 여인에 대한 탐욕, 황야에서의 회개와 고행 등에서 유사하다. 스스로 부여한 고통은 그들의 신체 속에 새겨진다.[39] 성 크리소스토무스에 대한 모든 삽화는 땅을 기어다니는 수염이 덥수룩한 남자 또는 풀밭에서 아이와 놀고 있는 아름다운 여인을 갈망하며 바라보는 철인을 보여준다. 그는 동물처럼 이성이 없거나 미친 사람이며, 또 자신의 죄와 직면하고자 하는

---

(39) 기독교 전설의 버전들은 성인들의 전기 모음에서 발견된다. 유명한 것으로는 《이집트 교부전(*Apophthegmata patrum. Aegyptiorum*)》을 비롯해, 히에로니무스의 《바울의 생애(*Vita Pauli*)》, 아타나시우스의 《성 안토니우스의 생애(*Vita Sancti Antonii*)》, 루피누스의 《이집트 성자들 이야기(*Historia manoacorum in Aegypto*)》 등이 있다. 이러한 글들은 《교부전(*Vitae patrum*)》 같은 성인전 모음에 재수록되었으며 중세 유럽 저자들의 문헌 근거로 쓰였다. 바울이 처형된 것은 65년 경이며 성 안토니우스는 251~356년, 성 히에로니무스는 341~420년경이다. Rosa Giorgi, *Saints in Art*, The Paul Getty Museum, 2003.

지나치게 정직한 사람이다. 서사시 《오르페오 경》의 주제는 오만과 허영이라는 죄의 깨달음이다. 오르페오와 크리소스토무스는 시련을 통해 참된 인간의 삶에 입문한다.

음악의 힘으로 동물들과 신마저 감복시켰던 오르페우스 이야기와 마찬가지로 황야의 인간들은 동물들을 잘 돌보았다. 그들은 사티로스였던 고대부터 언제나 음악과 관련이 있어왔다. 동물들과의 친연성 때문에 성 안토니우스나 성 히에로니무스는 지물로 책과 함께 사자를 동반하기도 한다. 사자들은 이 성인들에게 어린 양처럼 유순하게 굴었다고 한다. 이 기독교부들이 회화로 재현될 때의 배경은 사티로스가 바쿠스의 술에 취해 노래하던 고대의 풍염한 전원이 아니다. 그러나 그것은 이러한 방식으로 우회적으로 관련이 있다. 온통 바위로 덮인 겨울의 황량한 풍경, 그 자연 안에서 교부들은 관상하며 서 있다.

'야인(황무지에서 짐승처럼 살아가는, 털이 덥수룩한 야생적인 인간)'이라는 토포스는 중세 내내 애호되었으며, 점차 긍정적이고 기사도적인 삶의 이상과 결합하게 된다. 공격적인 성향을 지닌 그는 기사들이나 숲의 여인과의 전투에서 이기기도 하고 지기도 하는데, 12세기부터 유럽 민담에 자주 나타나 여인과 아이를 약탈하던 그는 때론 보상받지 못하는 불우한 사랑의 희생자가 되기도 했다. 어떤 이야기에서 야인이 납치한 레이디는 정식 기사에 의해 구조된다. 다른 이야기에서 그는 문명화되나 결과적으로 그의 본질을 잃게 된다. 본질적인 공격성, 의사 소통의 어려움, 문명화된 사회에 쉽사리 적응하지 못하는 곤혹이 있다. 이러한 이야기 중 가장 대표적인 것이

야인과 싸우는 기사, 《발렌틴과 우르손》 로맨스의 삽화, 리옹 판본, 1605

프랑스 지방의 곰 왕 혹은 야인 우르손과 기사 발렌티누스라는 전설이다.[40]

 여자의 강탈에 성공할 경우 그는 인간 여자를 숲과 황무지의 원시적인 동물 생활로 이끌어들인다. 그들은 아이를 낳는데, 한 동판화에서 그들은 일체의 인간적이고 물질적인 근심을 벗어난 자연 속 삶의 평화로움을 보여준다. 이 판화는 자연 속의 성스러운 가족에 대한 거의 종교적인 감정을 불러일으킨다. 그들은 '고상한 야만'이다. 그러나 그들이 아이를 동반하지 않고 남녀만 같이 재현될 경우, 그것은 사랑의 어리석음(Folly)에 대한 경고이다.[41]

평화로운 야인의 성가족은 후손을 낳는데, 이들은 인간과 자연의 경계에 있기에 인간사회에 적응하는 데 어려움을 보인다. 대표적인 예가 마법사 멀린이다. 아서의 기사들을 가르치는 그는(이 부분이 또한 키론의 역할과 유사하다) 야생인의 전설이 유행하던 12세기부터 민담의 주인공이 되어 몽모스의 지오프리(Geoffrey of Monmouth)[42]에 의해 《멀린의 생》이라는 책으로 출간되었다. 마법사 멀린은 악마인 인쿠부스에 의해 강탈당한 여인에게서 태어난다. 그는 자연을 가까이하며 살았던 부모로부터 특별하고도 방대한 지식을 물려받게 된다.

서로 다른 두 세계의 경계인으로밖에 살아갈 수 없게 된 멀린은 아서의 궁정을 통해 오로지 짧은 기간 동안만 인간사회와 접촉한다. 그러나 그는 근본적으로 인간사회로 귀속될 수 없으며, 평범하고 정상적인 인간들과는 너무나 다르기에 끊임없이 고통받는다. 이따금씩 멀린은 신들린 정신 상태에 빠지며 고뇌와 함께 신탁과 지혜를 얻는다. 여하튼 그는 가장 지혜로운 야생인이었다. 그는 자신의 제자인

---

(40) 나카자와 신이치, 김옥희 역, 《곰에서 왕으로》, 동아시아, 2003.
(41) Lynn Frier Kaufmann, *The Noble Savage: Satyrs and Satys Families in Renaissance Art*.
(42) 1129~1151년 옥스포드 대학교에서 재직했던 교수로, 남아 있는 라틴어 저작 세 편은 아서왕의 전설을 반은 신화적으로, 반은 역사적으로 기술했다. 《예언자 멀린》에서는 웨일스적인 정신을 옛 브리튼인의 영광으로 찬미하고 있다. 1136~1138년경 《브리튼 왕조사》를 저술했는데, 과거의 켈틱적인 영광을 기리고 색슨인들에 의해 소유권이 박탈되는 것을 아쉬워하는 어조로 역사를 서술한다. Norris J. Lacy and Geoffrey Ashe with Debra N. Mancoff, *The Artherian Handbook*, Garland, 1997.

호수의 정에 의해 바위굴에 갇히게 되지만 그의 슬픈 운명은 스스로 선택한 것으로 믿어진다. 바위는 강건함과 충실함의 상징이다.

1500년경 미니어처에 동반되었던 발라드는 이 야생인이 천년이 넘게 어떤 노래를 불러왔는지 들려준다. 가사는 대략 다음과 같다. 그는 물질적 존재의 근심에서 해방된 인간으로, 문명의 어떠한 덫에도 미혹되지 않는다. 오로지 자연이 제공하는 것에 만족하며, 문명에 대해 관상한다. 부유한 사람이 물질에서 얻는 오만함에 대해 경멸한다. "죽음에 이르게 되면 수의 한 장이면 충분할 것을." 뉘른베르크의 마이스터징거였던 쾌활한 시인 한스 작스는 1530년 〈야인의 불평불만〉이라는 시를 썼다. 그 전반부는 이 세계의 상태에 대한 탄식이며 후반부는 자연 속의 단순한 생활에 대한 찬미이다.[43]

사티로스나 켄타우로스를 그려냈던 고대의 작가와 화가 들은 그들의 후손에 대해서 별반 관심이 없었던 반면 중세는 그들의 행로를 보여준다. 거기에는 바빌론의 폐허처럼 절대적으로 무너져버린 문명으로부터 새로운 삶을 시도하고자 했던 경계적 존재들에 대한 초상이 있다. 자연 속의 단순한 생활에 대한 동경은 복잡한 예법과 도회적 세련미의 궁정사회를 만들어낸 문명화 과정과 정확히 반대급부적으로 진행되어갔다. 자연으로 돌아가고자 하는 열망은 지상의

---

(43) 중세에 유명한 다른 경계인으로, 스펜서의 《요정여왕》에 그려져 있는 요정왕국의 기사 사티레인 경(Sr. Satyrane)을 들 수 있다. 이 야생 집단은 퇴보된 자와 뛰어난 자의 두 그룹으로 나뉘는데, 사티레인 경은 야생과 문명화된 사회의 양쪽 성격을 공유하나 진정한 기사이다. 시에서 그는 자신의 출생과 본질에 대해 묻는다. Patrizia Grimaldi, "Sir Orfeo As Celtic Folk-Hero, Christian, Pilgrim, and Medieval King", in *Allegory, Myth, and Symbol*, Harvard English Studies, 9, 1981.

동물들이 서로 잡아먹지 않았으며 사람들은 낙원에서 채취한 꿀과 딸기를 먹고 즐겁게 살아갔다는, 잃어버린 '황금시대'에 대한 노스탤지어를 낳았고 이것은 파스토랄 문예에 대한 애호와 닫혀진 사랑의 정원(hortus conclusus)으로서의 정원 조경에 대한 수많은 기획을 만들어냈는데 이는 새롭게 발견된 신대륙에 대한 진지한 흥미와 결합되었다.[44]

1493년 출판된 콜럼버스의 아메리카에 대한 편지는 세기가 바뀔 때까지 15회 이상 쇄를 거듭했으며 사람들은 현실에 실제로 나타난 이 벌거벗은 '고상한 야만'들—옷, 예법, 가구, 집, 기술 등 그 모든 것이 필요없는 사람들에게 매혹되었다. 평범한 서구인들이 가장 이해하기 어려웠던 점은 원주민들이 그리스도를 모르고 살아간다는 것이었다. 그들은 '야만인'들을 대상화하고 천막을 불태우고 좁은 보호구역에 몰아넣었으며 20세기 초의 세계무역박람회에서 그들의 주거 생태를 동물원의 우리처럼 한눈에 볼 수 있게 전시하고 영화를 통해 역사조차 왜곡했다. 같은 맥락에서 한국관 역시 일본보다 한참 낙후된 원시적 문명으로 전시되었다.[45] 물론 '진실(truth)'을 알리기 위해 일군의 저술가들과 역사학자들과 인류학자들은 초인간적인 노

---

(44) 닫혀진 정원은 본래 아랍에서 기원해 기독교로 전승된 개념으로, 중재자이자 모든 신의 은총의 분배자로서 성모가 있는 천국의 닫혀진 정원을 의미한다. 닫혀진 정원은 중세 전성기에 초기의 종교적 의미로부터 궁정적 사랑의 장소로 그 개념이 점차 바뀌어갔고 후일 희귀식물 수집과 함께 다시 식물학 정원으로 바뀌어갔다. 하지만 식물학 취미의 목적으로 세워진, 유럽 궁정 부속의 오렌지 온실 등에는 영원성을 뜻하는 종교적 개념이 그대로 남아 있었다고 볼 수 있다.
(45) 만국박람회에서의 한국관 전시에 대해서는 김영나, 〈박람회라는 전시공간: 1893년 시카고 만국박람회와 조선관 전시〉, 《서양미술사학회 논문집》, 2000 참조.

력을 기울여왔다. 항상 그 수가 적었다는 것이 문제라면 문제였다. 그들은 다시 스스로 황야로 나간다.

성과 속의 경계, 가고일

잊혀진 담론인 중세적 '기억의 기술'이 기억하고자 했던 동물들과 하이브리드를 고찰하는 과정에서 잠깐 살펴보고 넘어가야 할 중요한 하이브리드가 중세 성당의 경계부에 나타나는 가고일(gargoyle)이다. 중세 대성당 성속의 경계부에 있는 괴물인 가고일은 여타의 다른 괴물들과는 다른 특이한 존재이다. 가고일은 《동물지》나 《괴물지》에 나오지 않기 때문에 해석이 불가능하다. 가고일이란 세이렌처럼 특정한 몬스터의 종류를 지칭하는 이름이 아니라, 주로 성당의 빗물받이에 새겨넣어진 다양한 형태의 하이브리드들을 통칭하는 이름이다. 따라서 가고일에는 정해진 형태가 없고, 단일한 상징적 의미를 가지지도 않는다.

가고일의 해석에 대해서는 의견이 분분하다. 학자들은 일단 가고일을 성스러운 공간에 들어갈 수 없는, 추방된 악한 존재의 표상이라고 보았다. 마이클 카미으(Michael Camille)는 가고일을 중심과 주변부 담론의 문제로 보고 독창적인 해석을 전개했는데[46] 여기에는 반론이 있다. 가고일을 조각한 솜씨에는 주변부적 요소란 없고 도상 프로그램을 제시했던 고위 성직자들이 가고일을 모르거나 묵

---

[46] Michael Camille, "Images on the edge", London, Reaktion books, 1991.

현대에 모사된 중세적 가고일, 석조, 1900년경, 뉴욕 성 요한 대성당
가고일은 현대까지 살아남은 몇 안 되는 상상동물이다.

인했을 수는 없다는 것이다. 이런 식으로 생각하는 학자들은 가고일이 중심부와 반대급부적인 담론을 의도하지 않았다고 본다. 그렇다면 가고일은 무엇이고 어떻게 가능했을까?

가고일이 새겨진 장소들은 특히 하늘과 땅이 이어지는 경계부, 성당 지붕의 빗물받이 홈통이다. 온갖 동물들의 잡종 형태인 가고일은 공포에 질려 절규하고 있거나 비명을 지르고 있거나 육체적인 쾌락의 무아경에 빠져 있다. 돼지의 머리에 표범의 몸, 박쥐의 날개에 사람의 몸 등 그 변형태들은 끝이 없다. 가고일의 의미를 종잡을 수 없는 것은 오로지 무한하게 개별적인 변형태만이 있을 뿐 일정하게 정형화되지 않기 때문이다. 그것은 마치 변형과 결합, 그 자체의 형

상상동물, 그로테스크와 하이브리드 | 185

상화이자 규범으로부터 배제된 존재의 두려움 혹은 절규를 형상화한 듯 보인다. 공포와 쾌락이 지나가는 가고일의 얼굴에는 정신이란 결여되어 보인다. 마이클 카미으가 지적하듯, 가고일은 언어로 드러내어 읽을 정신적 내용이 없는 오로지 육체적인 존재, 모든 것이 오로지 몸으로써만 말해지는 존재, 신체에 의해서만 말해지는 그러한 존재인 것이다. 클레르보의 성 베르나르[47]는 클로이스터에 새겨진 이런 괴물 형상들이 주의 말씀을 명상하는 데 대관절 무슨 도움이 되겠느냐고 투덜거렸다. 조각가들은 왜 이런 연옥에서 튀어나온 듯한 형상들을 남겼던 것일까? 그것은 어떤 관객을 향해 말을 건네고 있는 것일까?

성속의 경계부라는 가고일의 위치는 다른 이종적 하이브리드들인 세이렌과 켄타우로스의 위치와 같지만, 동물지상에 나타나는 상상동물과 다른 점은 가고일이 지붕에서 땅으로 이어지는 부분인 빗물받이 홈통에 유독 많이 나타난다는 것이다. 그러나 가고일은 명확한(그러나 양가적인) 메시지를 전하는 다른 괴물들과는 달리 기독교 교훈을 전달하는 것을 의도하지 않았다는 견해가 있다. 신도들에게

---

(47) 부유하고 고귀한 가문 태생이었으나 세속적 공부를 마친 뒤 베네딕투스회에 들어갔으며 부르군디의 개혁교회를 이끌어 시토 수도원을 창건했다. 서간집과 설교집을 비롯해 많은 글을 남겼는데, 〈신의 사랑에 대하여(De amore Dei)〉가 특히 유명하다. 교회의 사치스러운 장식을 단죄했고 시토 수도원의 엄격하고 청빈한 생활을 주도했으며 〈아가서〉 주해자로도 알려져 있다. 십자군 운동을 촉구하고 아벨라르와 격렬하게 대립했다. 베르나르는 "하느님은 우리들이 마리아의 손을 통하지 않으면 아무것도 얻을 수 없도록 안배하셨다"고 마리아의 역할을 강조했다. 흰 개 상징은 그를 태내에 품었을 때의 어머니의 꿈으로부터 만들어진 것이다. 이것은 신의 집을 지키고 악을 경고하는 개의 역할의 도래로 해석된다. Stefano Zuffi ed., *Saints in Art*, 61~62쪽.

지옥에 대한 공포를 불러일으키기 위해 조각된 것이 아니라는 것이다. 그보다는 근대적 의미의 '개인'(혹은 주체)이라는 의식이 아직 존재하지 않았던 시대에 "내가 제작했소"라는, 숙련장인의 표지를 의도했을 것이라는 견해이다. 근세에도 그러했지만 중세의 거의 모든 작품은 주문에 의한 것이었다. 모든 도상 프로그램들은 위계 질서의 상부에서 주어졌는데, 그것들은 기독교 도그마나 정치 선전을 정교한 방식으로 표현했다. 관례(convention)와 형상의 모델은 제작에서 결정적인 역할을 했다. 중세의 작품 제작에는 근대적 의미의 작가라든지 천재라는 개념은 없었다. (이들은 모두 르네상스기에 싹트기 시작해 근대를 거치며 가속화된다.) 어떤 장인들은 자신의 이니셜을 보이지 않는 구석에 새겨넣기도 했는데, 그러한 자의식의 사례는 중세 후기로 들어서면 보다 빈번해진다. '개인'이 탄생하는 것이다.[48]

그러나 여기서 내가, 서명을 남기거나 그림 속의 군중 가운데 자화상을 넣거나 화가들이 자화상을 그리기 시작하는 것 혹은 근세적 의미의 개인이 형성되는 것이 역사의 발전적 필연이라고 주장하는 것은 아니다. 그런 식의 생각은 수용과 소통에 한해서는 문제를 잘못 짚고 있으며 심지어 해롭기조차 하다. 서명을 넣었건 넣지 않았건 작품의 예술적 가치에서는 중요하지 않다. 서명이 들어간 작품을 분류하거나 유명한 대가들을 열거하거나 등록하는 따위는 작품 자체를 접하는 일 혹은 제작자들이 보았던 세계(진리)를 보는 일(소

---

(48) Salisbury, *The Beast Within*, Routledge, 1994, 138~140쪽.

통)에는 별 도움이 되지 않는다. 외부적인 사실들의 열거는 작품 이해에는 도움이 되지 않는다. 예술작품이란 항상 그러한 기술들을 벗어나며 일체의 언어적 기술들로 환원되지 않는 뭔가 다른 세계를 보여주기 때문에 예술인 것이다. 서명을 넣었다고 해서 좋은 작품이 되는 것은 아니며 자화상을 그렸다고 해서 그가 최고의 작가가 되는 것도 아니다. (그러나 보존과 역사 서술은 그러한 사실 자료들에 의존하지 않을 수 없기에, 서명이 들어간 작품이 필수 불가결한 도움을 준다는 점은 부인할 수 없다. 말해진 것, 발언된 것이 없다면 우리는 말해지지 않은 것들에 대해서 어떠한 추측도 할 수 없을 것이기 때문이다. 이것은 작품의 향유와는 다른 문제이다. 역사 연구를 위해서는 서명이 들어간 작품이 가치로운 것이다.)

 중세에는 무엇을 표현하든 위계 질서의 담론과 명령된 도상 프로그램에서 벗어날 수 있는 여지란 거의 없었다. 모든 형상들은 주권자의 의도의 그물에 걸렸고, 걸려야만 했으며, 거기엔 이론의 여지가 없었다. 기본적으로 교회당국으로부터 주문받은 것 외에 작가가 마음대로 다른 것을 그려넣거나 새겨넣을 수 없었다(그러나 그들은 그렇게 했다). 만일 장인들이 무언가 명명될 수 없는 것으로만 존재하는 명명으로써 자기 자신의 기표를 만들고 싶어했다면, 다른 도상 프로그램들과 무난히 부합되고 어울리면서도 다르고 공포스럽고 유머러스한 가고일의 형상이야말로 그에 적합했다는 것을 짐작할 수 있다.

 가고일의 해석이 가능하지 않은 까닭은 거기에 정해진 의미가 없기 때문이다. 이름없는 숙련 장인이 자신의 흔적을 남기고자 한다.

그는 자신을 표현할 무엇을 알지 못하며, 주어진 길을 다만 가야 한다는 것에 대해 스스로 알 수 없는 고뇌가 있다. 작업에는 애환이 있지만 '왜' 그런 것인지는 모른다. 만일 모든 것이 신의 말씀이고 자연에 귀속된다면, 태어난 대로 살아야만 하는 것이 너무나 당연하다면, 자기 자신도 모르는 자신의 표현이란 '어머니 자연'이 제시하지 못하는, 담론의 그물에 걸리지 않는, 무언가 전적으로 다른 것, 이질적인 것을 생각함으로써밖에는 가능하지 않았을 것이다. 악을 경고하는 듯 보이지만 가고일에는 교훈적이고 도덕적인 특별한 의도란 없다. 담론의 안과 밖을 포괄하는 차원에 놓인다는 점에서 가고일은 특별하며, 팔루스나 엉덩이를 드러낸, 캐피탈과 미제리코드(misericord)[49]에 숨어서 '뒤집힌 세계'를 연출하는 바보들의 도상과 같은 맥락에 있다.[50]

---

(49) 캐피탈은 기둥의 주두부를 일컫는다. 중세 교회의 수도사석, 성가대석의 접히는 의자 뒤에 달린 판자로, 일어서면 여기에 기댈 수 있다. 미제리코드에는 숨통을 끊는 데 사용한 단검이라는 뜻도 있다. Christa Grössinger, *The World Upside-Down*, London, 1997; Michael Camille, *The Gothic Idol*, 1991; *Image on the Edge*, Reaktion books, 1991; *Art Profane et Religion populaire au Moyen Age*, Universiterre de France, 1985.
(50) Janetta Rebold Benton, "Animal Imagery and Artistic Individuality in Medieval Art", in *Animals in the Middle Age*, 160~163쪽.

III

드라코, 유혹, 사이코마키아

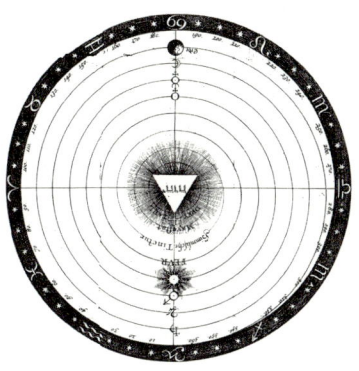

중세에서 죄와 악의 상징으로 가장 많이 사용된 동물은 용(드라코)이다. 용은 보물을 수호하는 역할을 하고 신성한 것의 경계를 지키는 상징이기도 했다. 용을 뜻하는 드라코(draco)는 본래 뱀이라는 뜻이었다. 서구에서 사이코마키아, '영혼의 전투'는 그리스도에게로 가는 정신적 여정이라는 영원한 순례의 길이었다.

5

왕자와 용, 그리고 시간의 아포리아

어디선가 〈잠자는 미녀〉가 당신을 기다리고 있다고 생각해본 적이 있는가. 이 작품은 문화제국주의로 비판받는 디즈니의 애니메이션 가운데 유독 비평의 철퇴를 거의 받지 않은 고전적인 작품이다. 이 애니메이션은 유럽의 동화에 충실한 편이며 인종주의라는 죄명을 씌울 수도 없다(유럽에서 유럽인들 사이에서 일어난 이야기이다). 그러나 이것은 원형적인 이야기로서 인간의 어떤 진실을 들려준다.

우리가 잘 알고 있듯이, 왕자는 언제나 용을 죽여야만 했다. 왜? 대단히 어려운 과업을 완수해야 왕이 되기 때문이다. 용을 처치해야 하는 것은 구조주의 기호학의 입장에서는 공주를 구하기 위해서라기보다 왕이 되기 위해서이다. 발신자는 부적합하고 나약한 왕(또는 얼굴없는 권력)이고 영웅은 불가능한 임무를 떠맡는다.[1] 공주는 권력과 교환되는 인증의 기표에 지나지 않으며 적법한 왕권을 얻기 위

아서 랙햄, 〈잠자는 공주〉, 《앨리의 요정 이야기》에 수록된 페로의 〈잠자는 숲의 미녀〉 삽화, 1916

한 교환가치이다. 왕이란 실제의 군주라기보다(군주일 때도 있지만) 흔들리지 않는 확고한 중심이 선 인간을 말한다. 왕은 법을 만들며 '아버지'가 된다. 모세의 율법인 노모스(nomos) – 법과 규범, 가정과 경제가 생겨난다. 아버지란 법의 기표이다.

잠자는 미녀

서사 자체는 변천해왔다. SF 〈드래곤과 조지〉라든지 〈센과 치히로의 행방불명〉에서는 아니무스 자체가 용인데 이제는 용을 검(판단력)으로 찔러 죽이는 것이 아니라 내파하는 시대이다. 디즈니가 이 애니메이션을 제작하기 이전부터 서사는 이미 변해 있었으며 그런 의미에서 원작 왜곡이 덜한 셈이다. 특히 차이코프스키의 〈잠자는 숲속의 미녀〉의 발레음악을 사용한 점은 뛰어나다고 하겠다. 이 애니메이션에서 가장 아름다운 부분은 호숫가에서 춤추는 장면이다. 숲으로 딸기를 따러 나온 로즈는 외부인을 만나는 것이 엄격하게 금지되어 있지만 누군가를 꿈 속에서 만난 적이 있었다고 동물들에게 친근하게 털어놓는다. 그러나 춤추며 오두막집으로 돌아온 로즈에게 아주머니들은 "맙소사, 사냥꾼은 안 돼!"라고 말한다. 그 말에 로즈가 "왕자와 결혼하려면 공주라야 하는데 내가 어떻게……"라고 말하듯, 정말로 문제되는 것은 신분이다(신데렐라 서사가 그렇듯

---

(1) 발신자-수신자 관련은 그레마스 기호학에 의한 것으로, 김태환, 《푸른 장미를 찾아서》, 문학과지성사, 2001, 78쪽, 128~134쪽; 그레마스, 김성도 역, 《의미에 관하여》, 인간사랑, 1997. 특히 '서술물의 행동자들의 구조' 참조.

이).²⁾

로즈의 동작을 무슨 말로 표현할 수 있을까? 왜 아름다운 것일까? 데코룸하기 때문이다. 그것은 '적절'하다. 로즈의 춤은 르네상스기의 귀족적 태도에 대한 이상, 동작에서의 데코룸에 완전히 부합된다. 차이코프스키의 발레음악 중 〈꿈속의 그랑 파 드 되〉를 편곡한 주제음악의 이 부분은 르네상스인들이 미에 대해 묘사하고 있는 정확히 그것이다. 훔쳐온 필립 왕자의 모자와 망토와 장화를 걸쳐입은 동물 친구들의 휘청거리는 자세를 바로잡아주는 로즈의 곧바름과 우아한 태도는 인적없는 시골에서 홀로 자라난 처녀라고는 도저히 믿을 수 없을 정도로 문명화되어 있다. 때문에 이것은 허구이다. 그러나 아름답다.

정신과 신체를 분리해서 사고했던 중세인들과는 달리 르네상스인들에게 미는 신체에 반영되는 것이며 인간의 이상적인 모습과 불가분의 관계에 있었다.³⁾ 로즈가 지닌 내면의 미는 신체 동작에 그대로 나타난다. 미(*bellezza*)라는 개념은, 특히 로즈의 춤과 같은, **동작의 신선한 가벼움**과 연관된다. 완벽한 비례와 균형이라는 이상은 균형잡힌 신체에 표현될 수 있는 것이었고 영혼의 순수성은 신체에 필

---

(2) 마르트 로베르, 김치수·이윤옥 역, 《기원의 소설, 소설의 기원》, 문학과지성사, 1999. 여기서도 낭만적 환상주의의 '더블'에 대한 이야기가 나온다. 로즈는 적합하지 않은 곳에 놓인 아이, 마르트 로베르가 말하는 '앙팡 트루베'이다. 마르트 로베르는 서양의 모든 서사를 가족소설, 사생아와 앙팡 트루베라는 두 가지 개념으로 정리한다. 112~113쪽.
(3) 정신의 미가 신체에 그대로 반영된다는 신념에도 불구하고, 단테의 베아트리체와도 같은 르네상스기의 이상주의적·페트라르카적 사랑의 개념이 유행한 것은 현실의 세계는 가상이며 이데아의 세계가 실재라는 플라톤주의의 영향으로 볼 수 있다.

연적으로 반영된다고 믿었다. 이상적인 인간형의 덕목으로서 신체와 정신의 조화가 이론적으로 숙고된 것은 이처럼 르네상스 인문주의 시대의 문인들에게서였다. 마리오 에퀴콜라(Equicola)는 《사랑의 본질에 대한 서》(베니스, 1525)에서 '미'란 무엇인가를 질문하는데, 플라톤, 베르길리우스, 오비디우스를 인용한 끝에 그는 바로 비너스 여신의 이미지가 미의 구현이라고 말한다. 키케로는 바라보는 자에게 기쁨을 주는 완벽한 비례라고 미를 정의했는데 그리스어로는 칼로스(*calos*)였다. 레오네 에브레오(Ebreo)는 미를 "영혼을 기쁘게 하는 아름다움"이라고 정의하고, 베누스(Venus)로 상징되는 미와 그 시녀들인 삼미신 **우미**(*grazia*)에 대해 언급했다. 이들이 모두 함께 재현되는 그림과 글에서의 수사적 토포스가 바로 '비너스의 화장'이다.[4]

14~15세기에 발다사레 카스틸리오네, 안젤로 폴리치아노, 피에트로 벰보 같은 시인들은 **벨레차**에 대한 페트라르카와 단테의 모델을 찬미했고 라우라와 베아트리체 같은, 결코 현실에 존재하지 않는 이상적인 여성의 미를 찬미했다. (물론 이같은 이상화는 현실적인 여성들의 제도적인 억압에 기초한다.) 시인들은 대체로 신플라톤적인 미학에 동조했다. 아름다운 여성의 이미지는 시인이나 철학자의 정신을 천상의 성스러움을 관상하도록 이끈다.[5] 그것은 바로 융이 말하는 '아름답고 선한 것(칼론 카가톤)'으로서의 아니마이다. 라틴어

---

[4] Susan Saward, *The Golden Age of Maria de' Medici*, UMI, 1978, 42~47쪽.
[5] 레오네 오르시노와 《사랑에 대한 가르침》(1540)과 바르키(Varchi) 역시 에브레오의 '기쁨'의 개념을 인용했다.

로 베누스(Venus, phosphorous)는 '빛나는 자'를 의미하는데 비너스는 금성으로 별이자 여신이다. 그녀가 거울(speculum)을 들고 있는 모습을 나타내는 고대적인 도상은 미를 반사하기 위한 것이며, 비너스의 반영(reflection) 또는 샘 혹은 분수로 암시되는 생명의 근원과의 연관을 나타낸다. 거울 대신 춤추는 오로라는 호수에 그 반영이 비친다.

르네상스의 수많은 여성의 미에 대한 담화들에서 특히 강조되는 용어인 레자드리아(leggiadría)는 절도있고 로즈의 것과도 같은 조절된 신체 동작에 관계된다. 그것은 '바른 자세로 선 것'이며, 어떠한 흐트러진 곡선이나 구부러짐도 없는 것이고, '애쓰지 않는 경쾌한 것'이며, 일련의 정지된, 정확한 자세들의 흐트러짐없는 명료한 연결이다. 그것은 무엇보다 **가벼움**, 요정이나 님프의 것인 듯한 대단히 '초연하고 가벼운 명료함'이다. 그것은 카스틸리오네도 동일하게 지적하듯, 궁정인이 추구해야만 하는 이상적인 **우아**의 자질이다. 알베르티적 의미의 미가 아름다운 부분의 조합이고 인간의 힘으로 이해 가능하고 설명 가능한 데 비해 완벽한 미는 오로지 신이 보내는 은총(우미, 즉 Grace)을 더함으로써만 가능하다. 우미는 성스러운 것으로 정신을 이끌어 미를 완성시킨다.[6] 그것은 춤의 동작, 생명의 가장 고귀한 활력에 결부된 동작이다.[7]

피렌쭈올라는 《여성의 미에 대한 담화》(1541)에서 내부적인 미덕을 보여주는 바른 자세의 직립성에 대해 찬미하며, 피에트로 벰보

---

[6] 우미(Grace)와 미의 이해에 도움을 주신 홍익대 이한순 교수님께 감사드린다.

아서 랙햄, 〈당신이었군요! 난 아주 오랫동안 기다려왔어요〉, 《앨리의 요정 이야기》에 수록된 페로의 〈잠자는 숲의 미녀〉 삽화, 1916

역시 바르고 경쾌한 자세로 춤추고 있는, 사랑하는 여인을 바라볼 때의 쾌락을 언급하고 있다. 그의 기술은 숲에서 맨발로 춤추는 오로라, 바로 그녀의 사랑스러운 모습에 해당된다. 맨발로 춤춘다는 점에서 오로라의 아름다움은 인위적인 것이 아니라 자연과 대지로부터 나온 것이다.

……원을 그리며 춤추며, 그녀의 정직한 곧바름으로 움직이고, 악기의 소리에 형상을 모으고, 찬찬한 발걸음으로 그녀 자신의 최고의 존경을 내보이며, 이제 아름답게 돌거나 절하고, 레자드리시마(leggiadrìssima)를 가득 채우기 위하여 정지하고, 아름다움을 지니고 원형을 그리며, 사뿐한 스텝으로 가로지르니, 그녀는 태양과도 같이 바라보는 자의 눈에 경탄을 일으킨다.[8]

---

(7) 곧바르게 선 직립 자세에 대해서는 플라톤도 언급하고 있다. 꼿꼿한 인간의 자세잡음(Gehaltenheit)인 파이데이아는 《파이드로스》에서 언급되는데, 영혼의 본질과 비은폐성으로서의 진리의 본질에 대한 대화에서 언급된다. 파이데이아는 교육이 아니다. 파이데이아는 자신을 관철시키는 굳건한 견지의 '자세(Haltung)'이다. 인간은 그런 자세 속에서 존재자의 한가운데 있으면서 자유로운 선택을 통해 자신의 고유한 본질을 위한 발판(Halt)을 취하며, 이것이 그가 그 자신을 그리로, 그 안에서 그의 본질이 되도록 힘을 주는 것이다. 즉 이 말은 자신의 선택으로 발판을 취함(Haltnehmen)이라는 말로 이어진다. 마르틴 하이데거, 이기상 역, 《진리의 본질에 관하여》, 까치, 2004, 115쪽.

(8) recit. Pietro Bembo, *Gli Asolani*, 1505. 어쩔 수 없이 번역의 번역이라 시는 원문을 제시한다. 'L'andar celeste, il far che' I piede tocchi/ La terra a pena, il bel girar intorno/ Quell'aurea testa, e dar di se soggiorno/ Si che bellezza, e castità vi fiocchi:/ Il portamento pien di leggiadr a/ Qu santi modi fatti in paradiso,/ L'alte accoglienze, il parlar dolce, e schivo', Bandello의 현대어 번역이다.(1923), 83~84쪽, 98쪽; in Sharon Fermor, "Poetry in motion; beauty in movement and the Renaissance conception of legg adria"; Mary Rogers, "The Artist as beauty", both in *Concepts of Beauty in Renaissance Art*, Ashgate, 1998, 124~133쪽.

그것은 대지의 중력에서 해방된 듯한 사랑스러운 가벼움의 성격을 지닌다. 카스틸리오네는 《궁신》(1518)에서, 마테오 반델로(Bandello)는 《소곡(*Canzoniere*)》에서, 필리포 발디누치(Baldinucci)는 《디제뇨 예술에서의 토스카나적인 어법》(1681)에서 레자드리아에 대해 논했다. 모든 경우에서 레자드리아는 르네상스적인 '품위있는 아름다움(*bellezza*)'의 한 측면이다. 춤에 있어 가볍고 마치 무게가 없는 듯한, 신체의 물리적 양을 부인하는 듯한 개념이다. 그러나 경쾌함이 지나쳐서 뛰어오름에 있어 기술력의 과시에 유혹되어서는 안 된다고 저자들은 충고한다. 그것은 단순하고 절제된 일련의 정지된 동작들의 명료한 연결이어야만 하며, 미덕과 외양 사이에 **은혜로운 우미**, 즉 **정숙한 사랑**(chastity)의 특별함을 설정한다. 동작의 품위는 태양과 같이 방사되는 내부적 빛의 기호로, 바라보는 자를 그녀에게로 이끌어들인다. 그녀는 태양이나 별과 같이 빛난다. 벰보는 시에서 춤추는 여성의 레자드리아를 노래한다.

> 그 천상의 동작,
> 그녀의 발은 거의 대지를 딛지 않네
> 금빛 머리칼의 아름다운 흐름이여
> 잠시 멈출 때 그 아름다움과
> 정숙한 사랑은 모든 곳에 흩어지네
> 그녀의 가득한 레자드리아
> 그 축복받은 방식들, 천국의 정원 속에서 만들어진,
> 그녀의 고상한 반김, 그녀의 달콤함과 절제된 말이여.

새벽과 아침은 어떻게 올까?

그러나 차이코프스키나 디즈니의 이야기 이전에 '잠자는 숲속의 미녀'는 본래 어떠한 이야기였을까? 베텔하임(Bruno Bettlheim)은 《옛이야기의 마법(*The Uses of Enchantment*)》이라는 책에서 이 이야기의 오래된 판본의 계보를 정신분석학적 입장에서 들려준다. 〈잠자는 미녀〉는 페로(Perrault)의 것과 그림(Grimm) 형제의 것, 두 가지가 알려져 있는데, 둘 다 바실리우스(Basilius)에 의해 오래 전에 채집되었던 유럽 민담에 기초한다. 흥미로운 것은 이 이야기가 시간의 순환에 관련된다는 점이다. 원제는 '태양, 달 그리고 탈리아'이다.

탈리아(Talia)는 후대에 '새벽(오로라)'이라는 뜻을 지닌, 잠자는 미녀의 옛 이름이다. 탈리아는 본래 **시의 풍요**를 나타내는 희극 (Comedy)의 뮤즈의 이름이기도 해, 탈리아가 도상적으로 재현될 경우 웃음짓는 익살스러운 마스크(*una maschera ridicolosa*)를 상징물로 지닌다. 잘 알려져 있다시피 가면들은 제식에서 유래했으며 고대의 성소에서 발견되곤 했다.[9] 탈리아라는 이름으로 고대의 전통이 어느 정도까지 중세의 민담에 깃들었는지는 확신할 수 없으나,

---

(9) 비극의 뮤즈 멜포메네 역시 마스크를 상징물로 지니는데 이것은 una maschera라고 불린다. 가면과 연극은 뗄 수 없는 상관관계에 있으며 혼자서 집중해서 하는 놀이라는 뜻의 루두스 역시 타인에게 보여지기 위한 연극과 관련된 의미를 지닌다. 알레산드로 드 메디체에게 보낸 바사리의 편지에는 아름다운 가면은 미덕을, 추악한 가면은 악덕을, 특히 기만을 나타낸다는 구절이 언급되어 있다. 아름다운 가면은 웃는 얼굴에 월계관을 쓰고 있다. Moshe Barasch, *Imago Hominis: Studies in the Language of Art*, NY University Press, 1991, 48~49쪽.

실잣는 여인 혹은 페넬로페 혹은 아라크네처럼 옷과 관련된 직물을 짜는 여인, 미궁을 헤쳐가는 아리아드네라는, 실 혹은 직물과 관련된 여인이라는 모티프는 원시 사회부터 현대에 이르기까지 꾸준히 지속된다.

바실리우스 판본에 채록된 유럽 민담에서는 탈리아가 태어나자 왕은 공주의 미래를 말해달라고 현자들에게 청한다. 현자들은 탈리아가 아마짚풀 부스러기 때문에 커다란 위험에 직면하게 될 것이라고 말한다. 왕은 직물을 만드는 재료인 모든 종류의 삼류와 물레를 성에서 제거하지만, 소녀 탈리아는 어느 날 창가에서 실을 잣고 있는 늙은 여인을 보고, 호기심에 실패를 받아들고 실을 뽑아내다 아마 부스러기가 손톱 밑에 박혀 죽음과 같은 잠에 빠져든다.

왕은 딸을 벨벳 의자에 눕힌 뒤 문을 잠그고, 슬픔의 기억을 지우기 위해 성을 떠난다. 오랜 시간이 흐른 뒤, 다른 왕이 사냥을 나오는데, 그의 매가 텅 빈 성의 창문으로 날아들어가 돌아오지 않는다. 매를 찾던 왕은 성 안을 헤매다 잠자고 있는 공주를 발견하고 그 아름다움에 빠져들어 한동안 함께 지내기로 마음먹는다. 그러나 그는 떠나고 모든 일을 깨끗이 잊어버린다. 탈리아는 잠든 채로 아이 둘을 낳고, 아기들은 엄마의 젖을 빨기 시작한다. 한 아기가 엄마의 가슴을 찾다 가시가 박힌 탈리아의 손가락을 빨아, 마침내 탈리아는 깊은 잠에서 깨어나게 된다.

하루는 왕이 모험을 기억해내고 탈리아를 찾는다. 두 명의 예쁜 아이와 함께 탈리아가 깨어나 있는 것을 본 왕은 기뻐하며 그때부터 이들을 마음속에 간직한다. 왕비는 왕의 비밀을 눈치채고, 자객을 보낸다. 왕비는 아이들을 잡아와 요리해서 왕에게 먹이려고 한다. 그러나 요리사는 아이들을 숨기고, 대신 염소 새끼를 요리해서 왕과 왕비에게 제공한다(희생물의 대체). 왕비는 이번에는 탈리아를 화형시키고자 하는데, 처형 직전 왕이 도착해 대신 왕비를 불에 던진다. 왕은 탈리아와 결혼하고 아이들을 되찾는다.

바실리우스 판본에서 탈리아는 딸을 사랑한 아버지의 딸로, 왕은 공주가 잠에 빠진 뒤 멀리 떠난다. 성을 떠난 왕이 어디서 무엇을 했는지는 알 수 없으며, 같은 나라에서 한 왕이 다른 왕을 대치한다. 아버지-왕은 연인-왕으로 대치되는데, 기혼자이며 아버지와 구분이 모호한 연인-왕은 페로판본에서는 왕자로 대치된다. 왕자는 아직 미혼이고, 백년이란 시간 간극이 설정됨으로써 왕과는 확실하게 분리된다. 한편 왕비는 시어머니로 바뀐다. 왕자의 어머니는 아이들을 잡아먹는 오우거(ogress)이고 손주들을 잡아먹고 싶어한다. (오우거는 여자 식인귀로, 가령 〈슈렉〉은 오우거이다. 슈렉(schreck)은 독일어로 '끔찍하다', 나쁜 왕 크바트(kwaad)는 화란어로 '최고 악질'이라는 뜻이다.)

페로판본의 왕자는 왕권을 잡을 때까지 결혼한 사실을 이 년 동안이나 비밀로 하는데, 부왕이 서거하자 잠자는 미녀(새벽, 오로라)와 **아침**(Morning)과 **낮**(Day)이라 불리는 두 아이를 성으로 데려온다. 그러나 어머니가 식인귀라는 것을 알고 있으면서도 그는 가족들을 방치해둔 채 전쟁에 나가버린다. 왕은 어머니가 독사가 든 커다란 항아리에 아내를 던지기 직전에 돌아오는데, 어머니는 절망하여 스스로 항아리에 몸을 던진다. 왕이 아이를 낳게 한 뒤 완전히 잊어버린다는 비윤리적인 이야기가 프랑스 궁정에서 데코룸하지 않다는 것을 깨달았던 페로는 이야기를 이처럼 각색했다. 어쨌든 오로라는 궁전에 받아들여지기에 적합하지 않다. 이유가 무엇일까 생각해보라.

서사가 어떻게 변천하든 이야기는 언제나 행복한 결합으로 끝난다. 그러나 '식인귀 어머니'라는 무리한 설정을 해결하기 위해서는 버림받고 질투하는 왕비 또는 나쁜 어머니가 '마녀'로 분열될 필요가 있다. 권선징악의 해피엔딩을 만들기 위해서는 악한 측면은 따로 독립시켜서 단죄하고 징벌해야만 한다. 무조건 선이 이기고 행복이 승리해야만 한다. 따라서 이제는 어머니가 아니라 나쁜 마녀가 등장하는 방향으로 이야기는 진화한다. 이전의 모든 판본에서 무책임하고 무관심했던 왕자는 이제 마녀-용을 무찔러야만 한다. 그는 정의의 기사가 된다.

베텔하임이 보는 '잠자는 미녀' 주제는 충만하고 완전한 결합을 위해서는 아주 오랜 시간을 기다려야만 한다는 것이다. 인간적 완성에는 죽음과 같은 수동성의 시기가 필연적으로 전제된다. 성장과 준비를 위한 기다림이 있으며, 그 죽음과도 같은 기간을 통과해서만 인간은 성숙한 만남으로 깨어나게 된다. 모든 동화에서 결혼으로 상징되는 이 결합은 영혼의 결합이기도 하다. 그 길은 가시밭길을 헤치는 길이다. 부모의 부재는 어떤 외부적인 부(富)나 노력도 성장의 위기를 막을 수 없다는 것을 나타낸다. 동화에서 주인공들은 운명에 끌려 언제나 금지된 곳으로 이끌리며 금지는 바로 주인공이 찾아내야만 하는 장소의 표시이다.[10]

자아의 성숙이라는 해석은 나름대로 설득력이 있지만, 아마짚풀에 찔려 잠이 든다는 이야기는 다르게 해석될 여지가 있다. 인류학적 의미에서 직물과 옷은 사회 관계와 위계의 표시에서 커다란 역할을 해왔다. 원시 사회의 상층 엘리트 여성들은 마치 페넬로페와도 같이 가장 아름다운 직물을 짜야만 했는데, 고귀한 여성이 짠 직물, 옷, 망토는 그것을 받는 이에게 **마나**(mana)를 준다고 믿어졌다. 마나는 타인을 복종시키는 힘의 표지로, 정치적·종교적 힘의 근원이다. 사물의 영혼인 **하우**와 권력을 주는 **마나**가 깃든 물건은 대개 양도될 수 없는 소유물로, 성스러운 무엇이다. 이러한 '팔거나 양도될 수 없는' 신성한 물건의 소유자는 사회적 힘을 지니게 된다.[11]

알려지지 않은 어떤 이유로 탈리아는 물레가락을 제대로 돌릴 수 없어 직물 또한 짤 수 없다. 심지어 아마짚풀에 손톱이 찔려 무기력한 잠에 빠져버린다. 베틀의 물레바퀴는 운명의 전환이다. 탈리아의 운명은 큰 변화를 겪는다. 그녀는 공주라고 전해지지만, 아이를 둘이나 낳고도 적법한 신부로 받아들여지지 못한다. 직물 짜기의 무능, 물레바퀴의 회전, 죽음과도 같은 망각과 마비에 이르는 고통, 인정받지 못함, 이러한 모든 것은 과연 무엇을 말하는가?

공주의 이름은 언제나 '브라이어 로즈(Briar Rose)'인데, 이것은

---

(10) Bruno Bettelheim, *The Uses of Enchantment*, Vintage Books, 1989, 225~233쪽. 동화에서 금지의 표지에 대해서는 융, 한국융연구원 역, 《원형과 무의식》, 솔, 2002.
(11) *Cloth and Human Experience*, 1989. 논문집 전체가 다양한 시대에 걸친 직물 혹은 의복과 사회적 위계와 권력의 인증에 대한 분석이다. 이 논문집의 장점은 원시 사회와 전통 사회에서 직물 생산이 지니는 힘의 위계의 인증에서 여성의 고유한 긍정적 역할을 규명하고 있다는 점인데 자본주의와 대량생산의 침입으로 인해 그 역할은 붕괴되었다.

들장미, 찔레꽃, 괴로움, 고뇌를 뜻하며, 독일어로는 도른뢰헨(Dornröschen)인데, 가시울타리와 울타리 장미를 동시에 일컫는다. 브라이어 로즈는 신의 선물을 받고 태어나지만, 죽음을 잠으로 대치해야만 살아남을 수 있는 그녀의 길은 고통스러운 가시밭길이다. 주문은 이러하다. 마치 작용인과 운동인을 구별하는 소피스트의 논변처럼, 로즈는 스스로 깨어날 수 없다. 작은 계기가 있어야만 한다.

수많은 왕자들이 브라이어 로즈에게 도달하려고 하지만 가시덤불의 장벽을 헤칠 수가 없다. 그러나 탈리아가 마침내 성숙하고 사랑하기 위한 준비가 되었을 때, 그 빽빽한 가시덤불은 스스로 길을 터준다. 가시장벽은 갑자기 아름다운 꽃들이 만발한 정원의 꽃길로 바뀌며 왕자를 안으로 인도한다. 죽음과 잠은 다르지 않다. 변화하거나 발전하기를 원하지 않으면, 주체는 죽음과도 같은 잠 속에서 지내게 된다. 잠든 동안 얼어붙은 아름다움은 고립이다. 진실된 세계를 보려 하지 않는 그러한 배제에 고통이란 없다. 그러나 얻을 수 있는 지식도, 경험할 감정 또한 없다.

가시에 찔려 피흘린 경험은 어려움을 안겨준 세계와 삶에서 잠 속으로 후퇴해 들어간다. 그러나 세계로부터, 생으로부터 눈을 감거나 도망친다고 해서 안전한 것은 아니다. 시간은 정지되고, 전체 세계는 잠든 이와는 무관하다. 브라이어 로즈는 죽은 것과도 같다. 이 세계는 오로지 스스로 깨어나려고 하는 자에게만 살아 움직이는 무엇이다. 그러나 의식은 스스로를 구원할 수 없다. 타자가 필요하다. 누군가의 도래만이 주문을 깨뜨린다. 그리고 여전히 발달되지 않고 남아 있는 채로인 미숙한 가능성을 일깨운다. 오로지 변화할 때만 생은 지속된다. 변형(*metamorphose*)이란 삶과 죽음(mors)의 사이에 있으며 소원은 꿈을, 꿈은 형상을 만들어낸다.[12] 오로라와 필립의 조화로운 만남은 성숙의 의미가 무엇인지 보여준다. 이것은 알레고리이다. 필립은 **사랑**, 오로라는 **새벽**인데 이것은 기계적으로 정지된 시간이 어떻게 주체에게 의미있는 시간으로 다시 흐르게 되는지를 말해준다.

　600년 전의 판본에서 아기가 탈리아를 깨우도록 배려한 것은 사랑의 여신에 의해서이다. 성숙하다는 것은 무엇인가? 성장이란 어느 순간 완성되어 끝나버리는 무엇이 아니다. 그것은 내어줌, 자신의 존재를 누군가에게 주는 것, 무엇엔가 생명을 불어넣는 것으로부터만 온다. 줌으로써만 존재하게 되는 것이다(es gibt). 스스로의 내어줌과 더불어 인간은 깨어나고 성숙한다. 그것은 **우미**(*grazia*)로 표상되는 삶의 정점에 이르기까지 되풀이하여 반복된다. 매일같이 새벽을 통해 아침과 낮이 오듯이. 시간의 아포리아에 대한 우아한 해결책. 크리스테바는 이렇게 말한다. "미래에 올 어떤 것이란 무엇일까요? 우리는 그것을 모릅니다. 아마 앞으로도 모를 것입니다. 그런데 만약 진리가 이런 것이라면 어떻게 할까요? 진리란 '어떤 의미'가 아니라 '어떤 것을 향한 긴장'이라면 말입니다. 그렇다면 다림선처럼 몸을 똑바로 세우고 있는 데 만족해야겠지요. 의미를 찾기 위해 노력하되, 그 의미를 정의하지 말고 놓아두어야겠지요. 언제나

---

[12] Patricia Cox Miller, *Dreams in Late Antiquity*, Princeton Univ. Press, 1994, 23쪽.

'앞으로 올 상태'로 말입니다. 성스러운 것에 대한 우리의 관심은 이행적인 것에 대한 관심입니다."[13]

용, 펠리컨, 그리핀

중세 미술에서 죄와 악의 상징으로 가장 빈번하게 사용된 동물은 용이다. 용은 그리핀이나 하피와 마찬가지로 보물을 수호하는 역할을 하고 신성한 것의 경계를 지킨다. 때문에 방패와 문장에는 용 문양이 많이 새겨졌다. 중국에서 황제의 상징은 용이었으며, 하늘과 땅을 잇고 천둥을 동반하고 비를 내리게 하는 존재로 생각되었다.

용을 뜻하는 드라코(*draco*)는 본래 뱀을 뜻했다. 한편 용은 허물벗음 때문에 시간의 순환과 관련된다. 뱀은 **악의 유혹**이고, 모든 동물 중 가장 차갑다는 특징을 지니고 있다. 뱀은 최초의 인간을 미혹시킨다. 그러나 그것은 인간이 스스로 꾐에 빠진 것이다. 뱀은 영리하고 사악하다고 여겨졌으나, 거기에는 양가적인 면모가 있다. 뱀의 특징인 치명적인 독(venom)은 혈관(veins 혹은 수맥(per venas), 수로)을 타고 흐르며 생명을 앗아간다. 독에 노출된 사람은 처음에는 몸이 마비되며 체온에 의해 독에 데워짐에 따라 서서히 파괴되는데, 이것은 독이 인간의 피에 닿지 않으면 그 자체로는 영향을 미치지 않는다는 것을 함의한다. 유혹이 그렇듯이 '피와 섞일 때만 독'이다.

---

(13) 줄리아 크리스테바 · 카트린 클레망, 임미경 역, 《여성과 성스러움》, 문학동네, 1998, 274쪽.

모든 독은 얼음처럼 차가운데, 그것은 왜 불의 영혼을 지닌 인간이 독에서 날아가듯이 달아나야 하는지를 설명해준다.

한편 뱀은 영겁회귀와도 같은, 생명의 부단한 지속성을 상징하는데, 세 가지 기이한 성질을 갖는다고 믿어졌다. 이 동물이 나이가 들어 눈멀게 되면 바위의 균열된 금으로 가서 오랫동안 굶은 뒤 헐거워진 껍질을 문지른다. 그곳에서 허물이 벗겨지고 뱀은 새로이 젊어진다. 이것은 고난과 절제의 여정 후 반석 같은 그리스도를 찾음으로써, 뱀의 허물로 상징되는 나이와 의복을 벗고 새로 태어난다는 것을 의미한다. 동물지는 뱀의 두 번째 기이한 특성으로, 뱀이 물을 마시러 강으로 가면 독을 삼키지 않고 토해내며, 생명수에 이르러 하늘의 말을 듣고 영원히 구원받음을 말한다. 세 번째 이야기는 뱀은 벌거벗은 사람을 보면 두려워하지만 옷을 걸친 사람을 보면 물려고 달려든다는 것이다. 이것은 영적이고 도덕적인 의미로 해석되었다. 만일 우리가 추방 이전의 파라다이스에서 옷을 걸치지 않고 있던 최초의 인간 아담을 체현한다면, 뱀은 달려들 수 없다는 것이다. 그러나 육신과 필멸의 옷을 걸친다면 뱀은 당신을 문다.

뱀은 독을 가지고 있는 것과 마찬가지로 약초에 대해서도 잘 알기에 오래도록 지속된 눈멂으로부터 자기 자신을 치료할 수 있다고 믿어졌다. 모든 뱀은 나쁜 시각 때문에 고통받으며 거의 앞을 볼 수 없다. 그 이유는 눈이 안면에 있는 것이 아니라 따로 떼어져서 사원 안에 보관되어 있기 때문이다.[14] 그러나 자신의 눈이 어둡다고 진정

---

(14) T. H. White, *The Book of Beasts*, 186~190쪽.

으로 느낀다면 그들은 약을 찾아나서 필요한 약초를 발견한다. 그들은 대개 보는 것보다 듣는 것에 능하다. 어떤 동물도 뱀처럼 빠르게 혀를 날름대지 못하니, 그런 이유로 그들은 마치 혀가 세 개처럼 보인다.

뱀의 신체는 습하여 지나간 곳에 흔적을 남기는데 마치 발이 없는 것처럼 보인다. 뱀들은 배 부분까지 덮여 있는 비늘의 압력에 의해서 기어간다. 이 비늘은 발톱과 같아서, 가슴뼈 위에서 다리처럼 기능한다. 그 신체의 특정 부분, 배로부터 머리까지 일격을 가하면 뱀은 무력화돼 좀처럼 이전의 코스로 되돌아갈 수 없다. 왜냐하면 그 일격이 척추의 균형을 깨기 때문이다. 허물벗음 때문에 뱀들은 오래 살고 재탄생한다. 그것은 옷과 의복이라 불리는 것을 벗어던지기 때문이다. 때문에 시간의 부단한 순환의 상징이 되었다. 사람의 죽음이 뱀에 의해 일어나는 것처럼 인간의 죽음에 의해 뱀이 생겨난다고 믿어졌다. 신비주의 서사에 등장하는 용은 뱀이며 그 자체가 연금술적으로 변환한다.[15]

"가장 오래된 용은 붉거나 붉은 황금색이며 나선형의 우주에 펼쳐져 있거나 인간의 척추에 감겨 있다. 우주적인 선한 용은 별들의 한가운데서 반투명 초록색으로 변하며 빨강색은 인간에게는 위험한 것이 된다." 하지만 결국 용은 로고스의 하얀색이 된다. "금은 언제 화폐로 바뀌는가? 정확히 말해서 금이 더이상 제

---

(15) T. H. White, *The Book of Beasts*, 186~190쪽.

〈요한묵시록〉의 붉은 용, 노르망디, 1300~1325년경, 뉴욕 메트로폴리탄 미술관, 클로이스터 컬렉션

1 용의 빨간색 금이 아닐 때, 용이 생기없는 유령의 창백한 색을 띨 때이다."16)

 이것은 도상해석학적으로는 정신적 연금술의 완성에 대한 정확한 표상이다. 용들은 여러 가지 색깔과 그 색깔에 따른 다양한 성질을 가지고 있다고 믿어졌다. 하지만 가장 대표적인 것은 붉은 용과 흰 용이며, 이들 사이의 싸움이다. 붉은 용과 흰 용의 싸움은 이벵/

이베인(Yvain/Ebain) 이야기에 나온다. 이뱅 이야기는 아서 왕과 원탁의 기사 계열에 속하는 13세기의 로맨스이며 영어 및 프랑스어로 된 판본이 여럿인데, 판본의 계보를 따지는 것이 이 글의 목적이 아니므로 공통된 중심 서사만을 간략히 살펴보자. 짧고 간결한 문장들로 동화처럼 이어지는 중세의 서사시는 운율이 대단히 아름답다.

이베인 왕은 여기서는 민담이나 동화에 나오는 바보 셋째나 착한 막내가 아니라 왕으로 태어난 '이반'이다. 혈통은 훌륭하나 수녀에 의해 반고아로 키워진 여주인공 '침묵(Silence)'은 남장한 기사로 궁정에 들어가 이베인에게 봉사하게 되는데, 수려한 외모로 인해 부정한 여왕 유페므(Eufeme)의 유혹을 받게 된다. (유페므는 행복감(*euphoria*) 또는 도취를 만들어내는 '완곡어법' 또는 '점잖은 말씨(*euphemism*)'를 지닌 여자(*femme*)일까?)

유페므가 '침묵'을 유혹하려 했기 때문에 왕은 '침묵'에게 편지를 들려 프랑스 왕에게 사절로 보낸다. 편지의 내용은, 서한을 읽는 즉시 편지를 전달한 사자를 죽여버리라는 것이다. 편지를 받아든 프랑스 왕은 오랜 협력관계를 망쳐버릴 수도 있는 이베인의 부탁에 당황한다. 현명한 프랑스 왕은 섣부른 행동을 일단 미루고 궁신들을 모아놓고 조언을 구하는데, 이베인 왕이 판단을 철회할 가능성이 있으므로 일단 40일 간 처형을 미루고 기다려보자는 결론이 난다. 40일이란 '충분히 오랜 시간'을 의미한다. 현명한 프랑스 왕의

---

(16) 질 들뢰즈, 김현수 역, 《비평과 진단》, 인간사랑, 2000, 89쪽. 비표상적 사유를 말하는 들뢰즈조차 이러한 오래된 상징 전통에 연결되어 있다.

판단 때문에 '침묵'은 가까스로 살아난다. 그런데 유페므 왕비는 실렌티우스가 없는 사이에 체스터 백작과 내통한다. 체스터란 체스트(chest), 가슴, 마음, 상자 혹은 궤이다. 체스터 백작의 내통으로 배신당한 이베인 왕은 왕위를 빼앗길 궁지에 몰리는데 실렌티우스는 ('침묵(Silentius)'은) 왕을 돕기 위해 프랑스 왕의 군대를 이끌고 출정한다.

이 부분에서 그려지는 것이 바로 붉은 용과 흰 용의 대적이다. 12세기에 옥스퍼드의 역사학 교수였던 몽모스의 지오프리는 《브리튼인 왕조사》에서 멀린을 묘사하며 브리튼인과 색슨인 들의 충돌을 흰 용과 붉은 용의 싸움에 비유한다.[17] 흰 용과 붉은 용은 연금술에서 철학자의 돌을 만들어내기 위한 변환 과정에 관련된다.[18] 16세기까지 진지하게 연구되었던 연금술은 근세의 사이비과학이며 근대화 과정이 가속화되는 17세기에는 데코룸하지 않은 것으로 폐기되었지만 정신적인(특히 융 심리학적인) 측면에서는 아직도 설득력이 있다. 흰 용과 붉은 용, 붉은 여자와 흰 남자, 수은과 유황, 물과 대지, 그것은 남성적이고 여성적인 원칙의 생성적인 화합이며 정신 안에서 일어나는 일련의 투쟁을 형상화한다.[19]

크레티엥 드 트르와예의 《이베인》에서는 붉은 용과 흰 용 대신 사자와 용의 싸움이 있다. 멀린은 사자를 돕고 왕과 친분을 쌓는다.

---

(17) *The Athurian Handbook*, Garland, 1997, 180~183쪽, 334~335쪽.
(18) Alexander Roob, *Alchemy & Mysticism*, Taschen, 1997.
(19) Alexander Roob, *Alchemy & Mysticism*; C. G. Jung, *Psychology and Alchemy*, Princeton Univ. Press, 1968(1943).

1180년경의 프랑스 서사시 《사자의 기사(*Le Chevaliert au Lion*)》에서도 이베인은 사자의 기사로 나오는데 독일 지역에서도 설화 속에 사자의 기사(Löwelitter)가 존재했다. 중세 서사시의 유니콘과 사자의 싸움은 《거울나라의 앨리스》에서도 반복된다. 다른 로맨스에서 유니콘 뿔의 일격은 불행하게도 빗나가 나무에 박히고 만다.

유페므가 실렌티우스를 유혹하려 했기 때문에 이 전투는 왕을 보호하기 위한 것인 동시에 '호색(*lust*)'에 대한 전투이기도 했다. 그것은 육체적인 것인 동시에 영적인 것이다. 왕은 적들에게 포위되나 실렌티우스는 용감하게 싸워 왕을 구해낸다. 영웅적인 그는 침묵을 깨고 자신의 주인을 부른다. "나의 기쁨이시여(Montjoie)!"("전하!"라고, 기사들이 왕을 부르는 말) 남자로 변신한 여전사 실렌티우스는 악-용을 물리친다.

이베인은 전쟁에서 가까스로 살아나 이번에는 실렌티우스에게 황야에 가서 멀린을 찾아오라는 임무를 준다. 실렌티우스는 멀린을 찾아 브리테인의 거친 황야를 헤맨다. 바위에 앉아 있던 한 노인이 다가와 왜 이곳에 왔는지 물으며, 멀린을 잡는 방법을 알려준다. 로베르트 드 보론(De Boron)의 《멀린》에서도 이 에피소드는 반복되는데, 멀린을 잡는 방법을 가르쳐주는 사람은 실은 멀린 자신이다. 멀린은 숲에서 자연적으로 채취한 하늘의 양식인 딸기(berries)를 먹고 살아가는 자이다(멀린은 문자 그대로 '허클베리 핀'이다).[20]

이 에피소드에 동반되는 삽화는 학인데, 학은 엠블럼 문학에서 종종 바위를 그러쥔, 머리에 붉은 반점이 있는 흰 새로 등장한다. 긴 다리와 긴 목을 지닌 이 새는 귀족적이다. 세비야의 이시도르와 성

빅토르의 휴에 따르면, 동물지 전통에서 학은 흰색이 아니라 검붉은 날개의 어두운 색으로 그려졌다. 학은 나이가 들면 검게 변한다고 믿어졌으며 학의 빛깔의 어두워지는 것은 평신도의 입장에서 반드시 기억해야 할 중요한 것이었다. 그것은 생의 말년에 이르러 세속적인 삶을 반성하고 종교적인 공동체에 들어감을 뜻한다. 근본적으로 삶의 태도를 변화시켜야 할 필요성을 강조한 것이다.

엠블럼 문학에서 학은 부리를 가슴에 박은 모습으로 나타나는데 이것은 중세에 숭배되던 **펠리컨**의 모습이기도 하다. 그러므로 학과 펠리컨이 같은 층위에서 이해되었음을 알 수 있다. 펠리컨은 서로 반대되는 입장이었던 칼뱅주의자나 연금술사들이 이념의 차이에도 불구하고 공통으로 선호했던 상징이다. 펠리컨은 새끼들을 먹이기 위해 때때로 자신의 가슴을 뚫어 피를 뿌린다고 믿어졌다. 때문에 펠리컨은 그리스도의 사랑, 보상을 바라지 않는 신의 사랑을 나타내고, 17세기에 들어서면 부모의 사랑을 의미하게 된다. 학과 펠리컨은 **그리스도적인 변환**을 뜻한다.

실렌티우스는 멀린을 데려오는 데 성공한다. 왕 이베인은 반역에

---

(20) 멀린과 원탁의 기사 이야기는 6세기 웨일스에 살았던 실제 인물들을 토대로 한 전설이지만 사실 멀린의 캐릭터는 거의 선사 시대부터 되풀이되는 원형적인 캐릭터이며, 스펜서의 시 《요정여왕》에 이르기까지 지속되어온 것으로, 오르페우스 설화와 겹쳐지는 그 신화적 계보는 대단히 복잡하고 풍부하다. 그는 아서와 원탁의 기사들을 교육시키는 지도적인 인물이지만 정작 자신은 궁정에서 한 발짝 물러나 자연과 문명의 경계에 속해 있다. 그는 아서를 동물로 변하게 해 수업시킨다. 9세기 영국이야기(*Historia Britanicum*)와 12세기 몽모스의 지오프리에 의해 멀린은 자세히 다루어진다. 멀린은 전인, 현자, 완벽한 인간이다. 멀린의 이름 Merlin은 고대 켈트어 Myrddin의 라틴어역이다. Peter H. Goodrich & Raymond H. Thompson ed., *Merlin: A Casebook*, NY, 2003 참조.

대한 중세의 관습대로 배반자 유페므를 사지를 토막내 처형한 뒤, 실렌티우스의 옷을 벗기고 그가 실은 여자임을 발견한다. 이베인은 정체가 밝혀진 실렌티아(Silentia)를 왕비로 맞아들인다. 중세의 이야기들이 대개 그러하듯 이 이야기 역시 양가적인 결말을 갖는다. 내부, 외부의 두 층위로 갈라진다. 이것은 이야기 자체가 자신의 꼬리를 삼키는 사자이자 우로보로스이며 양가적인 (두 개의 머리를 갖는) 앰피스배나로서의 알레고리이다. 멀린의 돌아옴에 의해서만 이베인은 침묵을 왕비로 맞는다는 것은 무엇을 말하는가?

서사의 결말을 보자. '침묵'은 남성형 어미 -us를 지우고 여성형 어미 a를 이름에 넣은 '실렌티아'가 되며 마침내 아내가 됨과 동시에 영원히 '침묵'한다. 현대의 영문학 비평가들은 '침묵'의 복장 전환, 성 간의 차이를 가로지르는, 여성으로는 예외적인 영웅적인 과업의 수행에 주목했다.[21] 유페므는 사지 절단(mutilate)되고 침묵은 왕비가 되나 두 여성의 운명은 근본적으로 다르지 않다. 간통과 반란을 저지른(절도의 경계를 넘은) 유페므의 처형과 마찬가지로 '침묵'은 아내로, 여왕으로, 본래의 여성적인 장소로 돌아옴으로써 결과적으로 침묵하게 된다.

이베인 왕의 이야기는 뭔가 셰익스피어적이다. 남장을 한 채 사모하는 주인에게 기사로서 봉사하는 여주인공의 이름이 '침묵'이라

---

[21] 양성 간의 경계를 뛰어넘고자 시도했던 옛 문헌에 나타나는, 복장 전환(transvetism)에 대한 페미니즘적 연구는—그것이 70년대 이후 영미권의 이슈였기 때문에—상당히 많다. 셰익스피어의 여주인공들에서 보이는 복장 전환의 예에 대해서는 Grace Tiffany, *Erotic Beast and Social Monsters*, Associative Univ. Press, 1995 참조.

는 것, 그녀의 과묵함과 내란을 평정하기 위해 출정한 프랑스 연합군의 관련은 〈리어 왕〉의 코델리어와 〈십이야〉의 비올라를 상기시키며, 편지를 가져간 사자를 죽이라는 명령을 기입한 편지는 〈햄릿〉을, 침묵하는 채로 왕의 신부가 되는 것은 〈겨울 이야기〉와 〈사랑은 헛수고〉를 연상시킨다.

　사치를 표상하는 유페므와 충실한 **침묵**의 대비는 최근 리메이크 되었던 더스틴 호프만 주연의 영화 〈졸업〉의 스토리이기도 하다. 영화에서 그려진 주연배우의 이미지와 달리 원작 소설에서 주인공은 앵글로색슨계 젊은 엘리트의 이미지이다. 전후 미국 경제가 안정된 이후 태어난 신세대 주인공은 아이비 리그 출신으로 최고 교육을 받았으나 마땅히 할 일을 찾지 못하고 권태 속에 목적없이 방황한다. 배움은 저절로 오지 않는다. 경험에는 위험과 타락이 뒤따르며, 한 차례 혼절하는 탈선의 경험만이 주인공으로 하여금 삶의 이유를 깨우치게 하고 진정한 가치를 추구하도록 만든다. 젊은이들이 중산층의 고정된 삶의 행로에서 탈주하고자 시도하는 〈졸업〉은 중세의 베스트셀러이자 대표적인 알레고리였던 《장미 이야기》의 현대판 버전이다.[22] 대학 재학 중 아이를 갖게 되고 중산층의 안정된 삶에 편입되어 자아를 펼쳐볼 기회를 갖지 못한 로빈슨 부인은 **사치**와 **호색**의 의인화이다. 〈졸업〉은 〈침묵의 소리(Sound of Silence)〉를 사이먼과 가펑클의 노래로 들려준다. (그러나 우리 시대의 침묵의 소리란 무엇

---

[22] 이것은 프랑스 중세 문학자인 Daniel Poiron의 견해이다. Kevin Brownlee and Sylvia Huot, *Rethingking the Romance de Rose*, 1992.

일까?)

　연거푸 상황을 잘못 판단하는 바보이반이 마침내 '침묵'이라는 충실한 조력자를 얻어 용(반란군)을 물리치고 자신의 왕국에 왕으로 복귀하는 것은 흥미롭다. 멀린이나 이반 모두 트릭스터적인 인물로, 이야기는 확실하지 않고 신비스럽게 암시된다. 황야에서 자기 자신의 내면에 있는 용과 전투를 벌이고 중심을 성취한 인간은 자신을 도운 전사 '침묵'을 영원한 영혼의 반려로 택한다. 그렇다면 그는 과연 자신의 왕국으로 돌아온 것일까? 여기서 돌아옴은 떠나감이고 떠나감은 돌아옴이다. 붉은 용은 황금의 나선을 그리는 흰 용, 흰 학이 된다.

　이베인 왕 이야기는 동물지와 중세 로맨스의 관련성을 보여주는 좋은 예로, 필사본에 텍스트의 서술 내용을 형상적으로 보완해주는 열한 개의 삽화가 나온다. 삽화들은 진행되는 시의 내용을 그때그때 보완해주는데, 각기 꼬리를 문 사자, 표범과 암사자가 혼합된 상상동물인 파르두스, 그리핀과 두 마리 용 등이다.[23] 여기서 삽화는 텍스트에 대해 보충 설명 역할을 한다. 중세 지식인이라면 별도의 설명없이도 이 상상동물들의 의미를 알았을 것이다. 플리니우스와 이시도르에 따르면, 스스로의 꼬리를 삼키는 사자는 **분노**의 표상이다. 사자는 평온할 때 꼬리를 늘어뜨리고 움직이지 않으나 분노할 때 꼬리를 치켜들고 문다. 표범과 암사자를 섞은 상상동물인 파르두스(대지의 여신 퀴벨레의 전차를 끌었던 동물이 표범과 사자이다), 그것은

---

(23) Michelle Bolduc, "Silence's Beast", in *The Mythical Beast*, 1999, 189~200쪽.

상상할 수 있는 가장 광포한 동물이나 여기서는 '믿음'을 뜻한다. 믿음은 흔히 외부적인 시각의 눈멂으로 표상된다. 외부적인 눈멂은 반대로 내면의 눈을 뜨게 한다. 믿음이란 증거에 의해서 생기는 것이 아니라 실존에 대한 결단이기 때문일 것이다. 선택에는 언제나 이성을 넘는 도약이 있다. 때문에 예수는 "저들은 눈이 있어도 보지 못하고 귀가 있어도 듣지 못한다"고 말한다. 한편 눈은 언제나 성(性)과 관련되는데, 눈처럼 테두리가 있는 표범의 반점은 거세를 나타낸다.[24]

중세인들은 무엇보다 성서의 언급과 그리스 조각들 때문에 그리핀에 대해 알고 있었다. 성서에서는 먹어선 안 되고 피해야만 하는 부정한 동물에 대한 모세의 경고에 그리핀이 등장하는데, 그리스 성서의 **그리파**(grypa)와 라틴어 **그리펨**(gryphem)은 **그리핀**(griffin)으로 번역되었다. 그리핀은 네발 달린 사자의 몸통에 독수리의 머리를 하고 날개를 단 상상동물이다. 그리핀은 대개 세비야의 이시도르의 《어원학》에 등장한다고 알려졌는데, 중세 유럽에서는 동방 기원이나 북쪽 기원의 이국적이고 공포스러운 상상동물이었다. 그리핀은 북쪽 바람의 나라에 있다고 믿어지던 하이퍼보레안(Hyperborean)의 산에서 태어나며(산은 언제나 미덕의 '높이'이다), 말들(발전하지 못하는 영혼의 부분)에게 적대적이다. 그들은 보물의 수호자로, 인간이 시야에 들어오면 찢어 죽인다(분열시킨다). 그 의미는 "깨달으라"는 경고의 외침이다. 광포하고 막강한 그리핀의 임무는 **수호**이

---

(24) Alison Syme, "Taboos and the Holy in Bodley 764", in *The Mythical Beast*, 168~169쪽.

그리핀, 《공방 동물지》, 12세기, 영국, 뉴욕 모건 도서관

다.[25] 그리핀은 낙원에서 생명의 나무를 보호하거나, 스키티아 (Scythia)에서 금과 에메랄드를 수호하거나, 또는 인도에 있다는, 인간이 도달하기에는 불가능한 황금의 산을 수호한다고 믿어졌다. 에메랄드는 녹색인 '자연'을 나타내는 보석으로, 연금술사들의 비밀은 에메랄드 평판에 씌어 있으며, '빛'이라는 뜻의 루시퍼의 이마에서 떨어진 돌로 성배가 조각되었다고 구전된다. 그리핀은 바이외 태피스트리의 가장자리와 황제나 교황의 옷에 장식문양으로 넣어졌다.

한편 그리핀 문양은 신성한 것의 수호를 뜻하기에 방패라든지 귀

---

(25) Peter Armour, "Griffin", in *Mythical Beast*, 80~83쪽.

코끼리, 《공방 동물지》, 12세기, 영국, 뉴욕 모건 도서관

족가문 또는 여관(숙박소)의 문장으로 빈번히 사용되었다. 여행자가 묵는 여관이란 언제나 위험한 곳이기 마련이어서, 서양의 옛날 여관 이름은 빈번히 '황금사자장'이며 그리핀을 새겼다. 그 의미는 이러하다. "나를 깨달아라. 나는 '힘'에 의해 수호하는 그리핀이다. 만일 네가 나를 적대하면, 나는 내 힘을 네게 풀어놓으리라." 그러나 '침묵'의 서사에서 그 힘은 마치 시간의 상징 앰피스배나나 우로보로스처럼 스스로의 꼬리를 삼키는 힘이며, 서사의 발견과 배열, 인벤티오라는 행위 자체에 근본적으로 내재한 폭력을 무화시키고자 스스로 의지하는 힘이다.

영혼의 전투, 체스와 주사위놀이

흰 용과 붉은 용은 또한 랭카스터(붉은 장미)와 요오크셔(백장미)의 내란이며, 선악의 전투인 4세기 프루덴티우스(Prudentius)의 〈영혼의 전투(Psychomachia)〉를 상기시키는 **영혼의 전투**이기도 하다.[26] 그것은 체스 게임이다. 체스나 장기에는 어떤 의미가 있는가? 체스의 기원은 인도이며 페르시아와 아랍을 경유해 유럽에 들어왔다. '체크메이트'는 독일어로 '샤마트(Schachmatt)'인데, 왕을 뜻하는 페르시아어 샤(shah)와 '그는 죽었다'는 뜻인 아라비아어 마트

---

[26] 법학을 전공. 테오도시우스 황제 치하에서 고위직을 맡았고 은퇴 후 392년경부터 기독교 주제의 시를 쓰기 시작했다. 시의 내용들은 초기 기독교부인 테르툴리아누스라든지 성 암브로시우스, 성서와 순교자 열전에서 착안한, 교훈적인 것이었다. 교회축일에 대한 시 〈시간과의 상응(Cathemerinon)〉, 스페인과 로마의 순교자들을 그린 시 〈순교자의 왕관〉, 그노시즘의 이원론을 공격한 시 〈죄의 기원(Hamartigenia)〉, 미덕과 악덕의 전투를 그린 시 〈영혼의 전투〉 등이 유명하다. 프루덴티우스는 기독교 독트린에 고전적·문학적 형태를 부여한 저자로 평가된다.

(mat)에서 유래한다. 르네상스기에 체스 게임의 규칙이 오늘날과 같은 형태로 바뀌었다. 가장 큰 활동력을 가진 말인 퀸은 본래 동방 체스에서는 '여왕'이 아니라 조언자 또는 장관이었다고 한다(아라비아어 mudaffir 또는 wazir, 페르시아어 fersan 또는 fars이다). 왕의 현명한 '고문' 또는 '장관'이 서구 체스에서 여왕이라는 뜻의 '퀸'이 된 것은 번역 문제라고 한다. 페르시아어 페르잔(fersan)은 프랑스 고어에서 **처녀**(virgin)를 뜻하는 비에르스(fierce) 또는 비에르주(fierge)가 되었다. 처녀는 성모이다. 이러한 오역은 우연히도 중세 기사도 정신에 적당하게 조응하는 것이었다.[27] 우연이 필연이 되는 데는 이유가 있다.

체스판의 만다라, 푸루샤

체스 게임을 만든 이는 9세기 바그다드에서 활약했던 알 마스유디라고 전해진다. 그는 힌두 왕 발히트(Balhit)에게 이 게임을 바쳤다고 한다. 체스판이 회귀의 수인 8×8의 다이어그램을 갖는 이상 성직자적인 기원을 갖는 것은 확실하다. 이 다이어그램을 **아슈타파다**(ashtapada)라고 하는데 이것은 **중심없는 만다라**의 상징이다. 발히트 왕은 이 게임을 천상적인 지체에 대한 일종의 알레고리로 보았다고 한다. 각각의 말은 황도대의 행성들과 12기호와 같은 별 하나

---

(27) 체스 게임에 대한 상징은 중세 미술과 이슬람 문화가 서양 미술에 끼친 영향을 심도깊게 기술한 다음 책을 주로 참고했다. Titus Burckhardt, *Mirror of the Intellect: Essays on Traditional Science & Sacred Art*, Quinta Essentia, 1987, 142~155쪽.

씩에 해당한다. 힌두인들은 태양과 달을 포함하여, 맨눈으로 보이는 8행성을 알고 있었다. 여기에 **라후**(Rahu)라 불리는, 일식의 '어두운 별'이 포함된다. (물론 이것은 실제로는 존재하지 않는 별이다. 그들의 세계관 안에서 그러했다는 것이다.)

불교의 만다라는 **아슈빈**(Aśvin; 말의 형태를 지니거나 동반하는 쌍둥이 신. 그리스의 디오스쿠로이에 해당한다. 아침하늘에 나타나며 꿀을 제공한다) 형상으로 떠오르는 다르마[法]가 그 중심에 있다. 법 없음이 법이듯 체스판의 만다라는 중심없는 방향성과 더불어 짜인다. 직물의 날실과 씨실이 교대로 나타나거나 감추어지는 것처럼, 흑백의 교차는 만다라의 두 측면에 상응하며 상보적으로 실재 안에서 대립하면서도 조화된다. 체스판의 만다라는 불타는 호흡 푸루샤(purusha)[28]이고 우주의 불변하는 **서늘한 영혼**(Seele)이다. 영혼은 아니마이다. 그것이 응고되면 존재 또는 물질이 된다.

《리그베다》에는 다음과 같은 구절이 있다. "푸루샤는 천 개의 머리, 천 개의 눈, 천 개의 다리를 갖고 있다. 그는 지구를 둘러싸고

---

(28) '인간존재'라는 뜻으로, 근원적·원초적인 최초의 인간을 상징한다. 《리그베다》에서 푸루샤 찬가는, 그의 세 부분은 불멸이고 하늘에 속한 것으로, 한 부분은 필멸이고 이 필멸의 부분에서 그의 아내 비라(Virāj)가 나온다고 한다. 그 자신은 그녀로부터 우주적인 영혼으로 태어난다. 푸루샤는 거인 형태로 상상되며 정기적으로 신들에 의해 희생당한다고 전해진다. 즉 그의 몸은 구성적인 표명(constitutive manifestation)으로써 분해되어 하늘과 바다=대기와 발=대지(흙)로 나뉘어 변한다. 《브라흐마나》와 《우파니샤드》에서 푸루샤는 프라야파티(Prajāpati)로 지칭되며 불교 전통에서는 동일한 이름이 부처(Budda)에게 적용된다. 비라는 '자신의 힘을 최대한 뻗는 여자'라는 뜻으로, 인도 신화의 근원적인 여성 존재이다. 태고시대에는 종종 황소로 표상되었다. 다른 계보의 전통에서는 비라를 푸루샤로부터 태어난 창조적 원칙으로 파악한다. Manfred Lurker, *Dictionary of Gods and Goddesses, Devils and Demons*, Routledge, 1994, 291~292쪽.

있다." 모든 것을 바라볼 수 있는 배열, 모든 것을 보는 자의 표상은 **시간**의 의인화로, 소포클레스는 크로노스를 **모든 것을 아는 정령**(파네피스코포스 다이몬)이라 부른다. 모든 것을 한눈으로 보고자 하는 자, 알고자 하는 자를 **판옵티코스**라고 한다. 그것은 권력의 모습이 될 수도 있지만 신의 시선, 무한한 가능성과 인내심을 지닌 존재이기도 하다.

인도인들은 체스판의 사각 위에서, 삶의 모든 반경을 지배하고 그 안에서 모든 것이 그것의 궁극적인 끝, 목적을 발견하는 그러한 기하학적인 '발전'의 관계를 보았다. 체스의 발명자는 왕에게 각각의 칸에 대해 제곱수의 옥수수 낟알을 청했다는 일화가 있다. 최초의 칸에는 하나의 낟알을, 두 번째 칸에는 두 개를, 세 번째 칸에는 네 개를. 그리하여 64번째 칸에는 18,446,744,073,709,551,616의 낟알을 놓아야만 했다.

체스판의 순환적인 성격은, 원칙적으로 4의 벡터적 펼쳐짐으로써 설명된다. 하나에서 시작해 네 방향으로 제곱되는 수의 무한한 뻗어감은 치유의 힘을 지녔다고 믿어지던 크리스탈에서 나오는 단파의 방사와 유비된다. 8×8사각의 구획은 데바(deva)에 의해 상징화되는 성스러운 측면을 상징한다. **중심없는 만다라**는 하나의, 그리고 가시적이며 **조화로운 우주**, 다양한 국면 안에 있는 영혼의 신성한 세계를 상징한다. 시간과 순환이 있으며, 이 세계에 미치는 상위 세계의 영향력이 있다.

카스티야의 유명한 트루바두르였던 현자 왕 알폰소[29]는 사계절의 게임이라든지 네 명의 참가자들이 행하는 체스 게임의 변종들을

체스를 두는 페르시아인

고대 페르시아의 체스북 삽화.

알폰소 10세. 《다양한 놀이들》 삽화, 1283
유럽의 기사와 아랍 전사의 체스.

만들었다고 전해지는데, 이 모든 것은 태양 행로의 유비이다. 네 조의 게임에서 말들은 각각 초록, 빨강, 검정, 흰색이며 이것은 사원소(물, 불, 공기, 흙)와 사계절에 상응한다. 만다라의 4의 리듬은 중세의 4조(quadrata)의 해석학과, 황도대를 거쳐 다시 떠오르는 태양처럼 결코 끝나지 않는 천상의 순환을 나타낸다.

체스와 전쟁의 연관성은 분명하다. 체스의 전투적인 성격은 그것을 왕자와 귀족의 카스트인 무사계급 크샤트리아(kshatriyas)와 관련시킨다. 체스 게임은 '지배와 방어의 실습'이었다. 군대에는 폰(卒)뿐만 아니라 중장비 병력이 포함된다. **루크**(성; castle)는 본래 강력한 전쟁용 전차였다. 말탄 기사들이 있고 전쟁코끼리가 있다. 장기의 코끼리(象)는 체스에서 대각선으로 활동 반경이 넓은 비숍이다. 본래 코끼리(아라비아어 al-fil)는 등에 요새화한 탑을 이고 있었다. 코끼리는 세계를 받치는 법의 상징이다. 코끼리가 진 이 탑은 어떤 중세 필사본에서는 '바보'의 모자로 취급되었다. 중세 프랑스에서는 반대로 비숍이 '바보(fou)'로 불리거나, 독일어로 '뛰는 자(Laufer)'로 불리기도 했다. 여성적인 힘인 **퀸**과 **바보**는 종횡무진이다. 직선으로 가는 루크는 강력하나 마지막 일격을 위해 아껴야 한다.

고대 동방에서는 관습적이었던 전투 질서에 따라 선과 악, 빛과 어둠, 두 개의 상반된 군대가 정렬하여 싸운다. 체스에서 일어나는 전투는 본래 악의 힘인 아슈라(asuras)와 선의 힘인 데바(devas) 간

---

(29) 각종 서적의 번역과 집필을 로맨스어로 하게 해 현대 스페인어의 토대를 닦은 것으로 유명하다.

의 전투 또는 신과 거인족 간의 전투, 천사와 악령 간의 전투였다. 선악의 전투, 이것은 바로 대천사장 미카엘이 검과 저울을 들고 악령들을 물리치는 시원적인 전투이며, 4세기에 프루덴티우스가 묘사했던 중세의 〈영혼의 전투〉이다. 성 미카엘이 주도했던 하늘에서의 악마군단과의 전투도 사이코마키아 계보에 들어가지만, 중세 '사이코마키아'의 특징은 '미덕'의 의인화가 대개 여성이라 여자 대 여자의 싸움이 된다는 점이다.[30]

중세의 신학자들이 생각했던 것처럼(특히 성 안셀무스), 선은 때로 **무지**의 모습을 지닌다. 악을 포괄하여 모든 것을 보는 선은 가지려고도, 알려고도 하지 않는다. 선은 바울이 〈고린도서〉에서 말하는 사랑의 모습을 하고 있다. 오로지 오래 참고, 받아들이고, 노력한다. (그러므로 사이코마키아의 전투 장면이란 이율배반적이다. 선은 악에 대항하여 싸울 수 없기 때문이다.) 매시간 악을 극복하는 선은 시간을 새로이 흐르게 한다. 이것은 영원한 순환의 표상인 우로보로스를 나타내며, 성서에서는 에제키엘이 본 비전 속의 회전하는 수레바퀴에 있는 눈으로 표상된다.

체스판의 흰색은 빛, 어두운 색은 어둠이다. 전투는 우주가 새로 창조되기 위한 태고의 성스러운 전쟁이다. 이것이 전사계급인 크샤트리아에게 바쳐진 《바가바드기타》의 주제이다. 체스의 의미가 영혼의 알레고리로 읽힌다면 왕은 '마음'이며 말들은 정신의 다양한

---

(30) S. Georgia Nugent, "Virtus or Virago? The Female Personifications of Prudentius's Psychomachia", in *Virtue & Vices*, Princeton Univ. Press, 2000, 13~28쪽.

능력이다. 그 움직임들은 가능성들의 깨달음에 상응한다. 루크는 강력하나 장애물을 만나며 힘을 아낄 필요가 있다. 색채를 따라가는 비숍들 또는 코끼리들의 대각선의 활발한 움직임과, 축을 따라 선회하는 기사들의 복잡한 움직임이 있다. 기사들의 움직임은 다른 색채들을 통과하며 흐름을 자른다. 그들은 논리적이고 남성적이다. 대각선적 움직임은 여성적인 지속성을 나타내지만 기사들의 도약은 직관에 상응한다.

전사 크샤트리아의 카스트를 매혹시키는 것은 고귀함과 전쟁, **의지와 운명** 사이의 관계이다. 지성과 우연이 겨룬다. 체스 게임에 의해 정확하게 그려지는 것은 그 가능성들이다. 현자 알폰소가 체스에 대한 책에서 기술하기를, 인도의 왕은 이 세계가 지성과 기회 중 무엇에 복종했는지 알기를 원했다고 한다. 왕의 고문인 두 현자는 두 가지 '게임'을 답으로 내놓는데, '치명적인 **운명**'의 상징으로서 하나는 체스 게임을, 다른 하나는 주사위 게임을 내놓았다. 왕 발히트는 체스 게임을 택했다. 그것은 **우연과 무지**를 넘어간다. 선견과 지성을 필요로 하기 때문이다. 승부자는 가능성들을 지속적으로 선택해나가게 된다. 그는 선택에서 자유로우나 상대방의 움직임의 영향을 고려해야 한다. 각각의 움직임은 불가피한 결과를 초래한다. 게임의 결말은 위험 부담과 우연의 결과일 뿐만 아니라 엄격한 원칙과 법의 결과이기도 하다. 왕은 체스 게임에서 의지와 운명 사이에 존재하는, '가능성들에 대한 지식'을 보았다. 부주의함과 소홀함이 없다면, 거기에는 언제나 **선택의 자유**가 있다. 비록 선택의 기회가 점점 더 줄어들기는 하지만 말이다.

행위의 자유는 앞을 내다보는 지성과 가능성 들에 대한 지식과 함께 단결 안에 존재한다. 공간적 단결은 또한 시간적 예단이다. 왕의 게임은 '법'과 더불어 형성되는 양방향의 움직임을 갖는다. 외부를 향해, 그리고 내부를 향해 가능성들은 열린다. 그것은 보편적이고도 성스러운, 중심없는 만다라 안에서 전개된다. 영혼의 호흡(푸루샤)과 더불어 가능성들은 승부의 결말이라는 **진리**에 다다른다. 선택을 통해 지거나 이긴다. 결말은 패배일지도 모른다. 그러나 승부와 진리를 통해서 인간은 자유롭다. 진리 밖에서 그는 '운명'의 노예일 뿐이다. 이것이 체스 게임의 가르침이다. 전사 계급은 체스 게임 안에서 여가와 함께 그의 호전적인 모험심과 열정을 다스릴 수단을, 그리고 행위로부터 관상으로 이끌리는 적절한 길을 발견한다. '영혼의 전투', 그것은 '형태의 형태', '상징의 상징', 그 안에서 삶이 전개되는 형식을 보여준다.

인내의 성, 휴머니즘 게누스

서구에서 **사이코마키아**, 즉 '영혼의 전투'는 또한 그리스도에게로 가는 정신적 여정이라는, 영원한 순례의 길이었다. 14세기의 베스트셀러였던 기욤 드 데귀으비으(de Degueville)의 《인생의 순례》라든지 15세기 말 코로나의 《폴리필로의 꿈》, 기번의 《천로역정》 등은 모두 '여행', '순례'라는 토포스를 지닌다.[31] 마치 아우구스티누스처럼 걸리버 역시 신들의 도시를 조망하는데, 원형과 사각의 결합으로 표상되는 '천상의 신의 도시'는 조나선 스위프트의 근대에 이르면

야콥 코르넬리스, 〈기사가 죽음과 만나다〉, 올리비에 드 라 마르셰,
《해방된 기사》, 목판화, 1480, 호우다

이 시대 네덜란드와 독일 지역의 목판화는 대단히 높은 수준으로 발전했다. 이 소설은 대부분의 고딕소설과 마찬가지로 주인공인 방랑기사가 모험에 뛰어들어 순례길에 나서서 악덕과 미덕의 전투를 벌이는 여정이 주제인데 전체적으로는 영혼의 여정의 토포스에 포함된다.

왕립 아카데미의 패러디가 된다. 진리를 찾는 부단한 고난과 모험의 여정이 언제나 출발점으로 되돌아온다는 점에서 그것은 호메로스의 《오디세이아》라든지 황금양털을 찾는 아르고호 이야기의 전통선상에 있다.

여기서 우리는 인류학자들의 지적을 잠시 상기할 필요가 있다. 얼굴과 얼굴을 마주보는 아르카익한 사회는 **수치심**에 기초한 사회이고, 길을 떠난다는 것은 곧 사회의 구속이 없어진다는 뜻이다. 비도덕적인 행위를 하게 될 확률은 기독교적인 내면적 구속, 즉 신의 사랑에 대한 채무와 죄의식에 근거한 사회에 비해 높아진다. 수치심에 기반한 사회와 대비되는 **죄의식**에 기초한 사회는 인간을 내면적으로 구속한다.[32] 진리를 찾는 모든 여행자는 어느 순간 반드시 Y자로 표상되는 선악의 **갈림길**에 직면하게 된다. Y와 N을 겹쳐 쓴 뉴욕 양키즈의 이니셜은 그러한 점에서 심리적으로 강력하다. N으로 생각하게 되는 북쪽이란 부동의 북극성이 있는 곳이다. 뉴욕은 갈림길에 서게 되는 하나의 강렬한 유혹, '빅 애플(Big Apple)'(사과란 언제나 선악에 대한 지식)이다.

〈인내의 성(The Castle of Perseverance)〉은 기독교적인 구원 과정을, 상반된 두 힘 간의 경합을 알레고리로 다룬 15세기 초의 영국

---

(31) 데귀으비의 《인생의 순례》는 14세기 초반 단테의 《신곡》과 유사한, 아름다운 여성의 의인화인 '이성'의 인도를 받아 신의 도시에 이르는 한 수도사의 정신적 여정을 그린 것으로, 무척이나 환상적이고 이교도적인 내용을 담고 있지만 사실 데귀으비는 대단히 금욕적인 종단인 시토 수도원 원장이었다. Susan K. Hagen, *Allegorical Remembrance; A Study of the Philgrimage of the Life of Man as a Medieval Treatise on Seeing & Remembrance*, Univ. of Georgia Press, 1990.
(32) E. R. Dodds, *The Greeks and the Irrational*, Berkeley, Univ. of California Press, 1951.

조너선 스위프트, 《걸리버 여행기》 삽화, 1910년경, 라이프치히

귀족사회와 왕립 아카데미를 '천상의 신의 도시'에 빗대에 패러디하고 있다. 브리티시 아카데미는 1660년 결성되었다.

도덕극이다. 16세기 도덕극은 기독교 도그마일 뿐만 아니라 종종 정치적인 알레고리로 해석되며, 봉건제와 관련된 경제적·사회적인 문제를 드러낸다. 세계의 불가피한 부패 상황을 그리며 선과 악의 투쟁을 그린다. 주요 알레고리들은 1. 인간 생의 순례, 2. 미덕과 악덕 간의 전투(*Psychomachia*), 3. 치유의 미덕들, 4. 성의 방호, 5. 신과 네 딸 간의 천상에서의 논쟁 등이다. 무대 장식은 관객의 눈을 즐겁게 하기 위해 화려하고 궁정적이고, 축제 의상들은 악의 세속적인 성격을 드러내며, 전투의 코믹한 묘사가 있다.

신(神)과 봉건 세계의 의인화인 **세계**(*Mundus*)는 주인공인 '휴머니즘의 마법적이고 천재적인 신인(神人)이라는 뜻의 **휴머니즘 게누스**(*Humannism Genus*)'를 자신의 편으로 끌어들이기 위해 갈등한다. 전투는 휴머니즘 게누스의 생애 동안 계속된다. 그러나 모든 도덕극이 그러하듯 천상 법정에서의 논쟁은 결국 신의 우월성의 천명으로 끝난다.

세속 세계의 왕이나 영주들은 모두 '육신'이라든지 '욕심'이라는 이름을 지닌 알레고리이다. '욕심'은 봉건군주인 '세계'의 하인이자 휴머니즘 게누스를 유혹하는 데 성공하는 기사이며 '호색'이 그의 성을 지킨다. 죄가 전적으로 경제적인 획득에 관련되어 있다는 사실은 주목할 만하다. 연극 도입부의 연설에서 '세계'인 문두스는 자신이 부를 '분배하는 자'라는 명목으로 군주의 통치권을 주장한다. 문두스의 자기 자랑이 구구한 데 비해 '미덕'들은 최고주권으로 오로지 성모마리아를 찬미한다.[33]

문두스가 수족처럼 부릴 수 있는 기사는 '욕심' 경뿐인데, 그는 문두스에게 가신으로 '사로잡혀(sesyd)' 있다. 15세기에 '사로잡힌'이라는 동사는 땅, 영토, 토지법에 대한 권리의 전유에 사용되던 용어이다. 이것은 가신이나 구매자에게 주어지던, 사유지의 소유에 의한 봉건적인 유대를 지시한다. 봉토를 받은 사람, 사유지의 소유 안에 있게 된 사람은 자신의 소유물에 '사로잡힌' 것이다. 봉토(seisin)의 소유는 특정한 권리와 의무를 동시에 부여한다. 모든 축적을 만드는 문두스의 법은 간명하다. 그것은 욕심의 법이다. 합창단은 노래한다. "좀더 좀더 좀더……"

"네가 필요한 것 이상으로 탐하라, 인색하고 갈취하고 폭리를 취하라, 가짜재판을 이용하라, 남에게 도움을 주지 말라, 하인들에게 지불하지 말라, 이웃을 파괴하라, 십일조를 내지 말라, 거지를 돕지 말라, 상품을 거래할 때는 속여라, 거짓맹세하여라, 가짜 무게들로 팔고 사라, 배반하라."

연극의 전반부에서 휴머니즘 게누스는 두 개의 특정 코뮤니티에 의해 각각 성대한 예식으로써 환영받으나 그는 세속적인 세계를 택한다. 휴머니즘 게누스는 세속적인 봉토, 사유재산, 세속의 상품들뿐만 아니라 온갖 다른 악덕들에 의해서도 미혹된다. 그는 마치 파우스트처럼 육체적으로나 정신적으로 가능한 모든 것을 탐닉한다.

---

(33) Milla B. Riggio, "The Allegory of Feudal Acquisition", in *Allegory, Myth and Symbol*, Harvard Univ. Press, 1981, 187~208쪽.

〈갈림길의 헤라클레스〉, 세바스티안 브란트, 《바보들의 배》 삽화

젊은 헤라클레스가 갈림길에서 잠에 빠져 꿈 속에서 미덕(Virtue)과 악덕(Voluptuousness) 중 선택해야만 하는 비전을 본다. 티치아노의 〈정숙한 사랑과 세속적인 사랑〉 같은 그림을 보면, 세속적인 사랑이 옷을 갖춰입고 대개 옷을 벗은 쪽이 정숙한 사랑인 데(자연(Nature) 자체이고 위선이 없기에) 반해서 이 도판에서는 반대로 옷을 입은 쪽이 채리티이다. 그녀는 물레가락의 방추를 들고 있다. (《뒤집힌 세계》의 도상에서는 마누라가 이 방추로 남편을 때린다.)

연극에서 사용되는 모든 용어들(seisin, enfeoff, entail, assize, enprise, trust. 모두 고어임)은 15~16세기의 경제적인 소유를 나타내기 위한 말이다. 휴머니즘 게누스는 고귀한 자리에 앉기 위한 기사의 상품들, 특히 새 옷에 미혹된다. 그는 봉건성에 사로잡힌다(소유된다). 문두스가 휴머니즘 게누스에게 봉토 수여의 증표로 기사의

인간의 네 기질, 귀요 마르샹, 〈목자의 달력〉, 1491, 파리 마자랭 도서관

착의식을 수행하는 것은 연극에서 중요한 사건이다. 착의식은 문자 그대로 봉건적인 '옷입힘(investiture)'의 완성이다(*livery of seisin*). 모든 샐러리, 즉 봉급 지불, 혹은 영토 수여(feoffment)의 근본적인 타당성은 착의의 전례(*livery of seisin*)로써 보증된다. 요컨대 그것은 소유권(posesssion)의 이전등기이다.

문두스는 자신이 좌지우지할 수 있는 지상의 나라들을 열거하며 뻐긴다. 소유와 획득 축적에 대한 그의 법은 사회적인 '계약'의 원칙에 근거한 것이다. 계약서에는 분명 '죽음에 이르기까지'라는 단서가 명시되어 있지만 휴머니즘 게누스는 그것을 알아차리지 못한다. 문두스는 휴머니즘 게누스가 죽기 직전까지는 확실히 부와 권력을 제공한다. '호색'과 '어리석음'이 그를 보좌한다. 그러나 죽음에 이르러 휴머니즘 게누스는 불완전한 소유권 때문에 지상에서 소유했던 것들을 상속하기가 어렵게 된다. 그는 불확실한 상속자의 지정으로 고뇌하며 모든 것을 다시 몰수당할 처지에 놓인다.

신의 장녀는 '정의'인데, 그녀는 게누스를 심판하기 위해 공정한 소송을 요구한다. 그러나 '은혜(Grace)'는 무조건적으로 게누스를 받아들인다. 회개와 은혜에 의해 그의 영혼은 하늘의 절대군주에게로 귀속된다. 문두스의 법 소송이 갈등과 분쟁으로 끝나는 데 비해 신의 소송은 그 안에서 경제적인 이슈들이 어떠한 의미도 갖지 못하는 조화와 화합으로 끝난다. 신의 척도는 인간의 척도로 가늠할 수도, 맞설 수도 없다. 천상과 세속 사이에서 고뇌하던 휴머니즘 게누스는 파우스트처럼 세속(문두스)을 택하며 봉토를 받은 기사의 삶을 살아간다. 그는 잘못된 길을 택해 크레디트를 쌓지 못했다. 그러나 신은 게누스를 받아들인다. 크레디트의 교환이 아닌, 오로지 은혜의 청원 때문이다. 여기에서 이미 프로테스탄트적인 정신의 맹아가 엿보인다. 구원은 차별없는 은혜라는 아우구스티누스의 생각처럼.

〈인내의 성〉은 표면적으로는 영혼 구원을, 내적으로는 사회 비평과 정치적 주장을 말한다. 부패한 세계는 신의 합법적인 통치에 의해 구원될 수 있다. 여기서 신(神)이 군주들의 군주, 이른바 '절대군주'라는 정치적인 입지로 상정되고 있는 점은 재미있다. 중세의 봉건적인 관계는 쌍방을 구속하는 것이었고 왕의 권력은 불완전했다.

《리트의 가터북(Writhe's Garter Book)》에서, 15세기

그가 무용의 위무를 수행하기까지 걸치고 있어야 하는 흰 실크의 장식끈은 고귀한 레이디에 의해서만 벗겨질 수 있다.

《리트의 가터북》에서, 15세기

왕은 새로운 기사에게 검을 수여한다.

잘 알려져 있듯이 봉토는 계속 줄어들었으며 왕은 가난했다. 중세적인 개념에서 봉토는 일종의 공유지의 성격을 갖고 있었고 어느 누구에게도 정확하게 '소유된' 것이 아니었다. 그물처럼 얽힌 귀족 간의 인척 관계와 봉토에 딸린 여러 가지 제약들은 봉토에 대한 권리 관계를 누구도 이해할 수 없을 정도로 복잡하게 만들었으며, 특히 영주의 사망시에 그 상속권에 대한 분쟁을 빈번하게 초래했다. 분쟁은 종종 무력을 통해서만 해결될 수 있었다.

이러한 상황은 당시에 법제적인 근대 국가 수립을 요청하는 다양한 이론들을 내놓게 했다. 15세기 당시부터 통일성을 지닌 근대적인 의미의 사법제도는 갈등 해결을 위한 가장 합리적인 해결책으로 상상되었으며, 그러한 사법제도는 국가 전체에 대해서 최종적인 권위를 갖는 절대군주를 전제할 수밖에 없었다. 절대군주의 필요성을 주창하면서 그 근거로 유일신의 주권이 언급된다는 사실은 흥미롭다. 전통적인 기독교의 알레고리는 사유재산을 보호하기 위한 전략적 예시가 된다. 봉토 상속에 얽힌 문제들에서 비롯된 소모적인 전투를 근절하기 위한 절대군주와 근대법의 요망이 있다. 더 강력하고 위대한 법의 필요성이 요청된다. 법학은 점차 신학을 제치고 야심찬 젊은이들의 주요한 학문으로 부상하기 시작한다.

가터 기사단과 황금전설

용을 죽이는 대표적인 신화 속의 영웅은 페르세우스이다. 이디오피아의 여왕 카시오페아는 아름다움에 대한 오만으로 딸이 대신 벌

P. A. 노벨리(Novelli), 〈오를란도가 올램피아를 방호하다〉, 로도비코 아리오스토, 《광란의 오를란도》, 베네치아, 안토니오 차타(Zatta), 1772~1773

피에로 디 코지모, 〈안드로메다를 구출하는 페르세우스〉, 1510년경, 캔버스에 유화,
피렌체 우피치 미술관

피에로 디 코지모, 〈안드로메다를 구출하는 페르세우스〉의 세부

받게 되며, 페르세우스는 메두사의 목을 베고 바다괴물에게 바쳐진 안드로메다를 구해낸다. 잘 알려져 있듯이 메두사를 직접 보면 석화되므로 정면으로 보아서는 안 되며 오로지 아테나가 준 거울방패에 비추어서 보아야만 한다. 페르세우스는 겸손하게 신의 도움을 청했기 때문에 그 일을 성공적으로 해낼 수 있었다. 그는 헤르메스와 아테나의 도움을 받으며 고대인들이 무엇보다 두려워했던 **오만**(hubris)의 죄에 사로잡히지 않는다. (오이디푸스는 오로지 스스로의 힘으로 대답하고 문제를 해결하기 때문에, 이아손은 신이 아니라 마녀의 힘을 빌리기 때문에 저주받는다.)

페르세우스의 중세 버전은 바로 성 게오르기오스(St. Georgius)인데, 그 이름에는 어원적으로 '농부' 혹은 '대지의 사람'이라는 뜻이 있다. 베르길리우스는 도심의 번잡함에서 벗어나 시와 벗하며 덕스럽고 간소한 노동을 하는 전원생활에 대한 시 《목가(*Georgics*)》를 썼다. 성 게오르기오스, 즉 성 조지는 3~4세기경 리비아의 리다(현재의 이스라엘)에서 살았다고 전해지며, 5세기경부터 이 성인의 숭배가 퍼지기 시작하여 십자군 원정 동안 유행했다. 성 조지 축일은 4월 23일로, 용과 싸우는 낭만적인 기사의 이미지는 야코부스 드 보라진의 《황금전설》에서 인용되며 중세 동안 널리 퍼졌다.

기이할 정도로, 이야기는 페르세우스 신화와 거의 같다. 공포스러운 용이 나타나 인간 희생제물을 요구하는데, 왕의 딸이 선택되어 용이 살고 있는 호수(물) 근처로 보내진다. 용이 그녀를 찢어 죽이기 직전에 카파도키아(터키 근방)에서 온 한 기사가 나타나 검으로 용을 물리친다. 이 공주의 허리띠(Garter)로 용을 묶어 도시로 인도했다. 그는 그리스도의 이름으로 승리했노라 말하고 이 도시의 사람들을 개종시킨다. 때문에 '가터 기사단'은 성 조지를 수호성인으로 했다.[34] 이 성인의 죽음에 대한 이야기는 좀처럼 하나로 통합되지 않는데, 디오클레티아누스 치세 동안 그는 심하게 고문받고 참수되었다고, 또는 화살에 맞아 죽었다고 전해진다.[35] 브뢰겔은 〈성 조지 축일〉을 여러 점의 판화로 제작하여 어리석고 시대에 뒤떨어진 기사도를 풍자했다. 브뢰겔의 눈에 성 조지의 기사도와 그에 대한 숭배는 시대에 뒤떨어진 중세풍의 불합리한 짓으로 보였던 것이다.

용이란 영원히 되풀이되는 무엇이다. 용은 드라코(뱀), 유혹, 인간을 잘못된 길로 미혹시키는 악이다. 그러나 잘못된 일, 결함, 악이란 무엇일까? 주의할 점은, 한 편의 선이 다른 편의 악일 수 있다는 것이다. 자신의 것과 다르다는 이유로 충분한 숙고없이 어떤 것을 악이라고 규정한다면 그 선은 악에 지나지 않는다. 유사 이래 언제

---

(34) 1347년 백년 전쟁 중 영국의 에드워드 3세는 가터 기사단을 창설했다. 이 기사단은 영국의 최상위급 기사 25명으로 구성되었으며, 왕에 대한 충성과 전쟁에서의 승리를 위해 헌신할 것을 다짐받기 위해 설립되었다. 가터 기사단의 단원은 왼쪽 무릎에 가터(양말대님)를 다는데 이 관례는 왕이 춤 상대였던 귀부인이 떨어뜨린 가터를 자신의 무릎에 단 것에서 비롯되었다고 한다.
(35) 성인들의 이야기는 De Boragine, *Golden Legend*; Rosa Giorgi, *Saints in Art*, J. Paul Getty Center, 2003 참조. 성인들의 삶은 '타자'에 대한 인식과 헌신을 목표로 한 삶의 방식이라는 점에서 재고되고 있다. 또한 성인들의 일화는 대안 코뮤니티와 폭력의 문제들을 재고하게 한다. 그것은 과거의 아르카익한 사회에 대한 단순한 노스탤지어를 통해(우리나라의 향약이나 두레와 같은 상부상조와 '정(情)'의 강조 등) 이 문제에 접근할 수 없음을 뜻한다. 성인들에 대한 문제를 현대적인 시각으로 조명하고 있는 것은 Edith Wyschogrod, *Saints and Postmodernism: Revisioning Moral Philosophy*, Univ. of Chicago Press, 1990; 베이스호흐로트와 구가 공동편집한 논문집 *The Enigma of gift and Sacrifice*, Fordham Univ. Press, 2002 참조.

나 용과 사투하는 기사들이 존재해왔다. 그들은 로마 제국 말기에 우상 숭배를 반대하고 유일신을, 일신교를 옹호하다 죽었지만, 현대의 성 조지는 타민족의 종교를 이단이라 억압하고 배제하는 일신교에 반대하고 오로지 인간의 자유로움을 말하고 있는 것은 아닐까? 그렇다면 현대의 용은 무엇인가? 용은 다른 곳이 아니라 우리 안에 있다. 인간의 시간과 가치를 오로지 금전 단위로 환산하는 것, 경제 성장률을 높이기 위해 일말의 반성도 없이 생태계를 파괴하는 '우상 숭배'가 바로 용이 아닐까? 당신 안에는 어떤 용이 있는가? 당신은 스스로의 내부에 있는 용과 직면하여 맞서 싸울 아주 작은 시도를 할 수 있는가?

IV

브리콜라주, 전유의 놀이, 엠블럼

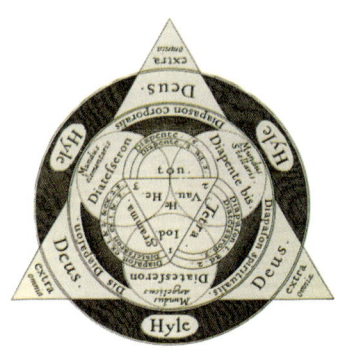

엠블럼은 잊혀진 문헌양식이다. 그림과 글이 공존하고 필수불가결하게 상호보완하는 책, 그것은 지식의 모음이다. 글들은 보통 고전의 인용들이고, 그림들은 지금은 잊혀진 대단히 복잡한 상징을 내포한다. 이러한 특별한 형식의 고안은 무엇을 위한 것인가? 엠블럼의 역사적인 흔적들 속에서 기억과 선물이라는 잊혀진 의미를 생성할 수 있다.

7

아멜리에와 아멜리오레

장 피에르 주네(Jeunet) 감독의 〈아멜리에〉. 파리에서도 가난한 지역인 북쪽 몽마르트르 언덕의 작은 카페에서 일하는 아멜리에는 불우하고 쓸쓸하게 자랐다. 그녀는 말없는 예쁜 눈을 가진 처녀로, 그 눈은 주위 사람들을 따뜻한 관심으로 바라본다. 시선 속에 그들의 일상적 불행을 포용하고 남몰래 돕기 위해 사심없는 장난을 꾸민다. 그러다가 우연히 니노가 다른 사람의 물건을 찾아주려다 흘리고 만 앨범을 줍게 되고, 그가 역전의 자동포토에서 다른 사람들이 찢어버린 사진을 주워 앨범에 모으는 것을 알게 되자 사랑을 느낀다. 그러나 아멜리에는 사람들이 흔히 하듯 그에게 전화 걸어서 '확인 사살'하지 않는다. 그녀는 그로 하여금 자신을 찾아 헤매도록 '작전'을 짜고 놀이로 끌어들인다. 그러나 막상 만나야 할 시점에 이르자 용기가 없어진 아멜리에. 그녀는 니노를 만나는 것을 한없이 유예하고, 심지어 자기 자신을 부인한다. 하지만 마침내 그들은 서로 만나게 된다.

변경해야 할 것은 변경하면서

나는 개봉되자마자 〈아멜리에〉를 보지는 않았다. 왜냐하면 '아멜리에'라는 이름은 "(사람을) 더 낫게 하다. 개선시키다"는 뜻의 프랑스어 동사 아멜리오레(*améliorer*)에서 온 것으로, 내게는 플로베르의 유명한 소설에 나오는 하녀 이름인 '기쁨'을 뜻하는 펠리시테를 연상시켰기 때문이다. 그것은 그녀가 주변부에 속한 인생이라는 뜻일지도 모른다. 이런 질문이 떠오른다. "어떻게 조금 더 나아질 수 있는가? 어떤 방법으로?"

자막이 흐르며 나오는, 혼자서 노는 꼬마 아멜리에의 일련의 놀이들은 시사적이다. 이것은 〈아멜리에〉가 기호에 대한 영화라는 것을 보여준다. 어린 아멜리에는 모든 사물과 기호 들을 전유한다. 자연의 보석인 체리를 귀걸이로 달기, 우연의 커다란 힘을 말해주는 도미노 놀이, 이 세상에 대한 시각을 왜곡시키는 안경 쓰기 놀이, 손가락에 그림 그려서 연극을 하는 신체 놀이, 마지막으로 동전 빙글빙글 돌리기. 동전은 그녀의 손에서 화폐가 아니라 놀이 대상이 된다. 자본주의적 질서의 상징과도 같은 동전에 새로운 규칙 체계가 주어지는 것이다.

영화의 서두는 동시성에 대한 언급으로 시작된다. 서로 알지 못한 채 각각 다르게 살아가는 사람들이 동시에 경험하는, 서로 무관하게 병립하는 세계들이 있다. 미래에 도래할 사건들은 이미 다른 장소에서 현존하고 있다. 나의 반경 안에 타자의 비존재는 그 타자의 고유한 현존이다. 무관해 보이는 각각의 세계들은 병립한다. 그러나 이 다른 세계들은 우연히 교차하게 되고 필연적인 사건들을 낳게 된다. 만남의 우연성과 사유의 필연성이 있다.

전형적인 중산층인 아멜리에의 아버지와 어머니는 좋아하고 싫어하는 것이 뚜렷하다. 이 부분은 롤랑 바르트의 〈좋아하고 싫어하는 것들〉에 대한 긴 목록을 연상시킨다. 그들은 인간 신체의 나약함을 못 참아 한다. 아버지는 물에 젖은 수영팬티가 달라붙는 것과 샌들을 신은 자신의 발을 남이 보는 것을 싫어하고, 어머니는 목욕물에 퉁퉁 분 손가락과 타인의 손과 접촉하는 것을 혐오한다. 그들 둘 다 **정리**를 강박적으로 좋아한다.

갇힌 금붕어는 어항 밖으로 뛰어올라 자살을 기도하며, 신경쇠약에 걸린 어머니는 금붕어를 비 내리는 시냇물에 떠내려 보낸다. 어떠한 보호도 받지 못한 채 시내에 버려진 작은 금붕어는 아멜리에의 등가물이다. 아멜리에는 금붕어 대신 카메라를 선물로 받는다. 이웃집 아저씨의 조롱에 속아서 모든 것을 찍어보며 텔레비전에 나오는 세상의 모든 불행의 원인이 자신의 **시선**에 있다고 믿어버리는 아멜리에. 아저씨가 거짓을 말한 것을 깨달은 꼬마 아멜리에는 안테나의 접속을 끊어서 아저씨가 열광적으로 보는 축구경기를 차단한다. 세상의 모든 아저씨들이 열광하는 축구경기는 '진짜 소통'이 아니다.

어린 아멜리에는 아빠가 청진기를 대자 가슴이 두근거린다. 심장

병으로 오인한 아버지는 아멜리에를 학교에 보내지 않고 집에서 어머니에게 가르치게 한다. 어머니는 아멜리에를 가르치는 대신 윽박지른다. 어머니는 아들을 달라고 노트르담 성당에 기도하러 갔다 성당에서 뛰어내려 자살하는 캐나다인에게 깔려 죽는다. 언어는 마술적인 힘을 소유하는데, 즉 어머니의 언어—기도의 응답은 엉뚱하게 주어진다. (아들 대신 캐나다인의 죽음—자기 자신의 죽음이 주어진다.) 아버지는 우울증에 빠지고 학교도 제대로 다니지 못한 그녀는 결국 친구 하나 없이 고독하게 자라난다.

성장한 아멜리에는 집을 떠나 몽마르트르의 조그만 '풍차' 카페에서 일하게 되는데 이 카페의 모든 평범한 인물들과 함께 이야기가 전개된다. 애인도, 친구도 없는 아멜리에가 좋아하는 것은, 외로울 때마다 곡식자루에 손넣기, 숟가락으로 파이껍질 터뜨리기, 생 마르탱 운하에서 물수제비뜨기이다. 애정의 결핍을 그녀는 주위에 쏟는 따뜻한 시선과 신선한 감각적 경험으로 대치한다.

어느 날 향수병 뚜껑을 떨어뜨린 아멜리에는 우연히 욕실 구석에서 40년 전 감춰놓은 어느 소년의 잡동사니가 든 보물상자를 발견하고, 그것을 원래의 주인에게 돌려주고자 한다. 그리고는 결심한다. "그가 만약 감동한다면 늘 좋은 일만 하고 살리라, 아니면 말고." 보물상자의 주인을 남몰래 찾아주는 일이 성공해 의기충천한 아멜리에는 자신감을 얻어 일련의 사건들을 일으키는 트릭스터가 된다.

이어서 그녀는 머리가 모자라는 야채가게의 점원 뤼시앵을 주인이 학대하는 불의를 목격하고 비밀스런 정의의 천사(쾌걸 조로)가 되고자 한다. 비열한 야채가게 주인 콜리냥의 집에 몰래 들어가 사물들에 장난을 쳐서 콜리냥을 골려준다. 옆 아파트에 사는 자폐적인 화가, 20년 간 르느와르의 똑같은 그림을 모사하며 머물고 있는 화가에게 불완전하나 행복한 이미지들을 녹화해 보내며, 40년 전 배반한 남편 때문에 아직까지도 슬퍼하는 아파트의 여관리인에게 죽은 남편의 편지를 위조해 보내기도 한다. 언제나 불평불만으로 일관하는, 카페에서 담배를 파는 조제트와 여종업원 지나를 스토커하는 조셉이 서로 맺어지도록 노력한다. 그들 둘 다 외로운 사람이기 때문이다. 지나를 스토커하던 조셉은 조제트가 그에게 관심이 있다는 아멜리에의 꾸며낸 암시에 걸려 조제트를 사랑하게 된다. 그러나 그는 편집증적인 사람으로, 지나 대신 이번에는 조제트를 스토커하며 새로운 사랑을 지옥으로 만드는 어리석은 사람이다. 의심을 지닌 눈에는 발화된 모든 말이 부정함의 증거가 될 뿐이다. 어쨌든 아멜리에는 다른 사람의 외로움에 관심을 쏟느라 자신의 외로움을 돌아볼 겨를이 없이 바쁘다. 말없는 그녀는 트릭스터가 되어, 질서를 흐트러뜨리고 감추어진 혼돈의 작은 끌개가 되고 사람들을 일련의 게임으로 끌어들이며, 일상에 부여될 수 있는 놀이의 신선함을 일깨운다.

아멜리에가 친구가 없어서 괴로웠을 때 친구들 때문에 괴로웠던 **니노는 형제가 있었으면** 하는 그녀와 똑같은 꿈을 공유한다. 니노 역시 카페 여종업원 아멜리에처럼 사회의 주변인이라고 볼 수 있다. 그러나 니노가 비록 포르노 비디오 등을 파는 가게의 점원으로 일하고 있지만, 그의 마음은 그 누구보다 순수하다. 전철역에서 아멜리에는 뭔가 모으는 니노를 보게 된다. 그가 모으는 것은 마르지 않은 시멘트에 찍힌 발자국, 기묘한 웃음소리, 전철역 구내에 있는 3분 자동포토의, 잘 안 나와서 사람들이 찢어버리고 간 증명사진들이다.

자동포토에서 나오는 사진은 형편없다. 이 사진들은 ID카드에 급하게 붙이기 위한 것이다. 정체성의 인증을 위한 것이지만 좀처럼 마음에 들지 않는, 그런 사진들이다. 사진의 주인들조차 찢어버린 것, 그것은 기대에 부합하지 않는, 자신의 것이되 굳이 바라보고 싶지 않은 자기 자신의 얼굴이다. 대개 욕망은 본래적인 자신의 것이 아니라 타자들의 것으로 구성된다. 주체가 욕망하지 않는 자기 자신의 모습은, 끊임없이 되먹임되는 욕망의 연쇄에서 비껴간 것, 탈락한 것, 포기되고 버려진 것이다.

버려지고 상처받은(찢어진) 주체들의 사진을 주워서 복원하는 것은, 살아가기 위해 어쩔 수 없이 가지게 된 니노의 직업, 스스로의 의지와는 무관하게 비속한 상품을 팔아야만 하는 절망감, 부품적·도구적 존재로서 필연적으로 감당해야만 하는 '악함'을 상쇄하고자 하는 행위이다. 니노는 그의 '현실'에서 벗어날 수는 없지만, 일하는 틈틈이 남들이 버린 자아의 형상을 복원하고자 시도하는 사람이다. 모르는 사람을 가족처럼 소중히 여긴다. 그의 앨범은 무한한 자상함이고, 쓸모없는 것이며, 그래서 특별하다. 그것을 깨달은 아멜리에는 그를 사랑하지 않을 수 없는 것이다. 니노의 브리콜라주는 삶의 제한 조건을 상쇄하는 수집이다.[1)]

그러나 니노는 아멜리에를 알지 못한다. 니노에게 자신의 존재를 인식시키는 것은 아멜리에가 해결해야만 하는 또다른 문제이다. 아멜리에는 자신을 찾는 게임으로 니노를 끌어들이는데, 이 게임은 사회라는 위계에서 모든 사람이 언제나 하고 있는 게임인, 위계의 위쪽으로 올라가려는 안간힘, 상징이나 자본의 획득을 놓고 벌이는 게임과는 다르다. 그것은 사랑받는 자로서 정당한 그의 인식을 위한 것이기에. 사랑받는 자로서 그를 깨닫게 하는 것, 아멜리에는 그것이 언어로는 가능하지 않다고 생각한다. 말이란 실재를 지시하지도 못하고 으레 진실을 배반하기 때문이다. 그러나 용기없는 아멜리에는 언제나 '작전'을 짜기만 할 뿐 니노를 마주하지 못한다. 조합한 사진의 인물이 아멜리에라는 것을 발견한 니노에게 그녀는 거짓말을 한다. 사진 속의 여자는 자신이 아니라고. 그녀는 스스로 게임을 이탈해버리며 절망감에 빠진다. 아멜리에는 언어를 믿지 않으며, 마침내 니노와 조우하는 영화의 마지막 장면에서 말을 침묵시킨다.

인류 역사상 수집이란 행위는 언제나 이 세계에 대한 전유로서, 특히 지위를 나타내는 상징물의 획득과 관련되어왔다. 개인이 세계 속에 존재하기 위해 수집은 필수불가결한 실천항목이기도 하다. 전유와 소유물 없이, 애착을 갖는 여하한 물건 없이 개인과 개별성이 정의될 수는 없다. 자기 소유의 사물을 소중히 여기지 않는 사람은 남의 것도 소중히 여기지 않는다. 사유재산에 대한 인정이 서구적인 근대 시민사회의 기초이다. '성 안에 사는 사람들'이라는 뜻을 지닌

---

(1) 보드리야르는《기호의 정치경제학 비판》에서 욕구에 영향을 미치는 권력 체계의 동어반복과 이러한 종류의 수집, 그리고 오려내기와 이어붙이기 체계에 대해 언급하고 있다. 장 보드리야르, 이규현 역, 《기호의 정치경제학 비판》, 문학과지성사, 1998, 68쪽, 98쪽.

시민들은, 최대한 잘 사는 방법, **모두스 비벤디**(*Modus Vivendi*)를 추구한다. 그것은 이성과 절제, 경제의 존중, 합리적인 사유에 의해서만 가능하다. 그러나 잘 살아보려고 해도 불가능한 사람들, 삶의 지극히 기본적인 조건들조차 갖추지 못한 사람들이 있다. 그렇다면 그들은 어떻게 더 나아질 수(아멜리오레) 있을까?

동어반복과 브리콜라주

아멜리에의 놀이와 니노의 수집을 통해서 우리는 가능한 **전유**[2]의 형태를 생각해볼 수 있다. 대상 혹은 사물과의 관계는 여러 가지일 수 있다. 즉자적·대자적 관계, 관상, 인식, 감응, 번역, 전유, 소유. 이 모두가 나라는 주체를 정의하는 고유성에 관여한다. 나는 나

---

[2] 앞 장의 문두스와 봉토를 받는 가신의 예에서 볼 수 있듯이, '적합화시킴'을 뜻하는 전유란 다르고 낯선 대상(fremd)을 자신에게 고유한 것(eigen)으로 귀속시키는 행위(appropriation, Aneignung)를 말한다. 전유와 세계 해석 행위에서 나는 폴 리쾨르의 관점을 채택하고 있다. 리쾨르에게 문학적 텍스트란 무엇인가에 관한 것이다. 오로지 텍스트 안에서 인간은 상황이 사라진 뒤에도 지속되는, 비상황적 지시체로 지시되는, 가능한 상징적 차원들로서의 세계를 가진다. 그런 의미에서 성서는 본문에 의한 세계의 '현현(顯現)'이다. 전유를 통해 독자는 작품의 의미와 지시체, 작품의 세계에 대응한다. 한편 담화에 대한 리쾨르의 논의에서 특정주어와 특정술어의 결합을 가능케 하는 것은 순수형식적인 기호적 체계 법칙도, 교육을 통한 습득도 아니라, 세계-내-존재로서의 개인의 지향적 의도라는 점에서 해석 행위는 사건성과 명제성을 통해 의미를 지닌다. 담화의 사건성이란 발화로서의 담화가 구체적 개인이 처해 있는 구체적 상황을 떠나서는 어떠한 의미도 가질 수 없다고 보는 것으로, 개인이 처한 상황은 시간적이고 일회적이며 따라서 언어 행위는 일종의 실존적 행위이다. 문장수, 〈폴 리쾨르의 담화론〉, 《철학논총》, 27집, 새한철학회, 2002, 67~71쪽; 리쾨르, 윤철호 역, 《해석학과 인문사회과학》, 서광사, 2003, 322~341쪽. 해석학적인 입장과는 달리, 매개를 상정하지 않고 권력의 관점이 아닌 자유를 구성하는 '힘'의 관점에서 사유하는 스피노자의 철학 역시 전유의 철학으로 해석된다. 안토니오 네그리, 윤수종 역, 《야만적 별종》, 푸른숲, 1997, 92쪽, 300~303쪽.

를 알지 못해, 나의 근거를 만들기 위하여 끌어모은다.

근대란 시대 구분을 넘어 하나의 태도이다. 그러나 '나'를 만드는 것은 생각만큼 자유롭지 않다. 외재적인 실재에 대한 믿음을 전적으로 단념하지 않는 한(그렇게 할 수 있는 사람은 거의 없다) 나의 자아는 내가 사랑하는 자들에 의해서 선택되고 불리는 무엇이다. 그렇게 강제되어 만들어진 내가, 오로지 정의된 나를 벗어나지 않는 반경 내에서 사물이나 기호들을 '내 것'으로 확고히 하기 위해서 전유하는 한 그것은 '나는 나'라는 언명을 확언하는 동어반복적인 모음이며, 다른 것을 나의 것, 익숙한 것으로 **번역**하는 것이다. 그러나 소유함은 언제나 소유당함으로 얽혀든다.[3] 소유에 의해 나 자신도 체계 안에 번역되어 사회적인 층위에 기입된다. 때문에 전유 혹은 차용이란 고유성의 이름으로 자유를 제약하기에, 전유는 제국주의의 대표적인 수사법이기도 하다. 현대 생활과 불가분의 관계에 있는 미디어들, 신문이나 방송은(어쩌면 인터넷도) 경험이나 사건을 조각조각 잘라서 제국적으로 전유하게 만드는 매체의 대표적인 예이다. 그것은 주체의 언표 가능성을 만들어낸다. 나는 무엇이므로 무엇이라는, 전유라는 행위에는 수사학과 서사 형식이 감추어진 전제의 형태로 필연적으로 개입될 수밖에 없으며, 그 감추어진 메시지는 대단히 여러 가지이고 쉽사리 이데올로기나 헤게모니라는 말 안에 포획되는 어떤 경향을 만들어낸다. 주체가 주체로 만들어지기 위해서 자유

---

(3) 소유와 사로잡힘(포획) 혹은 소유당함의 관계는 근세 영국에서 법적 용어의 발생에 잘 나타나 있다. 이 책의 15세기 연극 〈인내의 성〉의 분석을 참조할 것.

브리콜라주, 전유의 놀이, 엠블럼 | 261

철광석이 함유된 나무화석의 드로잉, 펜과 잉크, 수채화, 17세기

는 필연적으로 제약당하게 된다. '나는 나'라고 버티는 것, 그것은 쉽게 동어반복이 되어버린다. 응답이 들려올 수 없도록 말해지고 행해진다. 이 영역에서의 유일한 혁명은 그 응답 가능성의 복원에 있다.[4]

전유란 근본적으로 제국의 수사이다. 그러나 존재의 근거를 모아서 확보함없이, 다른 사람들에 대한 관계를 만듦없이, 나에 대한 이야기를 만듦없이, 지식을 주체로 그러모음없이, 여하한 전유도 소유도 없이 살아갈 수는 '없다'. 모든 것을 거부해버린다면 삶 자체가 존재할 수 없을 것이다. 그렇다면 아예 전유 자체를 좀더 적극적

---

[4] 보드리야르, 《기호의 정치경제학 비판》, 192쪽.

으로 사고할 수는 없을까? 일상의 삶에서 마주치는 사건들에 대해, 주어지는 언술을 받아들이는 것 이상으로 적극적으로 기호 해석을 도입하는 것은 어떨까? 전유란 삶을 어떤 기술 혹은 예술로 바꾸어낼 수 있는 기회를 준다. 이렇게 본다면 찢어진 사진들을 이어붙이고 웃음소리를 모으는 니노의 수집은 상징적이며 희망의 여지를 준다.

경제적 이윤이나 정보의 획득을 위해 모으는 것이 아닌, 특별한 목적이 없는 니노의 수집은 정체성을 제한하는 제도의 인증, 물질과 재화를 얻기 위한 교환의 논리에 귀속되지 않는, '나'를 넘는 자유로운 '나'를 만들어낸다. 절망을 상쇄하기 위해, 혹은 인간을 도구나 부속으로 전락시키는 강고한 시스템에 저항하기 위해 모은다고 해야 하리라. 과거의 장인이 했던 것처럼 전체적인 공정을 아우르는, 오랜 시간이 걸리는 DIY 같은 일에 기꺼이 몰두한다. 이것은 절망감을 안겨주는 현재(자본주의)의 강고한 시스템과 절대적인 제한 조건에 대한 반란이자, 단순한 즐거움을 위한 혼자만의 놀이(로제 카이와가 말하는 의미에서의 루두스)이다. 자기 자신에 대한 서사, 신화를 만들어내는 이 놀이는 브리콜라주(bricolage)이다.

레비-스트로스는 신화를 만들어내는 서사 방식, 자본주의 체제와 무관하게 개인의 삶을 위하여 수집하는 행위를 '**브리콜라주**'라는 용어로 포괄했다. 브리콜라주란 이질적인 조각들을 연결하여 구조적으로 동일한 것들을 지속적으로 직조, 재직조하는, 신화 구성 방법이다. 잘 알려져 있다시피 콜라주란 파편화되고 조각난 것을 모아붙이는 행위로, 종이로 하는 모아붙이기, 즉 파피에콜레를 시작한 것은 브라크와 피카소였다. 브리콜라주란 자연스러운 것이지만 신화와 서사, 즉 문화를 만들어낸다.[5] 문화란 언어나 자본과 마찬가지로 끝없이 자기생성적인 특성을 갖는다. 문화란 후원자가 후원하거나 정책 입안자가 명령해서 단번에 이루어지는 것이 아니다. 각자의 삶이 곧 문화가 된다. 삶에 충만할수록 좋은 문화가 만들어진다. 높은 곳에서 낮은 곳으로, 낮은 곳에서 높은 곳으로 자유자재로 흘러가는 것이 문화이다. 문화는 모든 곳을 가로지른다.

브리콜자란 당장 사용할 수 있는 수단을 쓰는 사람, 즉 이미 거기 있는, 자기 주변에서 발견되는 도구들을 사용하는 사람이고 브리콜뢰(bri-coleur)하는 것은 이를테면 색의 조합이다. 이 도구들은 목적 달성을 위해 특별히 만들어진 것은 아니지만, 브리콜라주하는 이는 그것들을 시험삼아 사용해보고, 필요하다 싶으면 바꾸어도 보고, 기원과 형태가 이질적인 것들을 한꺼번에 여럿 사용해보는 것도 주저하지 않는다.[6] 이렇게도 해보고 저렇게도 해보고 바꾸어도 보는, 아마추어 목공일 같은 브리콜라주. 그것은 혼자서 열심히 하는 놀이인 루두스이며, 매체에 의해 조작되는 '대중'이 아닌 다른 몸을 만들 수 있다.

---

(5) Weiner, *Inalienable Possession*, 8쪽.
(6) 레비-스트로스가 《야생의 사고》에서 말하는 브리콜라주는 근본적으로 신화를 구성하는 담론 방식이다. 이것을 제라르 즈네트는 《문채들(*Figures*)》에서 문학 비평의 담론으로 활용할 것을 권한다. 브리콜자에 대립시키는 기술자는 그의 언어 전체, 통사법과 어휘를 구성해야 하는데, 이러한 의미에서 쓰는 자(기술자)란 하나의 신화라는 점을 데리다는 지적한다. 브리콜라주와 전혀 관계가 없는, 쓰는 자에 대한 관념은 결국 신학적 관념이다. 자크 데리다, 《글쓰기와 차이》, 449~450쪽.

"제국과 제도는 사멸해도 놀이는 지속된다." 놀이가 영원할 수 있는 까닭은 그것이 중요하지 않고 언제든 그만둘 수 있기 때문이다.[7] 브리콜라주에서는 삶이 그대로 놀이가 된다. 주위의 평범한 사람들의 외로움을 위로하기 위한 아멜리에의 쾌활한 장난이나, 쓸모없는 것들을 열심히 모으는 니노의 수집은 놀이이다. 발자국이나 웃음소리, 남들이 버린 증명사진 등, 상품가치가 없는 기묘한 것들을 모으는 니노의 수집은 누가 알아주기를 바라고 하는 것이 아니다. 그것은 이름의 명명을 목표로 하지 않는, 교환이나 제도에 인증되거나 귀속되기를 바라지 않는 이야기 만들기, 즉 브리콜라주이다.

여기에는 위험이 따른다. 수집이란 어디까지나 물질적인 것의 모음이기에 아마추어의 부박함과 페티시즘이라는 위험이 지속적으로 도사리고 있기 때문이다. 그러나 니노의 마음은 더없이 순수하다. 니노의 수집은 에밀 졸라의 《사랑의 한 페이지》에 삽입된 하인인 제피랭을 연상시키는데, 그는 머리도 둔하고 보잘것없는 하인일 뿐이나 그림을 모으면서 무한히 즐거워한다. 그림들은 그에게 소중하다.

> 제피랭의 호주머니는 늘 터질 지경이었다. 세느 강가에서 주워온 투명한 조약돌, 낡은 편자, 쪼그라진 야생귤, 넝마주이도 줍지 않는 잡동사니 같은, 별난 것들을 그는 거기서 끄집어냈다. 그는 특히 그림을 좋아했다. 길을 걸으면서 그는 초콜릿이나 비누

---

[7] 카이와, 《놀이와 인간》, 29쪽, 122쪽.

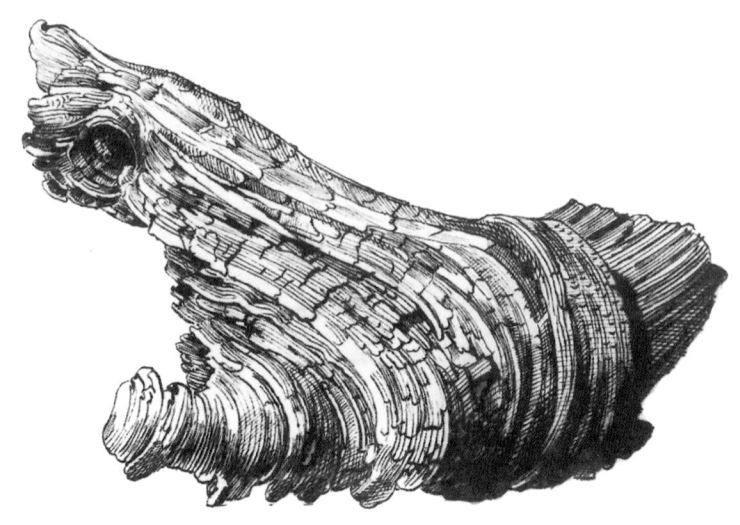

나무편 화석, 검은 초크에 잉크, 《화석사 XVI》, fol.52(원저 RL 25691)

를 포장했던 종이들을 모았는데 거기에는 흑인과 야자나무, 이집트의 무희, 장미꽃 다발 등이 그려져 있었다. 꿈꾸는 듯한 금발 여인이 그려진, 찌그러진 낡은 상자 겉옷, 채색 판화, 사탕을 쌌던 은박지 등 근처 시장에서 버려진 것들이 그에게는 가슴 부풀게 하는 소중한 발견이었다. 그 모든 노획품은 호주머니로 빨려 들어갔다. 가장 귀한 것은 신문지 조각으로 쌌다. 일요일날, 로잘리가 소스와 구이를 하는 사이에 틈이 나면 그는 그림을 보여주었다.[8)]

줄리안 반즈가 《플로베르의 앵무새》에서 인용하고 있는 플로베르의 소설에서도 제피랭과 같은 수집 형태를 볼 수 있다. '기쁨'이라는 이름을 지닌 하녀 펠리시테는 가족이 없다. 어느 누구도 그녀를 사랑해주지 않으며, 그 존재를 쉽게 잊어버린다. 외모, 능력, 자본, 친연관계가 중시되는 지층화된 사회에서 펠리시테는 비천한 가사노동의 도구 그 이상이 아니다.

물론 펠리시테는 기본적으로 플로베르의 대극에 있다고 해야 할 인간이다. 어쨌든 마음먹은 애기조차 만족스럽게 할 수가 없는 여자이니까. 그러나 바로 거기에 루루의 역할이 있다고 하는 주장 또한 성립한다. 앵무새는 말을 할 수 있는 동물, 인간의 목소리를 발하는 유일한 동물이다. …… 프랑스 학자풍으로 말하자면, 앵무새는 '로고스의 상징'일 것이다. 그러나 나는 영국 사람이니까 구체적인 사물에 근거한 애기, 즉 시립병원에서 목격한 경쾌하고 발랄한 그 생의 애기로 자꾸만 돌아가고 싶어진다.[9]

---

(8) 《사랑의 한 페이지》는 에밀 졸라의 '루공 마카르 총서' 가운데 여덟 번째 소설이다. 엘렌느라는 젊은 부인은 아픈 아이 잔느에게 얽매여 비뇌즈 가의 작은 방을 떠나지 못한 채 나날을 보낸다. 그러나 아이는 점점 쇠약해져가 그녀의 모든 희생은 무력하기만 하다. 아이를 간병하는 동안 그녀는 의사 앙리에게 사랑을 느끼지만 결국 잔느가 죽자 그녀의 사랑도 끝난다. 그녀는 부르주아의 도덕적인 무미건조한 일상으로 복귀한다. 부르주아 여성으로서 엘렌느의 아이에 대한 연민과, 그녀의 갇혀 있는 상황은 반대급부적으로 금단의 사랑에 대한, 억제되어야만 하는 강렬한 열정을 촉발시킨다. 이와는 대조적으로 제피랭은 삶의 단순한 기쁨을 드러내기 위해 삽입된 인물이다. 사소한 즐거움은 그의 시선에 의해 주어진다. 하녀 로잘리는 그가 가져다준 그림들을 보느라 시간 가는 줄 모르다 자신이 해야 할 일을 깜박 잊고 엘렌느에게 야단맞는다. 에밀 졸라, 이미혜 역, 《사랑의 한 페이지》, 창원, 1994, 99~100쪽.
(9) 줄리안 반즈, 정성호 역, 《플로베르의 앵무새》, 日曜, 1993, 21쪽.

펠리시테는 반즈가 지적하듯이, 기본적으로 플로베르와는 대극에 있는 인간, "어쨌든 마음먹은 것조차 제대로 말할 수 없는 여자"이다. 펠리시테가 하는 일, 할 수밖에 없는 유일한 일은 잔혹한 사회에 자신을 보상없이 내주는 것이다. 그러나 그녀는 애착을 갖고 쓸모없는 것들을 모은다. 그녀는 열심히 일하고, 인간과 사물에 끊임없이 애정을 쏟는다. 특히 앵무새 루루에게 애정을 쏟는데, 루루가 죽은 뒤에는 박제를 해서 곁에 둔다. 어쨌든 가진 것 없고 아름답지도 않은 그녀를 아무도 사랑하지 않는다. 펠리시테라는 가상의 인물을 그려낸 플로베르를 제외하면. 플로베르는 펠리시테를 허구 안에서나마 존재하도록 만들었다. 허구란 비현전된 가능한 사건들의 층위에서 거짓이 없는 진리를 말해준다.[10]

펠리시테가 아끼던 앵무새는 '로고스'의 상징이다. 로고스란 바로 펠리시테가 갖지 못한 것, 결코 가질래야 가질 수 없는 것이다. 태생적으로 박탈당한 바로 그것을 펠리시테는 애착을 갖고 숭배한다. 펠리시테가 해야만 하며, 할 수 있는 유일한 일은 이기적인 주변인들에게 자신을 아낌없이 내주는 것이다. 제목 그대로 그녀는 '순결한 마음'이다. 하지만 그것은 어느 누구에게서도 인정받지 못한다. 그것은 낭비가 아닌가? 그것이 바로 이성을 뛰어넘는 이성의 참모습이라는 것을 작가인 플로베르는 갈파했던 것이다. 플로베르는 찬사도 비난도 하지 않고 그저 있는 그대로 그려내고 있다. 그것이 현실이기에.

---

(10) Doležel, *Heterocosmica*, Johns Hopkins Univ. Press, 1998, 16쪽.

펠리시테는 모은다. 어수선하고 맥락이 없는 물건들, 오로지 그녀 자신이 품는 애착만이 일관하고 있을 뿐인 물건들을 모아놓고 거기에서 위로를 구하고 있었다. 앵무새 루루의 박제는 그 중 하나이다. 플로베르도 이와 비슷한 일을 하고 있었는데, 쓸모는 없지만 추억이 담겨 있는 물건들을 절대로 버리려 하지 않았다.[11] 이러한 수집은 페티시즘을 넘어 종교에 가까운 무엇으로, 그것을 물신이라고 한마디로 단죄해버릴 수는 없으리라.

인간은 존재의 근거-근거없음이라는 심연을 건너기 위해 통약 가능한 가치의 다리를 놓는다. 온갖 종류의 매개체는 가치를 정의해주는데, 이 '가치'가 최고로 실현된 형태가 가족과 자본이다. 그러나 가족도 자본도 없는, 혹은 박탈된 사람들이 있는데, 그들은 시간의 흔적이 새겨지는 사물의 세계, 대상이자 도구의 세계에 속한다. 사물은 소진되어버리는 시간이 새겨진 시계이다.[12] 마치 노예와도 같은 이 상태, 대상으로 살아가는 조건에서 벗어나기 위해서는, 버릴 수 없는 가치로운 무언가를 찾을 필요가 있다. 그것은 펠리시테의 앵무새처럼 외부에서 찾아낼 수 있는 것이지만, 타인들이 부여하는 가치를 담보하는 것은 아니다. 마치 창조주처럼, 앵무새라는 형태의 로고스에, 사물에, 작업에, 노동에 가치를 부여하는 것은 오히려 소외된 존재인 펠리시테이다.

앵무새 루루를 아끼며, 보상받지 못하고 베풀기만 하는 무지한

---

(11) 줄리안 반즈, 《플로베르의 앵무새》, 26쪽.
(12) 미셸 세르, 이규현 역, 《헤르메스》, 민음사, 1997, 337쪽.

펠리시테는 모순어법적인 존재이다. 그녀는 부르주아적인 삶을 낭만적인 사랑을 통해서 일탈하고자 했으나 결국 비극으로 끝나고 마는 엠마 보바리처럼 플로베르의 대극에 있는 인간이면서 동시에 작가 자신이다. 오로지 플로베르만이 펠리시테라는 존재를 이해하고 그려낸다. 플로베르의 또다른 작품인 《부바르와 페퀴세(*Bouvard et Pecuchet*)》 역시 수집에 대한 책이다. 주인공들은 **이 세상의 모든 지식을 모으고 싶어한다.** 반즈의 말을 빌면, 세계 전체, 인간의 모든 노력과 좌절을 가둬놓고 이것을 극복하려고 한다. 그러나 그들의 지적 여정은, 그들이 벗어나고 싶어했던 바로 그 일인 **동어반복, 남의 글의 필사**로 끝난다. 동어반복을 생각해보자. 펠리시테는 펠리시테이고, 니노는 니노일 뿐이야라고 말할 때, 실제로 말해지는 것은 무엇인가? 가능성이 배제되고 있다. 더 나은 존재가 될 가능성. 비트겐슈타인(Wittgenstein)은 말한다.

> 동어반복과 모순은 아무런 진리 조건도 가지지 않는다. 그러나 동어반복과 모순이 무의미한 것은 아니다. 동어반복과 모순은 현실의 그림이 아니다. 그들은 가능한 어떤 상황도 허용하지 않는다. 왜냐하면 동어반복은 모든 가능한 상황을 허용하며, 모순은 아무런 상황도 허용하지 않기 때문이다. 동어반복의 참은 확실하고, 명제의 참은 가능하며, 모순의 참은 불가능하다. 동어반복과 모순은 기호 결합이 한계인 경우, 즉 기호 결합의 해체이다.[13]

(13) 비트겐슈타인, 이영철 역, 《논리철학논고》, 천지, 1991, 83~84쪽.

부바르와 페퀴셰는 용렬하며 더욱더 용렬해진다. 박학을 추구할수록 더욱더 어리석어진다. 스스로 질문하지 않기 때문이다. '지식'이란 이러한 것이라는 타인의 가정과, 사회적으로 인증된 것(권위)을 예상하고 자신을 억지로 뜯어 맞추기 때문이다. 그러나 타인이 예상하는 기대에 자신을 뜯어 맞추는 것이 아니라 진정 스스로 원하는 것을 발견할 수 있다면, 솔직할 수 있다면, 결코 버릴 수 없는, 진정 소중한 무언가를 발견할 수 있다면, 그것은 인간을 분명 '더 나아지게(ameliorer)' 만든다.

'현상계의 전유'라는 욕망과 관련되는 수집 행위는 상당히 중요한 국면들을 보여준다. 특히 한자리에서 모든 것을 한눈에 볼 수 있도록 지식을 모은다는 것은 근대적인 주체의 탄생을 예고한다. 중세에는 백과사전적인 동물지(*bestiary*)와 식물지(*herbal*), 새도감(*aviary*), 괴물지(*Liber Monstorum*)가 기술되었고, 근세로 접어들면 왕과 제후들은 궁전에 '예술과 경이의 방(*Kunst und Wunderkamern*)'을 만들며 식물학 연구를 목적으로 한 정원, 열대식물을 키우는 오렌지 온실, 동물원과 도서관 등을 조성했다. 모든 소장품은 정확한 세밀화와 함께 보존되었으며, 문서 기록—영수증, 편지, 일기, 연설문 원고, 하찮아 보이는 판본 들—역시 모두 도서관에 보관되었다. 서양의 역사주의와 실증주의를 만들어낸 것은 이같은 물적 토대이다. 이것은 섣불리 비판함으로써 간과하게 되는, 이성과 계몽의 시대의 긍정적 특성이다. 부르주아들 역시 개인서고를 갖추고, 동전이나 조개껍질, 직물의 샘플, 암석과 화석, 작은 그림과 판화 등을 모았다. 그들은 자신이 누구라는 것을 이해하기 위해, 자기 자신을 정의하기

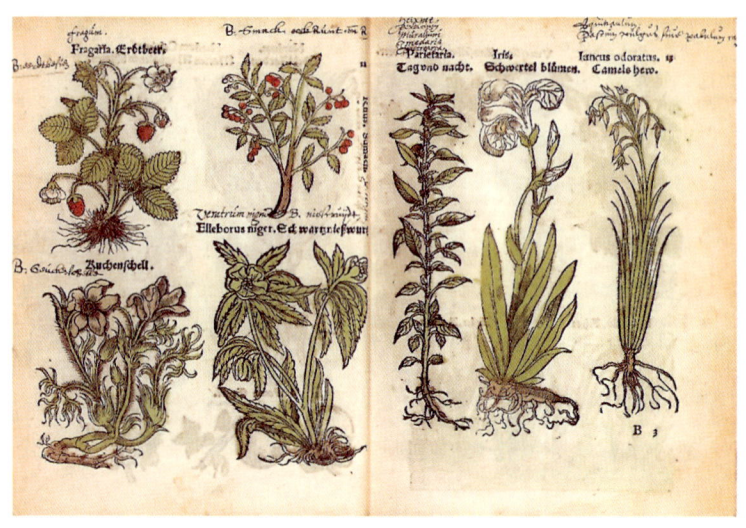

식물 표본 드로잉, 크리스티안 에그놀프, 〈식물의 다양성〉 삽화, 《초본지, 수목지, 과실지의 이미지(Herbarium, Arborum, Fruiticum Imagines)》에서, 1550, 프랑크푸르트

위해 모아들였다. 그것은 '주체'를 만들어냈다.

우리들 역시 늘 무언가를 모으고 있다. 아무것도 모으지 않는 것처럼 보이는 사람조차, 흔히 신문이나 텔레비전 같은 미디어를 통해 모은, 작은 정보의 모자이크들에 기뻐한다. 그래서 아빠들은 아침이면 입을 꾹 다문 채 신문을 샅샅이 뒤적이고, 여자들은 뻔한 내용이라는 것을 알면서도 잡지 코너를 기웃거리며, 밤이면 온 가족이 각자의 방 인터넷에서 방황한다. 삶을 견디기 위해서는 모아서 이어붙이는 일이 필요하기 때문이다.[14] 사물이나 정보가 속해 있는 고유한 맥락에서 잘라내어 붙이는 신문의 모자이크는 제국주의의 대표적인 수사학이다.[15] 매체에 대한 맹목적 믿음, 그것은 차이를 보지 않는 전유가 되기 쉽다. 사건들에는 특정한 맥락과 상황이 있는데, 잘라서 붙이는 가운데 그 연관 관계들이 사라지게 되는 것이다. 주체가 있어야 한다고 간주되던 자리에는 관계, 작동 방식, 시스템의 교차가 있다. 때문에 스스로를 찾아나서게 된다. 세계 안에서, 사물들 속에서. '나'를 정의해줄 수 있는 것, '나'와 닮은 것을 모아들인다.

앎에 있어 전유로부터 근본적으로 자유로워질 수 있을까? 무에서는 아무것도 나오지 않는다. 빌림없이 사고할 수 있는가? 그럴 수는 없다. 그렇다면 전유란 무엇이어야만 하는가? 잘라붙임, 빌림, 전유에 의해 속박당하지 않는 지식, 진정한 의미에서 자유를 주는 지식이 가능할까? 그것이 가능하다면 그건 무의미를 두려워하지 않는 의지일 것이다. 전유를 나의 속성의 확장으로, 소유물로 두지 않는 것. 고유성에서 벗어나 무에서 무로 통과해나가는 것. 그런 의미에서 니노의 수집은 이상적인 무엇이다. 그것은 그의 **진실**이며, (제도의 인증을 목적으로 하지 않기에) 예술은 아니지만 예술과도 같은 그러한 무엇이 되고자 하는 삶이다. 그것은 결코 대상화되지 않는, 사

---

(14) 아이들의 책이 수집이나 모음의 긍정적 측면을 강조하는 데 비해(북구적 감성이 엿보이는 《리네아의 일기》, 《나는 잡동사니 대장》 등), 어른들의 책이 무소유, 불필요한 것은 가급적 다 버릴 것을 주장하는 것은 흥미로운 대조를 이룬다. 한동안 유행했던, '느리게 살아라', '자연으로 돌아가라'는 주장, 청교도적인 공동체와 러다이트 운동 등에 대한 관심(물론 이것은 전지구적 신자유주의에 대항하는 공동체의 탐색과도 관련이 있지만), 청소에 대한 비법서들을 비롯해 정리법과 단순하게 사는 법에 대해 쏟아져 나오는 수많은 대중적 매뉴얼들. 이런 것들은 지난한 삶에 대한 진통제 내지 주술적 이완장치를 이룬다.
(15) Spur, "Appropriation, Inheriting the Earth", *The Rhetoric of Empire*, Duke Univ. Press, 1993, 28~42쪽.

물이나 부품처럼 대상화될 수 없는 그러한 존재로서의 니노의 충일한 시간을 만들어낸다.

시간을 소재로 삼거나, 아니면 오히려 주제로 삼고 있는 작품은 더이상 다시 붙을 수 없는 파편들, 동일한 퍼즐로 짜맞추어지지 않으며, 선행하는 전체성에 귀속되지도 않고, 잃어버린 어떤 통일성 자체에 근원을 두고 있지도 않는 조각들과 관련되어 있다. 작품은 이 조각난 부스러기들을 가지고 움직이는 것이다. 크기와 형태에서 서로 다른 부분들은 들어맞지도 않고 또 동일한 리듬으로 전개되지도 않는다. 그리고 문체의 흐름은 이 부분들을 동일한 속도로 끌고 가지도 않는다. 이러한 서로 다른 부분들의 최종적인 현존—아마도 시간은 바로 이러한 것이리라.[16]

니노가 버려진 기표들의 모음을 자신의 진실된 삶으로 전환시키듯, 어떤 전유는 주어지는 상징들의 기만과 현혹으로부터 이탈하고, 그 외재성을 내면화시키지 않는 가운데 삶으로 발현될 수 있는 가능성을 지닌다. 인간이 언어화된 상징계적 질서에서 벗어날 수 없다는

---

(16) 질 들뢰즈, 《프루스트와 기호들》, 171쪽. 《천의 고원》에서 들뢰즈는 아상블라주(assemblage)를 통해 브리콜라주와 유사한 개념을 말하고 있다. 현대 미술에서 아상블라주란 콤바인 페인팅을 말하는데, 마치 로트레아몽의 시작(詩作) 방식처럼 이질적인 맥락의 물건들을 자유롭게 접속하고 집적하는 것을 말한다. 여기서 조각은 유기적 전체가 되지 않는다. 들뢰즈의 아상블라주에서 물질과 형식은 종전과는 새로운 관계에 놓인다. 물질은 내용의 물질이 되기를 그치고 표현의 물질이 된다. 형식은 혼돈의 힘들을 제어하는 코드가 되기를 그치고 힘 자체가 되며 대지 위의 힘들의 총합이 된다.

것은, 기호의 세계에 대해 보다 적극적으로 사고해야 한다는 것을 의미한다.

니노와 아멜리에가 시도하는 것과 같은 '놀이'로서의 기호와 표상들을 스스로 전유해보자. 이러한 구성, 무한히 증식 가능한 브리콜라주적인 이야기 만들기(그것은 언어의 본성이기도 하다), **'전유'** 자체에 어떤 가능성이 내포되어 있다는 점은 분명하다. 술어를 주어에 귀속시키는 동어반복 역시 전략적으로 사용될 수 있다. 아멜리에는 아멜리에이다라고 말할 때, 아멜리에는 더 나아질 수 있고, 그래야만 하는 존재의 고유성이다. 애니메이션 〈딜버트(Dilbert)〉에서 회의장의 담화를 상기해보라. "키워드가 뭐지?" "키워드는 키워드." "키워드가 뭐냐고!" "키워드는 키워드야." 장소의 장소, 이름의 이름. 키워드는 키워드, 장미는 장미. 모세는 모세. 영화 〈비 속에서 노래함(Singing in the Rain)〉에서 진 켈리와 친구 코지모는 창가의 줄무늬 커튼을 뒤집어쓰고 노래부른다. "모세는 발끝이 장미라고 생각했지, 그러나 모세가 잘못 생각한 거였네, 장미가 장미라는 것이 장미라는 것은 장미……(A rose is a rose is a rose is a rose is……),"

만남의 우연성과 사유의 필연성

이 영화에는 **에피파니**(Epiphany)-**현현**(顯現), 진리가 존재자로서 드러나고 열어젖혀지는 섬광 같은 깨달음의 순간이 묘사되어 있다. 녹슨 보물상자의 옛 주인을 찾아줌으로써 고양된 아멜리에는 길가는 늙은 장님을 부축하며 돕는 것으로 자신의 기쁨을 표현한다. 그녀는 생동하는 거리의 모든 모습을 언어로 즐겁게 묘사하는데, 그것은 야채가게 점원이자 머리가 모자라는 뤼시앵의 외침처럼 말의 카니발을 만든다. 예기하지 못한 도움을 받고 기뻐하는 장님 노인과 아멜리에가 공명하는 사건으로서의 깨달음의 순간, 카메라의 스트로브(strobe)처럼 펑하고 터지는 화면의 빛은 진리의 드러남, 바로 계시-에피파니의 순간이다. 눈이 보이지 않는 노인을 부축하고 길을 걸으며 아멜리에가 온갖 사물들에서 느끼는 감각은 살아 있음의 기쁨, **경이로움**으로 가득하다. 그것은 기호적이며, 세계의 새로운 의미를 안겨주며, 아이들처럼 신선하다.[17]

열두 번 이상 증명사진을 찍고 버린 남자에 대해 아멜리에와 니노는 그를 불행한 사람 혹은 유령으로 상상하며 몹시 궁금해 한다. 그들이 그의 정체를 깨닫자(그는 고장난 기계를 고치는 기술자였다) 아멜리에와 니노의 머릿속은 작열하듯 섬광으로 환하게 빛나며 그들이 찾아낸 '**진리**'가 눈부신 에피파니로 현현한다. 전유의 문제에서 술어가 주어로 귀속되는 논리적 사고는 타자를 동일자로 환원할 때에만 논리적이다. 전적으로 우연한 **사건**으로 드러나는 일상의 에피파니는 논리적이지 못하다. 만남의 우연성과 사유의 필연성. 그러나 이것은 진리를 찾는 주체를 만들어내며, 슬픔과 고독으로부터 자유로워질 수 있는 기회를 준다.

하이데거에게 계시는 존재의 존재 자체로의 드러남인 반면, 레비나스에게 에피파니는 상처받을 가능성이 있는 존재로서의 타자와의

---

[17] 질 들뢰즈, 김상환 역, 《차이와 반복》, 민음사, 2004, 273쪽.

맞닥뜨림이다. 레비나스에게 타자란 트라우마를 주는 무엇으로, 적합한 표상없이 주어진 사건인 **트라우마**는 늘 참을 수 없는 상처의 고통과 더불어 그것이 계시하는 바를 추적하도록 주체를 종용한다. 이 것은 사진 비평에 대한 바르트의 용어인 **스투디움**(*studium*)과 **푼크툼**(*punctum*)에 의해 명료하게 드러나는데, 사진을 볼 때 스투디움은 문화, 교양, 지식, 작가의 의도에 의해 느끼고 알게 되는 것인 반면, 푼크툼은 마치 화살처럼 나를 꿰뚫고 트라우마-상처를 주는 것이다. 표상을 이해하기 위한 코드가 부재하기에 사진 속에 들어 있는 어떤 이해 불가능한 상형문자가 바르트의 푼크툼이었다. 푼크툼은 트라우마의 생산자이다.[18]

그러나 진정으로 맥락없는 푼크툼이란 존재하지 않으며, 타자를 무한으로 정의하는 것은 삶 속에 가능한 실천을 무화하는 일이다. 고통에는 언제나 원인과 맥락이 있다. 레비나스의 비관적인 트라우마론은 이차 대전의 상흔 때문이리라. 타자란 고유한 역사를 지닌 구체적인 존재이며, 우리는 자기 자신과는 완전히 다른 타자와 맞닥뜨림으로써 반성하는 한편 시간은 체험의 순간이 된다. 조이스의 《젊은 예술가의 초상》에서 스티븐 디덜러스는 바닷가에 서 있는 흰 새와도 같은 소녀를 보며, 그것이 그의 현존의 에피파니가 된다. 그는 전체성, 조화, 광휘라는, 토마스 아퀴나스의 미학을 재발견하며, 글을 쓰고 싶은 자기 자신을 깨닫는다. 들뢰즈에게 에피파니, 곧 현

---

(18) 바르트, 조광희·한정식 역, 《카메라 루시다》, 열화당, 1998, 34~37쪽: 서동욱, 《차이와 타자》, 문학과지성사, 2000, 120~123쪽.

현이란 체계 안에서 어두운 전조들의 활동에 힘입어 공명하는 계열들 사이에 일어나는 사태이다. 공명은 동일성에 의해서가 아니라 차이에 의해서 일어난다. 에피파니의 진동은 마지막 심급의 죽음본능, 스티븐의 "아니요"를 범람에 빠지게 하는 가운데 일소해버린다.[19]

미술사에서 **에피파니**는 '예수 공현일', 즉 아기예수의 탄생과 동방박사들의 경배 도상에 붙여진 제목이다. 베들레헴에 왕이 나셨음을 별들의 운행으로부터 읽은 이교도의 왕-세 사람의 마법사는 각기 선물을 들고 아기예수를 찾는다. 가톨릭 축일로서의 에피파니는 크리스마스 축제기간이 끝나는 1월 6일경이다. 한 해의 바뀜, 일상의 시간의 경계에 있는 특별한 축제의 시간, 이것은 중세로 들어서며 크리스마스부터 시작되어 에피파니로 끝나는 겨울축제로 대치되었다. 열이틀 동안 지속되는 이 겨울축제(혹은 휴일)가 끝나는 마지막 밤이 에피파니 축일로 일컬어지며, 이 마지막 밤에는 주인과 노예의 경계가 없어지는 (사투르날리아적인 정신이 깃든) '뒤집힌 세계'의 정신으로 축연을 벌인다. 셰익스피어의 〈십이야〉의 제목이 다름아닌 '십이야'인 것은 그러한 까닭이다. 막이 오르면 배가 폭풍우 속에

---

(19) 들뢰즈는 조이스의 에피파니를 '현현(epiphanie)기계'라고 부르고 있다. "그러므로 모든 관심은 특권적인 자연적 순간들에서 그것들을 생산하거나 재생산하거나 증식시킬 수 있는 예술기계, 즉 책으로 옮겨간다." "의미하는 내용물과 관념적 의미 들이 수많은 파편과 카오스를 위해서 붕괴되어버리고, 주관적 형식들이 카오스적이고 복수적인 어떤 비인칭을 위해서 무너졌을 때에만 예술작품은 자기의 의미를 완전히 얻게 된다. 다시 말해 오직 이때에만 예술작품은 자신의 작동을 통해 우리가 원하는 모든 의미를 구현하게 된다." 들뢰즈, 《프루스트와 기호들》, 242~243쪽; 들뢰즈, 《차이와 반복》, 273쪽.

헤르트헨, 〈동방박사들의 경배〉, 캔버스에 유화,
1480년경, 암스테르담 국립미술관

있고 배 안에서는 흥겨운 파티가 벌어지고 있다. 십이야의 에피파니 축일 밤이다. 쌍둥이 남매는 헤로데 왕으로 분장을 하고 법석을 떨며 흥겹게 연극을 하다 난파한다. 오빠가 죽었을 가능성을 도저히 받아들일 수 없는 누이 비올라는 시간이 사라진 십이야의 상황을 연장한다. 그녀는 남장을 하고 사회적 조건의 경계를 넘는다. '뒤집힌 세계'는 초시간적으로 연장된다.

미술사에 나타나는 에피파니 도상이 주로 다루는 사건은 동방박사의 경배이다. 대개 당나귀가 엿보고 목자들과 동방에서 온 마법사들이 경배하며(그들은 금(가치)과 유향과 몰약(방부제, 영원한 생명) 등을 바친다), 아직 산후조리중일 마리아는 옷을 제대로 차려입고 아기예수를 진지하게 경배한다. 대개의 에피파니 도상에서 마리아와 아기가 있는 헛간은 금방이라도 무너질 것처럼 낡디 낡았다. 그 폐허인 건축물은 말하자면 구법의 종말, 유대법의 종말을 의미한다.

동방박사의 경배 도상에 에피파니라는 제목이 붙은 까닭은, 에피파니의 경험이 새로운 시대의 열림에 대한 계시를 말하며, 에피파니의 도상을 묵상하는 것이 이미지에 대한 관상을 통해 새로운 존재로 깨어나게 하는 것이기 때문이다. 그것은 한번에 완성되는 과정이 아니라, 삶 속에서 매순간 되풀이되어야만 하는 깨달음의 **현현**이다. 때문에 에피파니나 〈예수의 생애〉 장면을 다루고 있는 판화들은 중세 말 **안닥스빌트**(Andachtsbild)의 하나로 분류되는데, '안닥스(andachts)'란 세심하게 주의를 기울인다는 뜻이다.[20] 현현, 그 섬광 같은 깨달음을 얻기 위해서는 주의를 기울여야만 하기 때문이다. 그것은 충만한 현존의 감각을 만들어내며, 전적으로 새로운 시간의 경험을 연다. 그것은 지식에 틈을 만들어내며 진리로의 길을 연다. 에피파니 도상에는 구법의 종말과 새로운 시간의 도래에 대한 경외감이 있다.

---

(20) E. Panofsky, "Imago Pietatis". Ein Beitrag zur Typengeschichte des 'Schmerzensmanns' under der 'Maria Mediatrix', in *Festchrift für Max. J. Friedlander zum 60. Geburtstage*, Leipzig, 1927, 261~308쪽.

8

잊혀진 문헌 양식, 엠블럼

상품으로 교환되지 않는, 니노와 펠리시테의 수집, 현실에는 별 반 소용없는 것들을 '모은다'는 것에 대해, 미술사학을 하는 나의 입장에서 독자들도 이런 것을 알면 좋겠구나 하고 생각되는 것이 있다. 그것은 근세의 잊혀진 문헌 양식인 엠블럼 모음이다. 엠블럼집은 그림과 글이 공존하고 필수불가결하게 상호보완하는 책이자, 지식의 모음이다. 책이라는 상품 형태를 띠고 있으나 근본적으로는 선물이다.

현재에는 극소수의 학자들에게만 기억될 뿐 엠블럼이라는 양식은 잊혀졌는데, 엠블럼집이 16~17세기 유럽의 베스트셀러였다는 사실은 근대를 비판할 때 우리가 간과하기 쉬운 무엇인가를 말해준다. 엠블럼집에서 글들은 보통 고전의 인용이고, 그림들은 지금은 잊혀진 대단히 복잡한 상징을 내포한다. 때문에 옛 화가들이 도상적인 고안의 근거로 사용했기에, 현재는 근세 미술을 해석하는 중요한 문헌 근거로 사용된다. 그렇다면 이러한 특별한 형식은 무엇을 위해 고안된 것인가? 엠블럼이 발생되던 시기의 역사적인 흔적들을 살펴보면, 그것이 기억과 선물을 위해 만들어졌다는 것을 알 수 있다. 엠블럼은 이윤을 목적으로 제작된 것이 아니었다.

기억과 선물

나는 엠블럼을 대할 때마다 보르헤스가 〈틀뢴, 우크바르, 오르비스 테르티우스〉에서 말하는 '뢰니르(rönir)'를 발견하는 심정이 된다. 초석만 남은 황룡사 터를 스치는 바람에 가슴이 설레듯. 황룡사의 불상은 현재 단지 파편만이 몇 조각 남아 있다. 그러나 그것은 지금이 아닌 어떤 시간대에 분명히 존재했고, 확실히 손실되었다고 여겨지는 유물의 목록만 정리한 책도 두꺼운 책 한 권이다. 사라진 것에 대한 책을 들고 있는 것은 신비하다. 그처럼 하나하나의 그림-글인 엠블럼 각각에는 발굴자의 의도에 따라서, 관심에 따라서, 마치 저절로 생겨나는 것처럼 보이는 끝없는 이야기들이 숨어 있다. (물론, 이야기들이 저절로 생겨나는 것은 결코 아니다. 그것은 잊혀지고 소멸되었을 뿐인 '사실'들이다.) 잊혀지고 단절된 과거의 시간은 마치 미래와도 같이 무한해, 결코 그 전체를 파악할 수 없다. 옛 문헌들의 세계에서 과거는 또 하나의 타자, 끌어당겨야만 할 미래가 된다.

전통적인 **엠블럼**(*emblem*)은 현재에는 존재하지 않아 번역할 마땅한 말이 없고 설명 또한 쉽지 않다. 그나마 엠블럼에 가까운 말은 가문의 문장(herald)이다. 현대 사회에서는 기업이나 집단을 상징하는 상표의 의장(意匠; logotype)이 그나마 엠블럼에 가깝다. 소위 '명품'을 나타내는 기호들인 샤넬, 디올, 베르사체, 에르메스 시계의 장식적인 이니셜의 로고 타입들은 각각 1550년대의 옛 프랑스 성 (구체적으로 오이론 성)에서 차용해온 것들이다. 그러나 현대의 의장은 본래의 엠블럼과는 거리가 있다. 우리들은 내용을 모르고도 막연히 끌리기도 하는데, 그것은 그러한 기호들이 어떤 내밀한 원형적 기억에 닿아 있기 때문이다. 사멸한 기호의 껍질은 마치 조개껍질에 아로새겨진 알 수 없는 무늬가 바닷물의 온도 변화에 대한 기억을 간직하고 있듯이 옛 봉건 사회의 기억을 간직하고 있다.

그것은 어떤 기억일까? 1545년에서 1549년 사이, 이 문양을 넣은 타일로 장식되었던 궁전의 갤러리에는 후원자의 주문에 의해 그려진 벽화가 있었는데, 그 내용은 바로 트로이 전쟁과 베르길리우스의 《아이네이스(Aeneid)》였다.[21] 그것은 가장 아름다운 여인에게 주어져야만 하는 황금사과로 촉발된 전쟁, 파리스의 심판으로 인한 전쟁이며, 황금가지를 들고 지하세계로 내려갔던 영웅의 기억이며, C와 J, I, H라는 이름의 이니셜들은 아득히 먼 옛날의, 《아이네이스》를 그린 이 갤러리를 짓게 했던 후원자인 여성들의 이름에 대한 기억이다. 그것은 시간이라는 파도에 의해 해안으로 떠밀려온 빈 조개껍질

---

(21) Marc-Henry Jordan and Francisca Costantini-Lachat, "Moorish Tracery", in *The Renaissance and Mannerism in Europe*, 1993, 332쪽.

프랑스 성의 엠블럼적 이니셜의 바닥장식타일, 1550년경, 오이론 성

이다. 바다에 대한 기억은 닫혀 있고 읽을 수 없다. 우리들은 기호나 이름을 보아도 그들을 볼 수 없으며, 폐쇄된 세계였던 여왕과 귀부인들의 꿈은 서술된 역사에서 한 줌의 기억조차 남기지 못한다. 그러나 분명 그 마음은 존재했다. 맥락에서 떨어져버린 파편일 뿐인 기호에서 그것은 어렴풋이 느껴진다.

그렇다면 엠블럼이란 무엇인가? 어원적으로는 조각을 모자이크처럼 '모아넣는다, 새긴다'는 뜻이라고 한다. 엠블럼이라는 말은 본래 방패나 그릇, 접시 등에 조각조각 돌조각을 상감해넣는다는 의미인 그리스어 **엠블레마**(*emblema*)에서 유래되었다. 키케로는 가정경제의 지혜로운 절약을 언급하며 엠블레마라는 용어를 쓰고 있다. 키케로의 언급은 다음과 같다. 정교하게 장식된 오브제들을 소유하는 낭비에 빠지는 대신, 가정경제(*oikonomos*)의 수지에 맞게 인간은 **엠블레마타**(*emblemata*)할 수 있어야만 한다. 그것은 일상적인 가사의 대상들을 보다 낫게 보이게끔 장식을 박아넣고 '옷입히는' 것을 말한다.[22] (키케로의 말은 실은 여성지에 흔히 되풀이되어 나오는 재활용품 리폼 방식과 다르지 않다. 가정경제와 일상의 신선함을 위해 권해지던 것이 바로 깨진 타일 조각조각 붙이기이다.) 그것은 일상적인 것을 특별하고 멋지게 보이게끔 장식하고 치장하는 것이다. 친숙하고 평범한 것을 새로운 다른 문맥으로 끌어넣는 것이다. 그것은 예기치 못한 의미의 담지체가 될 수 있다.

엠블럼이란 단순한 표지나 기호가 아니라, 그림과 텍스트가 상호보완적으로 복합되어 특수하게 기능하는 형식이었으며, 상징이라는 말이 본래 연회에 초대받지 않은 손님을 가리기 위한 조가비, 고리 또는 막대의 '짝을 맞춘다(*sym-bolum*)'는 말에서 나왔듯 특정한 의사 소통, 소위 상징적인 소통을 위해 만들어졌다. 상징은 그것을 읽는 사람과 읽지 못하는 사람을 구분하는 수단으로 사용되었다. 또한 그것은 언어의 불확실성을 그림으로 보완하기 위한, 16~17세기의 고유한 언어 방식이었다. 16~17세기가 종교개혁과 반종교개혁, 농민반란, 자본주의로 통칭되는 근대 체제의 발생 등으로, 역사상 유

---

(22) Manning, *The Emblem*, Reaktion Books, 2002, 47쪽.

례없이 들끓고 있던 시기라는 것은 주목할 만한 사실이다.

그러나 엠블럼의 재미있는 건, 그것이 애초에 연회에 허락받은 자와 허락받지 않은 자를 구분하기 위해 만들어졌던 본래적인 의미의 상징(symbola)을 적극적으로 사용하지만, 단지 나와 너를 구분하는 계층의 편가름을 위해 만들어진 것만이 아니며, 박해받는 자들이나 제한된 집단의 친밀한 소통을 매개하는 데도 동일하게 사용되었다는 점이다. **양가성**(Ambivalence)이라는 특성을 지닌 형상언어를 활용해 그것은 검열을 피할 수 있었다. 신교측도 구교측도, 마법사라고 불리던 사람들도, 정치적인 선전 혹은 반대로 위정자를 비방하고 풍자하고자 했던 사람들도 각각 자신들이 속한 특정 코뮤니티의 의사 소통을 위해 엠블럼을 사용했기 때문에 동일한 그림이 때로는 상반된 의미를 말하게 되는 모순도 생겨났다.

상반되는 목적의 집단에게 동일하게 사용된 엠블럼집은 주류적이면서도 비주류적이었던 특이한 문헌 양식이었으며, 그 본질에 있어 문헌의 복고주의라고 할 수 있는 근세의 인문주의(휴머니즘)와 불가분의 관계에 있었다. '인간'을 주창한 근세 인문주의는 고전문헌을 번역했는데, 고전의 인용이라는 점에서 상투어구와 알레고리를 사용하기에 매너리즘적 요소를 만든다. 엠블럼집 역시 성경 및 고대, 당대의 고전을 인용하며 재생산해낸다. 엠블럼집은 고전에서 영원히 변하지 않을 지혜를 추려내어 이를 개인의 경험에서 이끌어낸 이미지와 결합시켜 간직하고자 하는 기억술의 한 방법이었다.

언어에 대한 자기의식적인 인식을 전제로 한다는 점에서 그것은 주로 지식인들에 의해 만들어지고 유통되었다. 그러나 모토로 주어지는 짤막한 경구(대개는 상투어구)와 그림과 삽화를 사용해, 그 심층적인 내용이 전혀 이해되지 않더라도 대중에게 쉽사리 다가갈 수 있었다. 그림과 텍스트가 불가분의 관계에 있어 어느 하나가 빠지면 불완전해지는 것이 엠블럼이다. 내부와 외부로 동시에 원심적으로 열리는 알레고리로서의 텍스트는 중첩된 글이 적힌 양피지와도 같다. 그 의미는 해석을 필요로 하는 복합적인 것이었다. 이제 엠블럼을 최초로 고안한 사람에 대해 살펴보자.

알치아티의 엠블레마타

엠블럼집을 처음 고안했던 사람(알치아티)과 가장 유행시켰던 사람(카츠)이 모두 법학자라는 사실은 특기할 만하다. 기본적으로 소피스트인 법률가들은 대개 수사학적인 배치에 능하며 언어적 진리를 도그마로 만들지 않고 판단하기 때문이다. 그들은 전거와 설득을 이끄는 언어적 배치에 무감각하지 않을 뿐만 아니라 결코 그에 사로잡히지도 않는다. 플라톤이 《법률》에서 말하는 시인과 가장 대조되는 인간이 바로 법률가이다. 그러나 최초로 엠블럼 형식을 고안했던 알치아티는 법률가이자 시인이자 철학자였다. 그는 볼로냐 대학의 법학과 교수로, 박학하고 유능한 그 시대의 대표적인 인문주의자였다.

안드레아 알치아티(Andrea Alciato)가 엠블럼을 고안하게 된 경위는 흥미롭다. 그것은 "생각한다는 것은 이미지들로 관상하는 것이다"는 아리스토텔레스의 말을 상기시킨다. 1522년 12월, 알치아티는 친구인 출판업자 칼보(Calvo)에게 편지를 쓴다. "이번 사투르날리아 기간 동안, 완전히 새로운 문학적 구성물을 만들었어. 그것에 '엠블레마타(*Emblemata*)'라는 제목을 붙이려고 생각하고 있어. ......"[23]

알치아티는 자신이 구성한 '엠블럼'이 고되고 아카데믹한 일상의 업무에서 벗어나 축제 기간 동안 쉴 수 있게 만드는 재미있는 놀이라고 생각했으며, 그 우아한 구조가 자신의 박학한 인문주의자 친구들을 즐겁게 해줄 것이라 확신했다. 알치아티는 애초에 이것을 출판할 의도는 없었던 것으로 보인다. 그것은 칼보에게 보낸 편지에서 언급되고 있듯 농담이 뒤섞인 지극히 사적인 지적 유희로서, 오로지 친구들에게 보이기 위해서 만들어진 것이었다. 알치아티가 엠블럼의 구조를 설명하고 있으나 삽화는 들어 있지 않았다. 그것은 되새길 만한 가치가 있는 경구인 모토와 알레고리적인 그림에 대한 운문 주해(詩)였다.[24]

엠블럼집의 전신인 《그리스 경구 앤솔로지(*Greek Anthology*)》는 1529년 아우구스부르크에서 출판되었는데 아마도 이것은 친구들의 애정어린 기습적인 장난이었다고 보인다. 알치아티는 지극히 사적

---

[23] in *Le Letter di Andrea Alciato Giureconsulto*, ed. Gianluigi Barni, Florence, 1953, Letter 24; recit. Hessel Miedema, "The Term Emblema in Alciati", in *Journal of the Warburg & Courtauld Institutes*, XXXI, 1964, 234~250쪽; Scholz, "Libellum composuinepigrammaton cui titulum feci Emblemata: Alciatus's Use of the Expression Emblema Once Again", in *Emblematica*, I, 1986, 213~226쪽. 엠블럼에 대해 좀더 참고할 수 있는 문헌으로는 도상해석학 관련 논문집 《도상학과 도상해석학》, 네덜란드 정물화에 대한 졸저 《보이지 않는 것과 말할 수 없는 것》 등이 있다.

[24] Manning, *The Emblem*, 40~45쪽.

힐끗 열린 통의 엠블럼, 반 베인(van Veen),
《사랑의 엠블럼집》, 1608
"큐피드의 마음의 불은 숨기기 어렵다. 약간의 틈 혹은 구멍이 사랑을 드러낸다."

인 유희와 내밀한 생각 들이 조야한 형태로 출판된 데 대해 당황했던 것으로 보이며 심지어 출판된 것을 다시 회수하려고까지 했다고 한다. 왜냐하면 거기에는 사투르날리아 기간에만 허락되는 방종한 색채가 있었기 때문이다. 위트와 약간 색스러운 농담, 그것은 오로지 "회식자리에서만 허락되는 즐거움(festivis horis)"을 위한 것이었다. 그들의 유머 중에는 과한 내용도 있어, 훗날 연구자와 주해자 들을 얼굴 붉히게 만든 그런 것도 있었다고 한다. 그러나 이미 엎질러진 물이었다.[25]

오로지 사적인 즐거움을 위하여 고안했던 기획을 공개적으로 출판했다는 것은 신뢰에 대한 배반이자 데코룸(decorum)[26]의 침해로 간주되었던 듯하다. 상처받은 저자를 설득하여 오랜 시간이 지난 뒤 1529년 바젤에서 경구집이 다시 출판되었으나 여기에는 편지에서 말해지던 의도와는 달리 그림은 들어 있지 않았다. 출판업자인 하인리히 슈테이너(Steyner)에 의해 목판화 삽화를 넣은 최초의 정식 엠블럼집 《엠블레마타(Emblematum liber)》가 나온 것은 칼보에게 보낸 편지가 씌어진 뒤 10년 정도가 지난 1531년이었다. 친구 푀팅거

(Peutinger)에게 바치는 헌사에서 알치아티는 이 책을 대할 때 이미지와 시(詩)와 경구(lemma, or motto)를 함께 생각하라고 권하며, 자기조롱의 어조로 이 '음유시인'이 그러한 이미지들에 의미를 부여하며 장식패턴(文)을 만들어내는 것처럼 엠블럼을 만들며 즐거워했음을 술회한다.

그러나 알치아티 자신이 애초에 그림과 글의 상호보완을 의도하기는 했지만 그것이 실제 책으로 실현되리라고는 전혀 생각지 않았고, 편지에서 최초로 구상한 지 10년 가까이 지나서야 삽화가 들어간 형태의 본격적인 엠블럼집이 출판되었다는 것은, 이 책이 저자의 입장에서 의도된 것이 아니라 《그리스 경구 앤솔로지》의 시장성을 발견한 출판업자가 라틴어 독해가 딸리는 일반독자를 위해 알치아티를 설득했음을 의미한다. 박학한 법률가 휴머니스트의 입장에서 이러한 형태의 출판은 거의 희비극처럼 느껴졌을 것이고 그것이 서문의 자기조롱적인 어조를 설명해준다. 슈테이너에 의해 기획된 엠

---

(25) 아우구스부르크 경구집의 판본을 알치아티가 실제로 회수했는지는 확실치 않으나 유실되어 발견되지 않으며 현재 남아 있는 것은 《그리스 경구 앤솔로지》와 거의 같으나 막시무스 플라누데스(Planudes)에 의해 쓰여진 좀더 짧은 버전의 것으로 원제는 '그리스 라틴 운문 경구 모음집(Selecta epigrammata Graeca Latine versa)'이다. 르네상스라 통칭되는 시기에 학자이자 실무가인 휴머니스트들과 출판업자 간에는 지적 소그룹이 형성되었다. 그에 관해서는 수많은 실례를 들 수 있는데, 유럽의 수많은 학자들, 특히 독일과 스트라스부르의 출판업자들과 관계하고 있던 에라스무스를 비롯해(에라스무스는 여행시 각 도시의 출판소와 도서관부터 방문했다), 뒤러와 베함, 뉘렌베르크 출판업자들의 관계, 브뢰겔과 안트웨르펜 플란틴 서클의 밀접한 관련, 베네치아의 출판업자 마르콜리니와 피에트로 아레티노, 빈센초 카르타리, 프란체스코 산소비노, 에네아 비코의 경우 등을 들 수 있다. 이 소그룹들의 목표는 한결같이 라틴 고전을 번역하고 지방어 주석을 통해 독자에게 널리 보급한다는 것이었다.
(26) 본서의 1권 참조.

엠블럼집의 판형은 이미 존재하던, 삽화가 들어간 책들인 동물지라든지 격언록, 경구집의 판형을 참조했다.

어쨌든 알치아티가 양보해, 곧이어 프랑스어 판본이 나왔으며, 이는 전 유럽에서 대단한 인기를 끌어 16~17세기 동안 증보되며 200회 이상 쇄를 거듭했다. 17세기에 들어서면 엠블럼집은 모방의 모방을 낳으며 대단히 유행했다. 알치아티에 이어 또다른 중요한 엠블럼집들이 속속 출판되었는데 대표적인 것으로 기욤 드 라 페리에르(Perriere)의 《수수께끼의 극장》(파리, 1539)이라든지 길레스 고로젤(Gorrozel)의 《헤카톰그라피》(바젤, 1540; 헤카톰은 '소 100두의 희생'이라는 뜻) 등을 들 수 있다. 체자레 리파(Ripa)의 《이코놀로지아(*Iconologia*)》(1593)는 모든 주제를 망라하는 인덱스 형식으로 구성되었는데, 이는 많은 미술가들에게 도상적인 영감의 원전으로 사용되었으며 '동판화 공방의 성서'라고도 불렸다.

영국에서도 조프리 휘트니(Whitney)의 《엠블럼의 선택》(레이덴, 1586)이 출판되었고 테오도르 드 브리(de Bry)는 장 자크 보이사르(Boissard)의 엠블럼집을 프랑크푸르트에서 출판했다(1593). 연금술사인 미하엘 마이어는 이것을 주의깊게 연구하여 아들 테오도르와 협업하고 드 브리가 편저해 두 권의 엠블럼집으로 확대시켰다. 테오도르 드 브리는 아메리카에 대한 동판화 작업으로도 유명한데, 1598년 그가 죽은 뒤 아들 요한 테오도르가 드 브리 공방을 맡았다. 이 인쇄업자 일가의 또다른 계보로, 오펜하임 근처에 정착한 스위스 화가이자 동판화가 마테우스 메리안(Merian)이 있다. 메리안은 토포그라피적 도시 경관 판화로 유명했으며, 그 딸은 세밀화가로 이름난 마리아 시빌라 메리안이다. 오펜하임에서는 비결적 엠블럼집인 미하엘 마이어의 《달아나는 아탈란타》와 영국의 비결적 철학자 로버트 플러드의 여러 작업이 출판되었다.[27]

엠블럼집은 이 무렵 '황금시대'를 누렸던 네덜란드에서 특히 유행했다. (1780년대 이후로 유럽의 주도권은 영국으로 넘어간다.) 네덜란드에서 엠블럼집은 대단히 인기있는 문학 장르여서, 모든 중상류층 시민들의 집에는 성서 다음으로 법률가이자 정치가였던 야콥 카츠(Cats)라든지 박학한 상인(기업가) 루머 피스허(Visscher)의 엠블럼집이 필수적으로 소장되어 있었다고 한다.[28] 카츠 및 루머 피스허의 엠블럼집은 17세기 네덜란드 회화에 빈번히 인용되었다. 구교인 반종교개혁 진영(가톨릭) 역시 엠블럼을 종교 선전의 도구로 최대한 활용했다.

엠블럼집은 재치있는 삽화, 고전적이면서도 기억하기 쉬우며 실용적인 경구들, 글과 그림 사이의 간극을 상상력으로 메울 수 있는 자율성 때문에 인기가 있었다. 엠블럼은 읽기에 있어 독자의 상상력과 참여를 최대한 요구하는 재치있는 양식이었다. 그러나 시대적인 격동을 거치며 유럽에서 보편교양의 담지자들(주로 귀족들)이 사라지면서 엠블럼 문헌 양식 역시 사라지게 된다.

(27) H. M. E. DE JONG, *Michael Maier's Atalanta Fugiens: Sources of an Alchemical Book of Emblems*, York Beach, Maine, 2002.
(28) K. Portman, "Emblem Theory and Cultural Specificity", in *Aspects of Renaissance and Baroque Symbol Theory*, 6쪽.

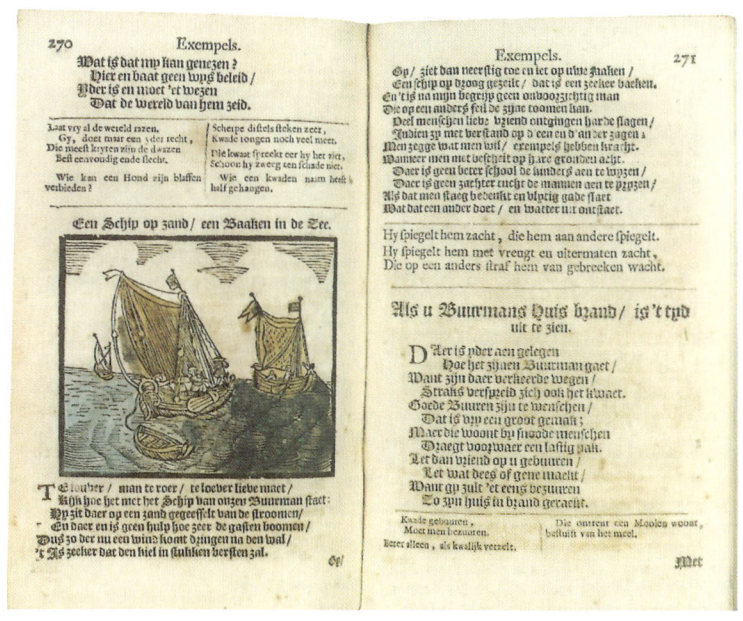

야콥 카츠, 〈방랑하는 배는 바다의 횃불〉,
《옛날과 새로운 시대의 거울……》의 한 페이지, 18세기 판본, 암스테르담

모토, 알레고리적 그림, 주해

  엠블럼은 보통 짤막한 경구인 **모토**(motto), 알레고리적인 그림, 대개 운문인 **주해**의 세 요소로 이루어진다. 세 가지 요소가 모두 갖추어진 것만을 엠블럼이라 한다.

  엠블럼의 모토는 짤막한 격언이나 경구 형식을 띠는데, 이러한 격언의 선호는 스토아적인 회의주의의 태도로 볼 수 있다. 종교개혁의 탈을 쓴 정치권력의 분쟁과 농민봉기로 각 집단의 이해관계가 대립되는 상황에서 끝없는 전쟁에 휘말려야만 했던 15~17세기는 결코 편안한 시기가 아니었다. 먹고 먹히는 끝없는 분쟁 속에서 지식인들은 회의주의자가 되지 않을 수 없었을 것이나, 세계 이성에 합일하는 올바름을 추구했다. 이것은 당시 지식인들의 데코룸 추구를 말해주는데, 그러한 의미에서 데코룸은 세속적이고 실천적인 **삶의 기술**(Ars Vivendi)이며 마치 동양의 유교처럼 성속에 있어 성(誠)과 중용의 정신이라고 말할 수 있다.

매사에 절제와 행위의 올바름을 추구하는 데코룸의 이상은 서구 문명을 만들어내는 데 대단히 중요한 역할을 했다. 서구의 근대를 만들어낸 '수치심의 경계(schaamtegrens)'로서의 데코룸이란 언뜻 이해하기 힘들 정도로 폭넓은 개념이다. 데코룸의 미학적 개념은 범주들을 끝없이 확장시킨다. 그 자체로는 좋거나 나쁜 것이 아니다. 마치 자유주의자의 모토 같은, "각자에게는 각자의 것"이라는 16~17세기 절제의 엠블럼은 데코룸한 중용의 정신이다.

대표적인 인문주의자인 에라스무스는 격언과 속담에 고대의 지혜가 농축되어 있다고 보았다. 그것은 상식과 동시에 상투어구를 만들어낸다(commonplace는 **양식**(sensus communis)과 동시에 범용한 것, 상투어구를 뜻하는 말이 되었다). 경구 모음이라는 알치아티의 아이디어는 에라스무스의 작업의 연장선상에 있다고도 볼 수 있는데, 에라스무스가 《격언록(Adagia)》에서 일상생활의 사물들을 이용하여 공통감각, 공통개념에 호소하는 지혜의 실례(commonplace)를 제시하는 것은 중세 대중설교의 예화 제시(exemplum) 전통의 연속선상에 있다. 에라스무스는 흥미로운 우화(parabolae)들을 세네카가 말했던, 두려움을 모르는 필리아인 친밀한 우정 **아미키티아**의 선물로, 하나의 보석이나 표지(token)처럼 제시해야 한다고 서한에서 기술하고 있다. 그것은 딱딱한 음식을 소화하기 힘든 이에게 영양을 주는 부드러운 음식이다.[29]

근세 시민정치의 기반이 된 스토아적 정치철학의 전거인 세네카와 키케로, 에라스무스와 알치아티는 죽음을 넘어 지속하는 우정에 대해 말했다. 네오스토이시즘에 경도되었던 페터 파울 루벤스(Peter Paul Rubens) 역시 우정의 가치를 실천하기 위해 노력했는데, 루벤스는 세네카가 사형 선고를 받고 두려움 없이 초연히 죽어가며 말했던 **아미키티아**를 실천하기 위해 죽은 친구(당대의 가장 중요한 휴머니스트 중 하나였던 루뱅대 학장 립시우스(Lipsius)와 외교관이었던 자신의 형 필립)와 살아 있는 자신을 같은 화면에 사실적으로 그려넣었다. 루벤스는 "우정은 두려움을 극복하고 죽음을 이긴다"는 세네카의 말을 회화로 구현했다. 언뜻 사실적으로 보이지만 산자와 죽은 자가 함께 그려진 루벤스의 초상화는 그림으로 그려진 '알붐 아미코룸(*Album Amicorum*)'이다. 이것이 바로 형제애인 사랑 필리아를 위한 것이었다. 알붐 아미코룸을 만들어내는 의사 소통의 장에는 후일 프랑스 대혁명의 화두가 되었던 **자유**와 **평등**과 **형제애**가 있다.[30]

오늘날 '알붐 아미코룸'은 '기념논총'을 뜻하는 말로 한정되며, 평

---

(29) Lisa Jardine, *The History and Power of Writing*, Univ. of Chicago Press, 86~87쪽.
(30) Mark Morford, *Stoics and Neostoics: Rubens and the Circle of Lipsius*, Univ. of Princeton Press, 1991.

페터 파울 루벤스, 〈네 철학자〉, 피렌체, 피티궁, 피렌체 우피치 미술관

사실적으로 보이는 그림이지만 이 중 두 명은 고인이다. 1611년 형 필립의 죽음 후 우정을 기념하기 위해 이미 작고한 스승 립시우스까지 포함하여 그린 것이다. 필립과 립시우스 외에 화가 자신과 보베리우스가 보인다. 립시우스는 루뱅대 학장으로 네오스토이시즘을 주창했고 세네카와 키케로 철학을 부활시켰다. 그들의 사고 속에서 정치와 인문주의 그리고 정의와 철학은 분리되지 않았다.

생을 한길로 헌신한 스승에게 제자들이 헌정하는 대학의 관습으로 남아 있다. '알붐 아미코룸'을 받는 것은 학자로서 바랄 수 있는 최고의 영예이며, 학문 세계에 고유한 아름다운 관례이다. 에로스나 아가페와 구별되는 필리아는 본래 정신적으로 동등한 자격이 있는 남성 간에 가능한 우정으로, 고대적인 관습의 인문주의적인 복원이었고, 근세 유럽 시민정치의 기반이 되었던 네오스토아 학파의 중요한 강조점이었다. 필리아(philia), 지조(constancy), 충실(fidelity), 데코룸한 절제의 가치는 키케로의 수사학에 기반하여 의회정치를 이끌어갔다.31) 근대의 기반은 인문주의에, 인문주의의 기반은 고전의 복원과 기억에 있었다. 거기에는 인간과 이성에 대한 믿음이 있었는데 그것은 엠블럼 문학에서 보이듯 자기의식적이었다.

엠블럼은 텍스트를 제외한 그림과 모토만으로도 마치 일종의 상형문자처럼 기능한다. 엠블럼에서 그림과 언어의 상호보완적인 성격은 강렬한데 그 이유는 첫째, 진리성을 담보할 수 있는 언어의 진리 능력을 불신하는 르네상스의 언어관 때문이다. 말을 불신하는 이러한 태도는 셰익스피어에서 두드러진다.32) 언어는 그 자체로는 불완전하기 때문에 이미지에 의해 필연적으로 보완될 필요가 있다고

---

(31) 세네카는 "이 세상의 어떤 것도 친밀한 우정의 행복만큼 마음을 기쁘게 하는 것은 없다"고 *tranquillitas animi*를 말한다. 그가 "사랑은 죽음을 넘는다." 혹은 "사랑은 모든 것을 정복한다(*Omnia vincit amor*)"고 말할 때 그 사랑은 성애가 아니라 스토익한 우정인 필리아에 대한 것이다. *Morford, Stoics and Neostoics*, 214쪽. 현대와의 관련성에 있어서는, 알랭 바디우가 사건으로서 진리와의 마주침과 주체 그리고 충실성을 말한 것을 상기할 수 있다. 충실성과 지조의 강조가 네오스토이시즘의 화두였고 이것은 과거나 현재나 공히 중요한 실천적인 원칙이다.

(32) Morseley, *A Century of Emblems*, Scolar Press, 1989, 3-5쪽. 르네상스기의 언어관에 대해서는 박우수 교수의 수사학 관련 연구 참조.

생각되었다. 둘째, 문헌 근거의 뿌리를 찾는 인문주의의 영향 때문인데, 기독교 이전의 보다 오래된 태곳적인 지식, 이른바 '모세의 지식'으로 거슬러올라가려는 열망과 이집트 상형문자에 대한 관심이 존재했다.

여기에는 '이집트의 오이디푸스'라는 알렉산드리아 문서를 통한 호라폴로(Horapollo)의 상형문자에 대한 저서 《히에로글로파카》의 출판과, '세 겹의 헤르메스(*Hermes Trismegistus*)'라는 연금술적이며 비결적인 지식의 유행 또한 관련된다.[33] 르네상스 사상을 만들어냈던 신플라톤적인 신비주의에서 본래 언어는 그 자체로 심오하고 비밀스러운 진리를 전달할 수 없다고 간주되었기에 이미지와 형상 언어의 도움이 반드시 필요했다. 진리를 전달하기 위해 상징을 활용하는 이것은 중세적인 경향의 지속이기도 했는데, 왜냐하면 중세의 성직자들은 문맹인 민중에게 이미지로써 말하고자 했고 가르침을 눈으로 볼 수 있도록 상징물들을 의인화해 교회 안에 그림과 조각으로 새겨넣었기 때문이다. 신의 거울인 이 세계는 마치 한 권의 책과도 같이 읽을 수 있는 것이었다. 함축되고 내포된 의미는 해석되고 펼쳐져야만 했다.

말씀은 그림을 통해 읽을 수 있어야만 했고,[34] 대중설교 역시 이미지를 환기시키는 방향으로 진행되었다. 중세 말의 대중설교는 예화(*exemplum*)를 들고 오감을 활용하여, 청중들이 마치 눈으로 보

---

(33) Morseley, *A Century of Emblems*, 1~20쪽.
(34) Emile Mâles, *Religious Art in France*, Univ. of Princeton Press, 1984.

듯이 들을 수 있도록 생생하게 묘사해야만 했다. 그 예시는 평신도들이 스스로를 비추어볼 수 있는 '거울(*speculum laicorum*)'이 되어야만 했다.[35] 거울이라는 제명(題名)이 붙은 문헌은 이 텍스트가 독자들로 하여금 스스로를 반추하게 할 수 있는 예화라는 의미이며 여기서 여행이나 '순례'라는 토포스는 중요한 역할을 했다.[36] 이성적인 사고를 뛰어넘는 기호의 해석을 추구하는 이러한 전통은 반종교개혁 진영의 상징과 엠블럼 선호로 그대로 이어진다.

종종 역설적인 표현이 사용되는 모토와 그림만을 갖고 엠블럼의 내용을 해석하기란 불가능에 가깝다. 이는 엠블럼이 친한 친구들 사이의 의사 소통을 위한 것이었다는 배경과도 관련이 있다. 따라서 엠블럼집에는 알레고리적 그림을 설명해주는 주해가 동반되는데 이는 통상 운문의 형식을 띠고 있었다. 운문 주해는 보통 6보격의 시였고(*hexameter, hexameron*이라는 제명의 엠블럼집이 많은 이유는 이 때문이다), 그 내용은 주로 고전문헌의 인용과 경구, 우화로 점철되었다. 그것은 보통 끝도 없는 고전의 인용들로써 박학한 학식을 내보이는 것이었으며 여러 나라 말로 동시에 씌어지기도 했다.

엠블럼과 거의 동일한 형식인데 주해 텍스트를 동반하지 않은 것

---

(35) Henri-Jean Martin, *The History and Power of Writing*, Univ. of Chicago Press, 1994, 212쪽. 중세 설교에서의 '예를 들어 설명해 보임(exemplum)'이 근세 문예의 재현 방식에 미친 영향에 대해서는 저자의 논문 〈17세기 초 네덜란드 정물화 〈차려진 식탁〉의 상징과 의미〉를 참조할 수 있다. Robert W. Scheller, *Exemplum*, Amsterdam Univ. Press, 1995; Erwin Panofsky, "Erasmus and The Visual Art", *Journal of the Warburg and Courtauld Institutes*, XXXI, 1969, 201~227쪽.

(36) Susan K. Hagen, *Allegorical Remembrance*, Univ. of Georgia Press, 1990, 109쪽.

을 특별히 **임프레사**(*Impressa*)와 **디바이스**(*Device*)라고 부른다. 이러한 양식들을 모두 '문장'으로 볼 수 있으며, 기억의 극장을 환기시킨다. 중세에 임프레사를 비롯한 '문장'들은 명망있는 귀족이 여행시에 가문을 알리기 위한 표지로 고안되었으며, 경합하는 소규모 영주들이 '가문'을 내세워야만 했던 르네상스 이탈리아에서 발전했다. 임프레사에 대한 주해에서는 종종 비결적·카발리스트적 신비주의나 연금술의 흔적이 발견된다. 엠블럼집의 많은 그림들이 방패와 같은 원형 형태인 것은 임프레사 및 디바이스의 잔존하는 영향이다.

    그러면 알치아티의 엠블럼 몇몇을 보도록 하자. 가령 우연성과 운명을 존중하는 병립의 닻을 나타내는 엠블럼의 모토는 '신속한 느림(Maturandom)'이다. 성숙하기 위하여, 우리는 반드시 서둘러야만 한다. 그러나 그것은 닻을 내리는 것처럼 확고하게 고정되어야 하는 것이고 지둔한 것이다. 부동 속의 움직임이다. '게으른 불활성(inertia)'만이 역설적으로 최고의 신속함을 만들어낸다. 한 곳에 정박하는 닻과 속도를 나타내는 돌고래는 때론 화살과 뱀장어로 대치되었다. 이러한 모순어법의 유쾌한 활용은 르네상스적인 박학한 위트의 정수를 보여준다.

    한 엠블럼에서 알치아티는 묘비의 그림을 만드는데, 이 묘비에는 '고상한 정신'이라는 뜻의 '아리스토메네스(*Aristomenes*)'라는 이름이 적혀 있으며, 태양을 두려움없이 정면으로 마주보고 날아간다고 믿어졌으며 날카로운 눈을 가졌기에 **시각**을 상징하는 독수리가 그려져 있다. 그 묘비 아래 묻히는 사람은 누구인가? 이 엠블럼은 티포티우스(Typotius)의 인용이라고 하는데, 알치아티는 초연하면서

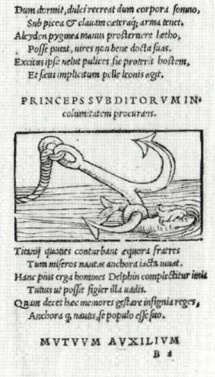

엠블레마타, 아우구스부르크 슈테이너, 1531

알치아티의 "평화로부터 부가 온다." 여기서 마치 만화의 캐릭터처럼 유머러스해 보이는 돌고래는 속도를 나타내며 닻을 끌고 있다. 주해에 따르면 이것은 자신의 힘을 넘어 만용을 부리는 사람에 대한 경고이다.

도 유머러스한 어조로 자신의 묘비를 상상한다. 삶에서 겪는 사건이나 경험은 살아 있는 동안에는 결코 그 의미를 판단할 수 없다. 그렇다면 묘비에 무슨 말이 씌어지기를 바랄 수 있을까?

알치아티의 볼로냐 법과대학 학장 취임연설이 '정의'에 대한 것이었듯, 고상한 정신을 지닌 아리스토메네스란 동등하고도 공정한 '정의'를 추구하는 사람이어야 한다. 여기서 정의(Justitia) 대신 쓰이고 있는 **공평한 정의**(Insedeas)라는 말에는 **가능성**이라는 뜻이 내포되어 있었다. 그는 태양을 정면으로 마주보고 날아가는 용기와 정의의 가능성과 함께 자신의 묘비를 상상하고 있었다.[37] 독수리는 제우스의 새로, 태양의 전차를 끌던 파이톤(Phaethon)의 추락은 상호관련된다. 때문에 알치아티는 태양을 마주 바라보는 고귀하고 담대한 용기를 말하면서도 스스로를 자조적으로 단속하고 있는 것이다. 영국의 인문주의자였던 헨리 피첨(Peacham)은 이 엠블럼을 인용해, '물결도 바람도(*Ni vndas ni vientas*)'라는 모토로, 세속의 일을 경멸하는 고귀한 마음, '확고한 마음'에 대한 엠블럼을 만들어냈다.38) 물결도 바람도 어쨌다는 것인가? 다른 사람들에게 이러한 말이 무슨 의미가 있을까? 그러나 그들에게 그것은 반드시 기억해야만 하는 무엇, '확고한 마음', **충실**이라는 **진리**였다. 이런 식으로 엠블럼의 이야기는 끝이 없다. 그것은 스스로를 위해 반드시 간직해야만 하는 기억을 이미지와 경구와 주해를 통해 형상화하는 것이었다.

알치아티는 도저히 합치될 수 없을 것만 같은 자질을 두루 갖춘 휴머니스트, 다재다능한 법률가, 시인이자 철학자, 또한 유머러스한 사람이었다. 그에게 전체 우주는 경이와 의미로 가득하고 질문에 의해 생성된다. 그는 사투르날리아 기간 동안 자신이 휴식하며 생각했던 즐거움을 전달하고자 했다. 그는 로마 시인 테렌스의 경구를 인용한다. "나는 인간이다. 그러므로 나는 인간이 내게 낯선 이방인일 수 있다고는 전혀 생각지 않는다(*Homo sum; humani nihil a me alienum puto*)." 만일 그가 자신의 모토대로 살고 행동했다면, 그는 이방인들, 낯선 자들, 타자들을 배제하지 않았던 열린 사람이었을 것이다.39)

---

(37) Virginia W. Callahan, "An Interpretation of Four of Alciato's Latin Emblems", *An Interpretation Journal for Emblem Studies*, Winter 1991, 255~270쪽. 데리다는 《법의 힘》에서 '아마도'라는 말로 남겨져야만 하는 법의 가능성과, 가능한 공정한 정의에 대해 질문한다. 데리다, 진태원 역, 《법의 힘》, 문학과지성사, 2004, 39쪽.
(38) Mason Tung, "From Impresa to Emblem", *Emblematica*, Spring, 1988, 84~85쪽.
(39) Bernhard F. Scholz, "The 1531 Augsburg Edition of Alciato's *Emblemata*: A Survey of Research", in *Emblematica*, Vol. 5 No. 2, 213쪽.

알치아티의 화살과 뱀장어 엠블럼, 〈느림 속의 신속함〉, 《엠블럼집》, 1542, 파리

나중 판본에서는 닻과 돌고래로 삽화가 바뀐다.

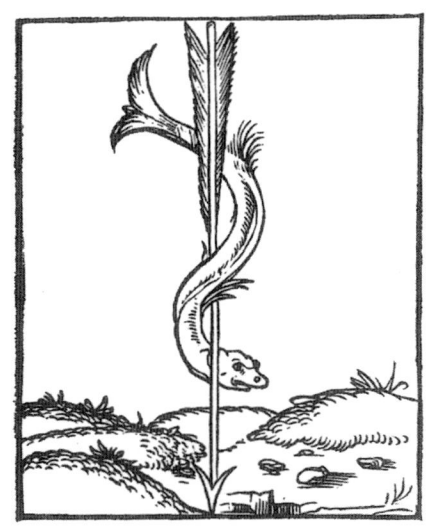

알치아티의 묘비 엠블럼, 〈고귀한 정신을 지닌 자〉, 아리스토메네스, 《엠블럼집》, 1531, 아우구스부르크

엠블럼 양식이 만들어졌던 비의도적인 우연함, 그 축제적인 기원은 주목할 만한 가치가 있다. 한 해나 계절의 분기점에 놓이는 사투르날리아는 '뒤집힌 세계'를 만드는 고대의 축제였다. 금지는 허용되고 인간 사회의 모든 지층은 사라진다. 사투르날리아 기간 동안 노예는 주인이 되고 주인은 노예가 된다. 카니발적인 '뒤집힌 세계'에서는 아이와 바보가 왕이다. 의미의 축제를 만드는 엠블럼에서 일상 세계는 충만하고 가득하다. 이미지를 통한 사유는 마음에 새겨둘 만한 가치가 있는 고대의 지혜를 되새기기 위함이었다. 숙고할 만한 가치가 있는 그 지혜는 일상에 유용하며 도덕적이고 데코룸한 것이었다.

알치아티는 폭넓은 사람이었다. 엠블럼집, 그것은 이 법률가가 높고 깊은 세계, 신화의 어두운 세계를 합리적 담론으로써 거부하지 않는다는 점에서 성(聖)을, 격언과 상식에 기초한다는 점에서 세속적인 **삶의 기술**을 말한다. 매달 해야 할 일을 기록한 중세의 월별 《성무일과서(*Book of Hours*)》나 《가사서(*Housebook*)》라든지, 보다 속된 예로 초서(Geoffrey Chaucer)의 《캔터베리 이야기》와 보카치오의 《데카메론》은 '잘 죽는 법(*Ars Moriendi*)'에 대조되는 '잘사는 법'이다.

'잘사는 법'을 극단적으로 추구하다 보면 허구서사에서 보이듯 쾌락을 추구하다 규범을 위반하게 되며, 그것은 변덕스러운 운명(*fortuna*)에 휘둘리는 어리석음(*folly*)으로 직결된다. 적절한 것으로 받아들여진 근세의 삶의 기술이란 무엇보다 절제, 데코룸이다. 그것은 지성에 의해 조율되는 성과 속의 절제된 균형이며, 기호와 상징의 진리성을 맹목적으로 신뢰하지 않는다는 점에서 자기의식적이고, 중세의 유비와 유형학적 세계관을 르네상스적 새로움으로 계승한다.

삶의 기술을 기억하고자 하는 양식인 엠블럼에서 전체 세계는 마치 바흐의 푸가처럼 단순한 선율이나 모티프들이 텍스트에 의해 변주되어 열린다. 한 줄의 모토, 하나의 그림으로부터 거대한 사유가 열린다. 한 톨의 씨앗으로부터 나무가 솟아오른다. 의미는 소우주인 '인간' 안에 담긴다. 예컨대 카메라리우스의 해바라기 엠블럼에서 해바라기는 하루 낮 동안 하늘을 가로질러 여행하는 태양을 지향하며 바라본다. 이것은 필멸의 운명을 지닌 세계와 영원한 천상, 일시적인 것과 불멸의 것의 조우이다. 정신은 죽을 운명을 지닌 신체에 매여 있고, 성스러운 것을 향해 그 자체를 조율한다. 동시에 이것은 군주를 바라보는 궁신이자 연인을 바라보는 마음이다. 엠블럼이 만들어내는 의미의 세계는 끝이 없다. 엠블럼이야말로 인문주의의 정수라고 할 만하며, 때문에 그것은 수많은 근세 문예의 영감의 원천이 되었다.

마법사들의 언어

엠블럼은 보통 알레고리 해석이자 유형학이었던 중세 해석학의 전통에 따라 세 겹, 네 겹으로 읽어야 한다. 그 중세적인 해석학의 근본은 바울의 거울언명을 받아들였던 아우구스티누스와 12세기에 정초된 카롤링거조의 해석학이다. 그것은 마치 융 심리학의 완성태처럼 4조일체(*quadrata*)로 전개된다. 즉 감각적이고 문자 그대로인 의미로부터 도덕적이고 정신적인 의미, 그리고 영혼과 마음을 통한 의미로 이해의 층위가 깊어져야만 한다. 니체가 세 갈래, 네 갈래로 갈라지는 '마법사들의 언어'를 기피하면서도 전달을 위해 은유의 강력한 힘을 채택했던 것처럼 현대에 와서 이러한 언명을 다시 권장하는 것은 과학철학자인 세르이다. 그는 "양파를 사랑하라"고 말한다. 껍질을 벗겨갈수록 눈물을 만들어내는 양파는 바로 해석학이다.

> 만일 네가 창조하고자 한다면 샘, 분수, 값진 광물, 높은 산의 정상들, 양파의 층위, 아티초크(artichoke)의 잎편, 바다사자의 외양, 발아하는 세포, 아이를 사랑하라. 그 모든 것이 푸른 거인처럼 정보로 가득 차 있으며, 헛소문을 퍼뜨리는 신문들, 뉴스라 불리는 것들의 허접한 정보의 낭비로부터 탈주한다.[40]

감각적·도덕적·정신적 층위의 세 겹으로 말하기 때문에 메시지가 모호해질 수 있었고 마치 암호와도 같이 기능할 수 있었다. 같은 그림이 상반된 내용에 사용될 수도 있었다. 보통 최초의 엠블럼집은 알치아티가 제작했다고 전해지지만, 그 이전에도 엠블럼집과 상당히 유사한 형태의 문헌들이 존재했는데, 리처드 드 푸르니발의 《사랑의 동물지》에서 언급되듯 대개 친구나 연인에게 보내는 마음의 선물로 고안되었다.[41] 또한 17세기 여성들은 가족이나 연인으로부

---

(40) Serres, *The Troubadour of knowledge*, Michigan Univ. Press, 2000, 95쪽.

터 페이지의 상당 부분이 비어 있는 시집이나 노래책을 선물받기도 했다. 이런 책들에는 삽화가 실려 있었는데 그들은 공백을 스스로 채워나가기도 했다.[42]

근세라는 문으로 들어가기 위한 좋은 통로인 엠블럼 연구가 접근 조차 어려운 이유가 있다. 우선 문헌 자료가 한국에는 없다. 한국의 도서관에는 엠블럼집이 없다. 그러나 사료가 도서관에 없다거나 이제까지 몰랐다고 해서 중요하지 않은 건 아니다. 엠블럼집은 이제까지의 역사 서술에서 간과되었던 부분을 새롭게 말해주는 중요한 근거가 될 수 있기 때문이다. 접근이 어려운 것은 구미에서도 어느 정도 마찬가지이다. 엠블럼은 단절되고 사라진 과거이며 현재의 도서관 편제에 정확히 위치할 곳이 없고 온갖 부문을 망라하는 특성 때문에, 법학·의학·미술사·자연사·마술·점성술·동물학·식물학·장식미술·건축 등에 흩어져 있어 추적이 어렵다. 전문적인 인문학 연구를 위해 상징에 관한 부분을 따로 모으는 바르부르크식 도서관이라면 그 단점을 어느 정도 극복할 수 있겠지만 이 역시 접근이 쉽지 않다.

바르부르크라는 이름을 모르는 독자를 위해 간단히 쓰고 넘어가려고 한다. 20세기 초 함부르크에 부유한 은행가의 아들인 애비 바

---

(41) Richard Fournival, Jeanette Beer trans., *Master Richard's Bestiary of Love and Response*, Purdue Univ. Press, 1999.
(42) 이에 대해 조언해준, 네덜란드 장르화에 보이는 〈포도주 마시는 여성〉 장면에 대한 논문을 쓴 후배 박미훈에게 감사한다. 장르화가 테르보르흐(Terborgh)의 누이 헤시나 테르보르흐의 경우를 들 수 있다. 그러나 그녀는 삽화가 동반된 시집을 완성한 뒤 오랜 기간 지속되었던 약혼을 파기해버렸다고 한다.

르부르크(Aby Warburg)라는, 책을 너무나도 사랑하는 사람이 있었다. 그는 어느 순간 자신이 모아들이는 책이 자신의 연구할 수 있는 범위를 벗어난다는 것을 깨달았다. 그는 기존의 대학이라는 장이 자신이 추구하는 자유로운 연구를 뒷받침할 수 없다고 확신했기에, 전문도서관을 만드는 쪽으로 방향을 바꾸었다. (바르부르크는 또한 오늘날까지도 의미가 있는, 몇 가지 독특하고 흥미로운 미술사 연구를 남겼다.) 그는 미친 듯이 책을 모아들였으며, 목록을 만들고, 다시 만들었다. 그는 책을 배열하고 정리하는 일을 무엇보다도 즐겼다. 학자들이 모여들었는데, 카시러와 파노프스키를 낳은 것이 바로 이 바르부르크 도서관이다. 이차대전을 맞아 그 훌륭한 도서관은 런던으로 이주해야만 했다. 도서목록 카드를 넣은 커다란 상자만 해도 80개가 넘었다. 유대인 박해를 피해 배의 화물칸에 실려지던 80여 개의 도서목록 상자를 생각해보라. 대학을 떠나 생겨났지만 바르부르크 도서관은 다시 대학에 귀속되었다. 그것은 런던대에 독립된 연구소로 남았으며 현재까지 학술지를 발행하고 있다.

　이제 엠블럼집 이야기로 돌아가자. 그 양은 믿기지 않을 정도로 방대하고, 또 거의가 보존되어 있다. 1520년 아비뇽에서 알치아티의 시민법과 정의를 찬미한 알치아티의 연설문조차 보관되어 있다.[43] 서양에서는 엠블럼집의 경우라면 라틴어 책 한 권을 번역하고 주해 다는 일 자체에 박사학위가 수여된다. 물론 그런 어려운 작업

---

[43] Virginia Woods Callahan, "Proto-Emblematics in Andrea Alciati's Oration in Praise of Civil Law", *Emblematica*, 3–14쪽.

을 업으로 택하는 이들은 많지 않다. 번역은 중요하고 힘든 작업이다. 실증적 학문을 낳게 한 서양의 힘은 바로 이러한 문헌 자료를 통한 기억의 힘이다. 예컨대 레이덴 대학에 있는 엠블럼집의 제목만 나열한 책이 한 권이다. 학자들은 알치아티조차 몇 년 뒤 증보된 자신의 엠블럼집을 보았을 때 그것이 자기 저서라고는 도저히 생각지 못했을 것이라고 말한다.

근세 화가들의 도상학적인 성서를 만든 리파의 《이코놀로지아(Iconologia)》 또한 난공불락의 성이다. 이 책은 수없이 재출간된 방대한 고전이다. 그렇다면 무엇을 참고해야 하는가? 초판인가, 삽화가 든 것인가? 아니면 불어나 독어로 번역된 판본인가? 어느 시기의 판본에 뭐가 들어 있다는 인덱스만 해도 한 권이다. 연구자들은 평생을 가야 빙산의 일각조차 알 수 없을 거라는, 거의 무한에 가까운 공포에 사로잡힌다.

알치아티나 리파 카츠의 것과 같은 유명한 엠블럼집들은 현재까지도 일정한 시기가 지날 때마다 재번역되고 팩시밀리본이 출간되고 있지만, 현재 이용할 수 있는 번역본은 엠블럼집 전체 양에 비하면 터무니없이 적다. 엠블럼집들은 16~17세기 당시에 대단히 유행해 판을 여러 번 거듭했는데 그때마다 삽화나 글이 조금씩 변해간다. 당시 공용어이던 라틴어의 확인도 어렵고, 엠블럼집 자체가 의도적으로 여러 언어로 씌어진 경우도 많으며, 다른 나라 말로 번역된 경우 어구의 의미가 변하는 일도 잦아, 라틴어나 고어에 능통한 일급 학자라 해도 그것만 확인하는 데도 평생이 걸릴 수 있는 일이다. 그러나 적어도 이와 같은 것이 존재했다는 것, 16~17세기 이산적인 지식인 집단 간에 의사 소통의 특정한 방식이 존재했다는 것 (게다가 그것은 아름답기조차 하다), 알치아티라는 발랄하면서도 명쾌한 지성이 있었다는 것은 알아둘 만한 가치가 있다. 역사상 어느 시대도 마찬가지겠지만, 근대화 과정은 '합리화'라는 유일한 이름으로 묶일 순 없다. 삶이었기에 거기에는 어떤 '흐름'으로 설명하거나 통칭할 수 없는, 각각의 고유한 인간의 목소리들이 있다.

엠블럼을 일관된 범주적 특성으로 묶어보려는 시도는 그 다양성 때문에 이제까지 성공한 적이 없었다. 엠블럼은 상반된 계층의 상반된 목적에 기능했다. 교훈적인 것이 있는가 하면 에로틱한 것도 있고, 신교측에도 구교측에도 신비주의자들 사이에도 인기가 있었으며, 정치적 찬미로 일관한 것이 있는가 하면 지극히 사적인 것도 있었고 아이러니로 가득한 것도 있었다. 하나의 엠블럼이 전혀 상반된 맥락에서 사용될 때도 있었다. 가령 정치적 선전을 위한 엠블럼이 그대로 풍자와 비판에 사용되는 식으로 말이다. 그것은 끝없이 중첩된 알레고리의 텍스트이고, 모토는 격언인 상투어구로 끝난다. 알레고리라는 점에서 그것은 모든 것을 말하면서 아무것도 말하지 않는다. 삶과 기억의 기술이 엠블럼집을 통해 강구되고 있는 것이다. 언어의 한계에 대한 절감은 셰익스피어와 몽테뉴에게서 두드러진다. 몽테뉴의 에세이는 엠블럼적이라고 평가된다.[44]

엠블럼만큼 대중매체적인 의사 소통과 차이가 나는 양식도 없을

---

(44) Jerome Schwartz, "Emblematic Discourse and Counter-Discourse in Montaigne's Essais", in *Emblematica*, Summer, 1991, 57~74쪽.

것이다. 엠블럼은 친구를 위해 만드는 것이며, 주의를 기울이고 대하지 않으면 들을 수도 읽을 수도 없는 형식으로 고안되었기 때문이다. 실제로 전달되는 내용이 무엇이건 간에 텔레비전이나 영화, 신문을 비롯한 대중매체가 속삭이는 기본적인 메시지는 같다. '전문가', '매체', '매개자'를 신뢰하라는 것이다. 그러나 엠블럼은 고전에 대한 인용의 인용이라는 점을 명시하면서도 매체를 맹목적으로 신뢰하도록 만들지 않는다. 언어도 그림도 확실하지 않으며, 의미는 의식적으로 보는 자, 읽는 자가 애써서 찾아 구축해야만 하기 때문이다.

대중매체나 엠블럼, 둘 다 이미 떠돌아다니는 정보의 전유이고 모자이크이다. 기호의 전유라는 점에서 그들은 같다. 전유하기 위해서는 본래의 맥락에서 떼어내 차용해와야 한다. 그러나 하나는 제국주의의 대표적 수사학인 '전유'이고 다른 하나는 차용이되 스스로를 위해 살아가기 위하여 신화를 만들어내는 브리콜라주이다. 무엇이 다른가? 엠블럼에는 '인간'의 존중이 있다. 그것은 인간을 원형극장의 폭력이나 싸구려 구경거리로 길들일 수 있는 '대중'이라는 장소에 놓지 않는다. '대중'이란 없다. 왜곡된 정보, 저질 프로, 첨가물이 든 음식을 당신이 만들지만 않는다면. 존중해야 할 '인간'이 있을 뿐이다.

엠블럼은 법정에서 승소하거나 책을 팔아 이윤을 창출한다는 목적이 없는 놀이일 뿐, 다른 사람을 설득하고자 '창안(invenire)'하거나 말을 건축하는 것이 아니었다. 설득은 타인을 자신의 목적에 이용하는 것이다. 창안은 진리를 담보하지 못한다. 그는 논증하지 않고 파편들을 한데 그러모은다. 철학의 경구들, 역사적 사실들,

어원적 추론들, 고고학적인 기록들, 신화 이야기들을. 그것은 진리를 상대방에게 설득하고자 언어를 창안하는 것이 아닌 장난기있고 유머러스한 것, 오로지 친구와 격의없는 대화의 즐거움을 위한 것이었다.

엠블럼이 분명히 단절되고 잊혀진 양식임에도 불구하고 현대의 광고들은 무의식의 심층을 건드린다는 점에서 엠블럼적이다. 그러나 전통적인 형태의 엠블럼만큼 자본주의 대중문화와 동떨어진 것도 없다. 그것은 엠블럼이 귀족적인 양식이라는 뜻이 아니라, 엠블럼의 의미가 작동하는 방식이 관객이나 독해자의 노력, 또는 정성스런 읽기를 필요로 하며, 매체를 신뢰하라고 부추기지 않기 때문이다. 그것은 또한 자기의식적이다. 의미들은 이미 그것이 고전에서 따온 경구이건 속담이건 교훈이건 간에 다른 누군가의 목소리의 인용이라는 점을 분명히 한다. 무에서 창조한다는 것은 있을 수 없다. 잊지 말아야 하는 것을 그림으로 각인하고자 했던 기억의 기술로서의 엠블럼은 중세 말 유통되던 대중판화인 안닥스빌트와 정신을 함께하며, 근세 속에 자리매김된, 보상을 바라지 않는 선물의 형태이다.

엠블럼과 엠블러마투라

엠블럼 양식이 확립되기까지 간간이 엠블럼의 전신이라고 할 만한 시도들이 있었던 것을 볼 수 있는데, 역시 발단은 삽화를 동반한 서한문이나 연인에게 보내는 시의 필사본이나 노래책 등이다.[45] 알치아티 자신도 친구와 유쾌하게 대화하기 위해 엠블럼집을 고안했다. 이미 갈랑의 존은 기억을 위해 "네가 마음속에 간직해야만 하는 그것을, 생생한, 지워지지 않는 그림으로 만들어라"고 권유했다. 평신도를 향한 중세의 설교는 감각에 호소하는 강력한 이미지들을 사용하여 그들을 설득하려는 시도였다. 중세의 **기억의 기술**과 관련된 이 전통은 드 푸르니발의《사랑의 동물지》에서 분명히 드러난다.

> 남자를 사랑하시는, 그리하여 모든 필요한 것을 주고 싶어하시는 신은, 그에게 기억이라고 불리는 영혼의 힘을 주신다. 이 기억은 보는 것(시각)과 듣는 것(청각)이라는 두 개의 문을 갖고 있는데, 거기에는 소로가 있어, 인간은 이 두 개의 문을 통해 들어갈 수 있다. 그 소로는 그림과 말이다. 그림은 눈을 위해 봉사하며 말은 귀를 위해 봉사한다. 기억의 집으로 들어갈 수 있는 자는 그림과 말에 의해 분명하게 이해한다. 기억, 그것은 인간의 오감에 의해 획득된 보물들의 수호자이다. 그 상상력의 뛰어남을 통해 지나간 것을 마치 현재인 것처럼 만드는. 그림과 말을 통해 사람은 이러한 것에 도달한다.[46]

---

(45) *Andrea Alciato and the Emblem Tradition*, 1989; Henri-Jean Martin, *The History and Power of Writing*, 213쪽.
(46) Elizabeth Burin, "Pierre Sala's Pre-Emblematic Manuscripts", *Emblematica: Am Interdisplinary Journal for Emblem Studies*, Vol. 3 No.1 Spring, 1988, 1~21쪽.; Joyce E. Salisbury, *The Beast Within: Animals in the Middle Ages*, Routledge, 1994; Beryl Rowland, "The Art of Memory and the Bestiary", in *Beast and Birds of the Middle Age*, Univ. of Pennsylvania Press, 1989, 19쪽.

우리는 여기서 화자가 고대의 유명한 '꿈의 문'과 고대 시학에서 말하는 시뮬라크르에 대해 인용하고 있음을 알 수 있다. 두 개의 문은 감각의 문이자 꿈의 신탁이 시뮬라크르로 형상화되는 문이다. 진실을 말하는 뿔의 문과 거짓을 말하는 상아의 문이 있다. 뿔의 문을 통과해 들은 신탁은 현실에서도 힘을 갖는다. 이 시뮬라크르는 이성을 혼돈으로 빠뜨리고 괴물을 풀어놓는 왜곡된 허상(판타스마타)이 아니라, 시공간적으로 떨어진 현재 속에 가닿고 싶어하는 저자의 마음의 전령으로서의 시뮬라크르이다.

화자는 '가장 아름답고 상냥한 친구(*bele tres douce amie*)'에게 자신이 그녀와 함께할 수 없음을 안타까워하며 언제나 그녀의 기억 속에 머물고 싶다고 말한다. 동반되는 삽화에서 화자는 숙녀의 손에 자신의 동물지의 두루마리 필사본을 건네준다. 이어지는 구절은 다음과 같다. 여기서 화자는 읽는다는 행위와 본다는 행위를 동일한 것으로 놓고 있는데, 이것은 읽음과 사유함에 대한 중세의 거울언명에 의한다. 기억 속에서 시각과 청각이라는 문을 통해 들어오는 감각적 인상들에 의해 우리는 말을 '본다'.

내가 이 글을 통해 보내는 그림과 말로 말하자면, 내가 지금 당신 곁에 있지 못한 까닭에, 이러한 글들은 그림과 말을 통해 나를 당신의 기억 속에 현현케 할 것입니다. 그리고 나는 이 글이 그림과 말을 갖고 있음을 당신에게 보일 것입니다. 말이 있으니, 모든 글들이 말을 보이기 위해 만들어지고 읽히는 것처럼, 그것은 어떤 사람이 그것을 읽을 때 보일 수 있으므로 그것이 말의 본성으로 되돌아가듯이, 그리고 다시, 그림이 있으니, 그것은 그것들이 그려지지 않은 이상 존재하지 못하는 것들을 보일 것이기에. 그러므로 또한 이 글은, 그림이 지니는 그러한 의미의 것입니다. 왜냐하면 동물과 새 들의 본성은, [말로써] 묘사되는 것보다는 그려짐으로써 좀더 이해될 수 있을 것이기에.[47]

이러한 언급에서도 읽을 수 있듯이, 그림과 글의 결합은 지금 바로 만날 수 없는, 멀리 떨어진 친구에게 마음을 특별히 생생하게 전하기 위해 고안된 양식이었다. 그것은 잊어서는 안 되는 것을 마음에 새겨두기 위한, 기억을 위한 것이었다.

엠블럼집은 아니지만, 알치아티에 앞서 거의 엠블럼적인 것으로 평가되는 문헌은 박학한 수도사 프란체스코 콜론나(Francesco Colonna)가 쓴 알레고리적 이야기 《폴리필로의 꿈(Hypnerotomachia Poliphili)》이다.[48] 적어도 1467년 이전에 씌어졌으나 1499년에 이르러서야 알베르투스 마누스에 의해 베네치아에서 출판되었다. 170개의 삽화와 라틴어가 섞인 이탈리아어가 어우러진 이 책은 출판과 독서의 역사에서 항상 언급되는 중요한 책이다. 이 책에는 호라폴로(Horapollo)[49]의 영향이 보이는데 콜론나는 상형문자와도 같은 그

---

(47) Burin, "Pierre Sala's Pre-Emblematic Munuscripts." 워낙 반복이 많은 중세 궁정풍의 장황한 말이라 반복되는 소유격을 빼고 의역했다.
(48) 사실 이 책은 저자의 이름을 밝히지 않고 출판되었는데, 당대부터 콜론나가 저자로 추정되었으나 확실하지는 않다. Francesco Colonna, *Hypnerotomachia Poliphili*, 1499, recit. Alberto Pérez-Gómez, *Polyphilo or the Dark Forest Revisited*, MIT, 1992.

프란체스코 콜론나, 〈정원의 통로〉, 《폴리필로의 꿈》,
1546년도 판본, 파리 자크 케르버

님프가 햇불을 들고 폴리필로에게 다가오고 있다.

림들을 텍스트와 함께 퍼즐처럼 조각조각 새겨넣고 있다.[50]

 이야기는 잔인하고 슬프면서도 약간은 코믹하다. 이 책의 또다른 중요한 특징은 서사가 건축적인 장소들을 따라가는 내용이라는, 의미 자체를 건축적으로 구축해가는 문헌이라는 점이다. 정신적인 완성을 향해 가는 여정을 인도하는 여성은, 《장미 이야기》나 《영혼의 순례》, 《신곡》에 보이는 중세부터의 전형적인 토포스이다. 피터 브라운은 고대 문학에서 엘리트적인 상위문화와 대중적인 하위문화 사이의 구별이 사라지는, 상반되는 범주를 연결하는 꿈의 토포스의 중요성을 보았다. 꿈의 서사는 사회적이고 지적인 분리의 층위를 가로지른다. 아우구스티누스와 마법사의 퍼스펙티브들이 연결되는 지점이 바로 꿈의 서사이다.[51)]

《폴리필로의 꿈》은 상위문화를 겨냥한 것이 아니었으며 라틴어와 이탈리아어가 섞인 것이었다. 그러나 르네상스 정신을 생생히 보여주는 가장 중요한 고전의 하나로 살아남았다. 이 책은 삽화와 서사를 통해 출판 이후 약 300년 동안 서양의 건축술에 커다란 영향을 미쳤으나, 알베르티와 비뇰라 등 통상 알려져 있는 르네상스의 건축이론과는 관점이 꽤 다르다. 이 책은 다양한 건축의 장소들을 통과하는 시간적인 체험으로 서술되기에, 신체적인 느낌을 만들어내기 위한 건축 욕망을 설명해준다. 그것은 끝없이 지연되며 에로틱하

---

(49) 르네상스기에 중요시되던 《상형문자서(Hieroglypica)》라는 책의 저자로 알려져 있는데 노스트라다무스의 번역본에는 이집트 왕, 오시리스의 아들 호루스가 직접 저술한 것이라고 씌어져 있었다고 한다. 호라폴로라고 알려진 저자는 실제로는 기원전 5세기경의 두 명인데 수다(Suda)의 저서를 통해 알려졌다. 제노의 치세 동안 알렉산드리아 근교에서 학파를 열었던 이집트 비교(秘敎)의 이교도파가 하나이고, 다른 한 명은 그의 아저씨 뻘되는 문법학자가 다른 하나인데 문법학자 쪽이 《상형문자서》의 저자일 가능성이 높다고 알려져 있다. 《상형문자서》는 모두 189개의 상형문자에 대한 해석으로, I부가 70개, II부가 119개를 다루고 있는데 이들은 고대의 제례와 지혜를 반영한 것이다. 르네상스기에 《상형문자서》는 진짜 이집트의 상형문자로 믿어졌다. 당시에는 수수께끼와도 같은 상형문자로부터 도덕적·신학적 해석을 끌어 내는 것이 인기였다. 18, 19세기를 지나며 《상형문자서》에 기술된 상형문자의 쓰기가 정통 이집트의 것과 다르다는 것이 판명되었다.

(50) John Harthan, *The History of the Illustrated Book*, Thames and Hudson, 1981, 80~81쪽.

(51) Miller, *Dreams in Late Antiquity*, Princeton Univ. Press, 1994, 12쪽.

다. 여기서 건축은 포르투나를 달래고 좋은 운(fortune)을 만들어내기 위한 것, 지상에 행복을 실현하려는 것이다. 주인공들은 마주치는 기념물과 건축적 장소 들에 대해 수학적이고 기하학적인 묘사를 시도하는데, 이때 되풀이되어 언급되는 비례란 건축 이론서에 씌어진 관념적인 것이 아니라, 육체와 추상적인 본질 사이의 간극을 실재와 연결짓는, 그러한 느낌 방식으로서의 수학이다.[52]

주인공인 폴리필로는 꿈에서 깨어난다. 무시무시하게 어두운 숲속이다. 폴리필로는 이름 그대로 여러 가지의 것, 다양한 지식을 사랑하는 자이다. 그는 인문주의자 프로타고니스트로, 꿈 속에서 사랑을 찾고 있다. 그가 길을 가며 마주치는 것들은 모두 건축물이며, 그것은 지식의 '장소'이다. 오벨리스크, 피라미드, 주두(캐피탈), 사원, 궁전, 다양한 프리즈와 아키트레이브를 지닌 무너진 엔타블레이처들. 정원의 미로를 지나 그는 다섯 명의 님프 오감(五感)을 만난다. 그는 그녀들과 같이 희롱하면서 목욕한다. 그러나 그가 찾고 있는 것은 여섯 번째의 감각 '폴리아(Polia, Polya)'이다. 도시를 나타내는 폴리아는 현실에서는 도저히 완벽한 복구가 불가능한, 고대 라틴 정신의 의인화이자 다양한 지식들이다. 궁전에서 그는 여왕인 **자유의지**를 만나 환대받고 성찬을 대접받고 선물을 받는다.

이어서 폴리필로는 각각 유리, 비단, 미로로 이루어진, 닫힌 정원으로 통하는 세 개의 문 앞에 이른다. 폴리필로가 마주한 세 개의

---

(52) Francesco Colonna, *Hypnerotomachia Poliphili*, 1499, recit. Alberto Pérez-Gómez, *Polyphilo or the Dark Forest Revisited*, MIT, 1992.

프란체스코 콜론나, 〈사원의 채찍질로 폴리아가 부서지다〉,
《폴리필로의 꿈》, 1499, 베네치아

문은 각각 **이성**(*Logistica*), **욕망**, **충족**(*Thelemia*)을 나타낸다. 이 중 왼편과 오른편의 문은 '확실한 지식'에 이르게 되는 문으로, 이성의 문은 신학과 형이상학, 자유학예와 관련되는 **관상적 삶**(*Vita Contemplativa*)으로 이끄는 문이고, 충족의 문은 권력의지, 기계적 기술과 생산으로서의 존재라는 **행동적 삶**(*Vita Activa*)으로 이끄는 문이다.[53] 그러나 가운데의 문은, 불확실한 삶이라는 미로로 통하는 **욕망의 문**(*Vita voluptuaria*)이다. 폴리필로는 중세인처럼 관상과 행위 사이에서 양자택일하지 않으며, 르네상스 인문주의자의 정신답게 그 둘을 조화시키고자 한다. 미로는 삶이며 이집트 조각상과 상형문자로 표현되고, 그 중앙에는 여섯 번째의 잃어버린 감각이자 트리니티인 폴리아가 있다. 그는 가운데 문을 통과해서 폴리아를 만난다. 폴리필로는 폴리아를 껴안고 환희에 젖어 죽음과도 같은 희열에 잠기는데, 그러나 폴리아는 '인내'를 말해, 욕망의 완벽한 충족은 지연된다. 폴리아는 조브(제우스)를 찬미하며 그를 더 높은 곳, 다른 장소 들로 인도해가며, 그 여정에서 둘은 차례로 신비스러운 제식 행렬, 부서진 기념물과 마주친다.

폴리필로는 이상의 여인을 따라 계속하여 일련의 지식의 장소들을 거치며 폴리안드리온이라는 장소에 이른다. 폴리안드리온은 폐허이고 무덤이며, 무너진 건축물의 파편은 과거에 사라진 지식들의 기억이다. 폴리안드리온은 이룰 수 없는 사랑을 하는 자들이 마조히스틱한 채찍질로 고통받는 이교도적인 장소인데, 이 무너진 사랑의 궁전에서 폴리아는 오로지 죄와 벌을 발견한다. 주인공과 폴리아는 큐피드가 도착하기를 기대하며 황폐한 궁전 옆의 해안으로 내려간다. 질문들-채찍질로 고통받는 희생물들을 태워버린 재는 가까운 해안에서 바다로 뿌려진다. 섬의 중심부에는 비너스 사원이 있으며 그곳에는 아도니스의 무덤이 있다. 비너스 여신의 사랑을 받은 이 영웅의 죽음을 기리는 제례가 거행되고 있다.

비너스 사원의 사제는 폴리아에게 그들의 사랑 이야기의 전말을 묻자, 폴리아는 지금까지의 여정을 말한다. 그러나 이야기를 다 듣

---

(53) 관상적 삶과 행동적 삶의 개념을 가장 잘 읽을 수 있는 것으로, 한나 아렌트, 이진우·태정호 역, 《인간의 조건》, 한길사, 1996.

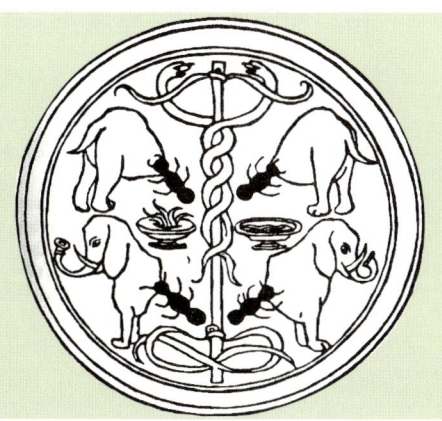

프란체스코 콜론나, 〈코끼리는 개미로 개미는 코끼리로〉, 《폴리필로의 꿈》

고 나서 사제는 폴리아에게 외친다. "죽어라! 네가 너를 사랑하는 이의 죽음의 유인이 되었음을 알았다면!" 폴리아는 눈물을 흘리며 한 여인의 비전을 본다. 전차를 끄는 멍에를 멘 자신을. 슬픔으로 그녀는 '마치 메두사의 거울을 들여다본 것처럼' 대리석 조각으로 석화되며, 그 사지는 흩어져간다. 그 신체는 힘없이 부서져간다. 한편 폴리필로는 죽음과도 같은 잠의 나라로 떨어진다. 부서진 폴리아는 폴리필로에 의해 기억되어야만 한다. 즉 다시 짜맞춰(re-membered)져야만 한다.

폴리아는 산산이 부서져 죽었으나 신의 은혜로 그들은 바다를 건너 다시 만나게 된다. 그러나 갖가지 부서진 건축의 장소들과 공포의 터널을 통과해야만 하는 지식의 여정은 끝없이 이어진다. 마지막 여정에서 폴리필로는 술회한다. 세 개의 문 앞에 이르렀을 때, 나는 욕망이라는 문을 통해 지식에 이르기를 원했고, 상형문자로 표현되는 삶이라는 미로의 마지막 정원에 이르는 문 뒤에 당신이 기다리고 있기를 원했노라고. 트리니티 자체를 발견하기를 원했다고. 그들은 이제 두 개의 일방통행로가 교차하는 다리에 이르러 각자에게 주어진 가면을 쓰고 각기 주어진 다른 길을 따라 장소의 핵심부(kernel)[54]로 가야만 하는데, 그것은 신체를 버리거나, 날아가야만 하는, 통로가 없는(아포리아) 길이다. 길은 주어지며, 임의로 선택할 수 없다.[55]

신화와 시소, 실잣기, 술래잡기, 카니발 게임 등, 온갖 기이한 아이들의 놀이를 지나, 그들은 가면을 써야만 하는 장소에 이른다. 이 장소는 사랑의 사원이고 희생과 기적이 있는 곳이다. 폴리필로는 회상한다. 그곳은 그들이 마침내 서로를 알아보고 성스러움(divine)을 입은 곳이었다고. 그들은 각기 다른 방향의, 다른 건축물을 통과해 들어와 북쪽을 보고 **원형극장**으로 들어간다.

그러고 나서야 가면을 떨어뜨리고 서로를 다시 알아보게 되는데, 이 인식과 사랑의 성소에서 마침내 폴리아는 폴리필로의 품에 안겨 기쁨의 눈물을 흘린다. 그들은 서로를 찾아 어떻게 두려움을 극복하고 죽음을 넘어 걸어왔는지 이제까지의 기나긴 여정을 함께 회상하며, 이제 연인과 함께 사랑, 건축, 시, 자유, 또는 죽음 같은, 이름붙

---

[54] kernel은 본래 nut(견과류)의 씨앗을 뜻하는 말로, 아우구스티누스의 언급 이래 중세 해석학에서 표피적 의미(감각적 의미)와 알레고리적 해석(도덕적 의미) 밑에 깔린 최종적인 사물의 핵심이자 궁극적 의미를 가리키는 상징이 되었다. 그러나 사물의 핵심적 의미는 지성이 아니라 영혼에 의해서만 파악할 수 있다고 여겨졌다. 여기서는 지정된 장소의 최중심부를 말한다.
[55] 아포리아의 경험에 대해서는 데리다,《법의 힘》, 37쪽.

일 수 없는 다른 것(other)을 향해 가리라고 말한다. 그러나 하나가 되어 미래의 장소(*locus*)로 들어서는 환희 속에서, 폴리필로의 팔 안에서 폴리아는 옅은 한숨이나 꿈처럼 사라져버린다. 조용히 눈물을 흘리며.

폴리필로는 드넓은 하늘 아래 원형극장에 우두커니 앉아 있는 자신을 발견하며, 구슬픈 나이팅게일의 노래에 의해 잠에서 깨어난다. 잃어버린 폴리아는 애초에 부재하는 여인이었으며, 비존재의 문을 다시금 통과하여 홀로 남은 폴리필로에게는 이미지의 기억에 의한 언어적인 건축만이 남는다. 대단히 길고 복잡한 이 이야기의 주제라면, 지식에서 경험의 중요성이다.

에로스는 명료하고 가시적인 이론과는 뭔가 다른, 몸으로 체현된 형태의 경험적인 지식을 안겨주며, 오로지 경험만이 인문주의자로 하여금 효과적인 언어의 건축을 가능하게 한다. 통상적으로 알려진 르네상스의 건축 이론과는 달리, 건축이란 수학적 성과물이라기보다 몸의 움직임에 따라 신체가 지각하는, 가변적이고 촉각적인 경험으로 제시되고 있다.

《폴리필로의 꿈》은 활자체에서나 삽화에서나 당대의 걸작으로 평가받는다. 1499년 베네치아에서 초판이 나왔는데 192개의 목판삽화가 들어 있었다. 1545년의 재판은 프랑스어로 번역되었는데, 프랑스에서 이 책은 열광적으로 수용되어 쇄를 거듭했다. 드 베르비이으는 1600년에 나온 개정판의 역자 서문에서, 이 책이 인간의 마음을 매혹시키는 쾌유(快遊)한 인물을 통해 베일에 가려진 철학적 진리를 찾고, 세속적인 것을 즐기면서도 완벽에 대한 소망을 만족시킨

닻과 돌고래의 엠블럼, 가브리엘로 시메오니, 〈느리게 서둘러라〉, 《영웅적이고 도덕적인 임프레사 모음》, 1574, 리옹

다고 평가했다. 폴리필로의 탐색의 여정은 페트라르카적인 이상적 사랑을 향한 것이었다. 그 열정은 불가능한 것이 아니고서는 결코 촉발되지 않으며, 실제의 여성이 아니라 인문주의적인 지식의 이상, 고전고대의 복원을 향한 것이었다. 이미 죽어버린 과거의 복원, 그것은 근본적으로 실패가 노정되어 있는 작업이었다. 그러나 인문주의자들은 실패가 보이더라도 해야만 하는 것을 하고자 했으며 그런 의미에서 《폴리필로의 꿈》은 르네상스인들의 감수성에 강렬하게 호소하는 바가 있었던 것이다.

이 책에는 근세인들이 자주 인용하던 너무나도 유명한 모토들이 나오는데 그 특성의 하나는 모순어법들로, 그것들은 인내를 상징한다. "항상 느리게 서둘러라(Semper festina tarde)." 알치아티 역시 사용했던 이 경구는 물고기 중 가장 지성적이고 빠른 속도를 뜻하는 돌고래와, 한 곳에 고정된 닻의 엠블럼으로 상징된다. 모토 "성숙한 신속함(Mature haste)"에서 코끼리는 개미로, 개미는 코끼리로 변한다. 자신을 천 가지 방식의 삶에 적합케 함에 따라 각각의 다른 형상적 세계는 풍성하게 열린다. 그것은 바로 르네상스의 프로테우스적인 변형의 정신이다.[56]

---

[56] Manning, *The Emblem*, 68~69쪽; Barbara Brown, "Two Literary Genres: The Emblem and the Joke", *Journal of Medieval and Renaissance Studies*, 15, 1985, 29~36쪽.

V

끝없는 갈림길의 정원

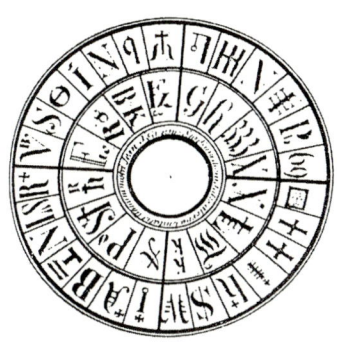

아무것도 없음과 모든 것, 아무도 아닌 사람과 상당히 중요한 누군가를 모순없이 포괄할 수 있는 담론적 장치가 양가성과 모순어법이다. 인간은 한 발은 바다에, 한 발은 해안에 두고 있으며, 이 상태는 결코 하나 될 수 없다. 그러나 성자나 신이 아닌 한, 이상과 현실에 눈멀어 양쪽을 놓지 않은 채로 버티며 살아가야만 하는 것이 바로 현실이다.

9

거울로서의 텍스트

    악과 싸우는 선, 성 미카엘이나 페르세우스 등, 용을 물리치는 기사들은 반드시 거울방패를 들어야만 한다는 것, 페르세우스는 거울을 통해 보기에 석화되지 않고 메두사를 물리친다는 것, 그리고 미의 여신인 비너스가 거울을, 아테나가 거울방패를 들고 있다는 것은 무엇을 말하는가? 이것은 거울 체험이란 과거에는 무엇이었고 앞으로는 무엇일 수 있는가에 대해 다시 한번 생각하게 한다. 그들이 들고 있는 거울은 무엇인가? 이것이 영원히 불변하는 정신적인 원형이라는 점에서, 고대·중세·현대에 거울은 어떤 의미가 있는가?
    거울에 대한 서구의 사유를 고찰할 때 빠뜨려선 안 되는 가장 중요한 명제가 있으니, 바로 성서의 〈고린도 전서〉에 나오는 바울의 거울 딕툼(*speculum dictum*)이다. 바울의 언급 이래 거울 딕툼은 중세 신학에서 가장 중요한 화두의 하나가 되었다. 성 히에로니무스와 성 안토니우스, 크리소스토무스와 아우구스티누스 등, 황무지로 나갔던 초대 기독교부들이 바울을 따르며 발견했던 진리는 바로 거울 딕툼이었다. 아비세나[1]와 이븐 알 아라비를 비롯한 아랍계의 중세 철학자들이 발견했던 진리 역시 거울 체험이었다.

우리는 지금 어두운 거울을 통해 본다

그런 점에서 이미 충분한 주목을 받은 바 있는 〈공각기동대〉를 다시 생각해볼 필요가 있다. 이 애니메이션은 과학적인 것이 아니라 신학적인 것이다. (여기서의 과학적인 언급들은 그저 상식적인 것일 뿐이다.) 여기에는 자아와 전적으로 같으면서도 다른 거울 반영(허상 혹은 virtual한 가상)과의 만남으로서의 전형적인 거울상 체험에 대한 서사가 있다. 그것을 분명히 해주는 것이 바로 보트 위에서의 쿠사나기와 바토우의 대화이다. 이 대화는 바토우의 아파트 실내의 마지막 장면에서 다시 한번 되풀이된다. 사이보그는 몸이 금속인 기계이므로 잠수와는 어울리지 않지만, 뇌만 인간이고 몸은 기계인 쿠사나기는 잠수가 취미이다. 잠수 후 보트 위로 올라와 바토우와 대화하던 쿠사나기는 허공에서 들려오는 목소리를 듣는다.

---

(1) 중세 기독교 사회가 아리스토텔레스 철학을 다시 받아들이는 과정에서 중요한 역할을 한 학자이다. 7세기경 메소포타미아와 시리아의 무슬림들은 아리스토텔레스의 철학·신학·과학 저술들을 이집트어·시리아어 등으로 활발히 받아들였고 무슬림 학자들인 아비세나(이븐 시나)와 아베로에스(이븐 루슈드)는 11~12세기에 아리스토텔레스의 합리론과 논리철학을 받아들였다. 리처드 루빈슈타인, 유원기 역, 《아리스토텔레스의 아이들》, 민음사, 2004.

"지금까지 우리가 보았던 것은 어두운 유리를 통해서였지. 그러고 나서 우리는 얼굴을 마주하고 보는 거야(videmus nunc per speculum in aenigmate: tunc autem facie ad faciem)."

이것은 바로 〈고린도 전서〉에 나오는 바울의 말이다. 이 말은 중세 신학의 핵심을 이끌어낸 너무도 유명한 말이다. 이 구절의 라틴어 원문은 성 히에로니무스의 불가타 성서에 나오는 "per speculum, in aenigmate"라는 말이다. 이 말을 이해하는 데는 라틴어-영어 번역의 어려움이 있는데, 영어로는 "Now we see in a miror dimly(darkly)" 또는 "Now we see puzzling reflections in a mirror" 또는 "Now we see by means of a mirror into a obscure image: then face to face" 등이다. 운율적인 아름다움 때문에 사람들은 마지막 문장처럼 알기 쉽게 풀어쓰는 것보다 킹 제임스 판본의 모호한 번역을 보다 선호한다고 한다.[2] 이 말은 스페쿨룸 딕툼(거울 딕툼)이라고 불리는데, 모든 관상적인 중세 철학을 이끌어낸 바울 신학의 핵심적 언명이다. per과 in은 라틴어로는 정확히 양의적이다. 번역 불가능한 라틴어인 이 말은 두 가지 뜻을 동시에 가진다. **per speculum**: 거울을 통해서(through), 또는 거울이라는 수단에 의해(by means of). **in aenigmate**: 신비 또는 수수께끼를 내부로부터(into) 또는 외부로부터(at) 바라본다(look at), 어둡게, 모호하게

---

(2) 킹 제임스 판본은 1604년 7월 22일 영국의 제임스 1세가 영국 국교회 교직자들, 청교도 목사들, 평신도들로 구성된 54인에게 구 라틴 불가타 성서의 영역(英譯)을 위탁하여 1611년 완성했다. 당대는 영국 문학의 전성기여서 킹 제임스 판본의 문체와 표현 역시 장엄한데 영국 개신교에서는 아직도 이 판본을 선호한다고 한다.

⟨믿음, 소망, 사랑⟩, 1500년경, 파리 국립도서관

(darkly). 그것은 불가해한 것(*enigma*)을 마치 거울을 들여다보는 것처럼 어둡게 '들여다보는' 것이다.

이것은 《고백록》에 나오는 아우구스티누스의 비유인, 금이 간 거울을 들여다보는 일을 상기시킨다. 거울의 금에 의해 우리는 거울상이 허상이라는 것을 인식하며(외부로부터의 인식), 그 닮음(*similitude*)과 닮지 않음(*dissimilitude*)을 안다(내부로부터의 인식). 요컨대 이것은 자기의식적인 인식이다. 바울 서한은 다마스쿠스로 가는 길목인 코린트(Corinth)에서 씌어졌는데, 당시 그곳은 거울 제작에서 후대의 베네치아만큼이나 유명했다고 한다. 이 말은 우리가 자기 자신을 재발견하게 되는 필연적인 상황의 제시이다. 바울은 이와 같은 언어적인 거울을 통해 인식론적인 한계에 빛을 던지려 노력했다.[3]

바울의 이 말에서 우리는 하나의 불가해함을 명료화하는 것 자체가 불가해함이라는 것을 발견하게 된다. 이것은 존재, 읽는 자와 텍스트, 아는 자와 알려지는 것, 창조자와 피조물 사이의 경계에 대해 (또한 그 접경에서) 말해진 것이다. 이 말은 그 말 안에서 우리 자신의 이해의 한계를 들여다보게 되는 거울이다. 우리는 신을 볼 수 없다. 우리와 전적으로 다르기에. **지금**(*nunc*) 우리는 살아간다. 지금 가지고 있는 것은 오로지 불완전하고 부분적인 지식일 뿐이다. 의식은 언제나 할 수 있음에 사로잡혀 있다. 그러나 유한한 인간으로서는 경험 불가능한 것(특히 죽음. 삶 속에 필연적으로 뿌리내리고 있으나 인간이 도저히 경험할 수 없다), 알래야 알 수 없는 것, 한정된 시간과 장소를 넘는 그러한 (신적인) 앎 안에 있을 때에야만 우리는 얼굴과 얼굴을 맞대고 서로를 볼 수 있을 것이며, **그때**(*tunc*; 이 말은 과거와 미래, 양방향으로 열린다) 우리는 알려진 우리 자신으로써 타자를 알 수 있을 것이다. 오로지 **그때**에 이르러서야 얼굴과 얼굴을

---

[3] 지식과 앎을 통한 인간의 인식론적 한계를 설명해주는 신화들은 오르페우스, 피그말리온, 나르키소스, 다이달로스 신화 등이다. 그들은 봄, 앎, 행함이라는 지식의 실천에서 부분적으로 성공하나 결과적으로 실패한다. 나르키소스의 분명한 자멸성에 비해 나머지 신화들은 예술가 또는 제작자라는 점에서 부분적 지식의 성공이 있다. 신화에서 제작자의 예정된 실패와는 대조적으로, 바울의 거울 언명과 같은, 사유에서 거울 반영의 자기인식을 보여주는 오디세우스와 같은 주인공은 성공한다. 거울이라는 말은 단순한 명사가 아니다. 그것은 관상으로 이끄는, 오스틴이 말하는 의미의 수행적(performative) 언어이다. Edward Peter Nolan, *Now Through A Glass Darkly*, Univ. of Michigan Press, 1990.

마주하고 본다. 여기, 그리고 지금, 우리는 오로지 지상의 거울들 안에서만, 그것을 통해서만 창조주의 반영을 본다. 창조주는 피조물과 그 자신을 닮게 만들었기에.

이것이 성스러운 것과 인간적인 것 사이의 매개를 향한 간절한 열망과, 필연적인 소외의 비통함을 결합하는 바울의 '거울 딕툼'인데, 신의 실체에 대한 아우구스티누스의 근본적인 의문은 이 아포리즘과 〈창세기〉의 언명에 의해서 종결된다. 바울의 말은 결코 알지 못하고 알 수 없음을 포괄하는, 앎에 대한 언어적 거울이다. 그것은 내부로부터(그 안에서), 또한 그것을 통해 이해하는 앎의 형식이다(from and within). 그것은 이 모순된 앎의 균열된 순간에(immanent) 내재하며 동시에 임재(immanence)한다. 따라서 그리스도는 우리와 함께하는 임마누엘(Immanuel)이다. 신은 그 자체가 알려질 수 없는 불가해함이다. 그러나 신은 자신과 닮게 인간을 만들었다. 우리는 그리스도라는 거울에서 신의 이미지(*imago dei*)를 보고, 또한 우리가 신과 닮지 않음을 보며, 오직 그리스도를 통해서 신을 향해 간다. 그리스도는 최종목표이자 길이다.

라틴어권의 지식인이었던 아우구스티누스의 근본적인 회의를 종결시킨 바울의 이 말은 강한 힘을 지닌 육화된 것으로, 사도요한의 근본적인 언명을 확언하는 것이었다. 요한은 쓴다. 단호하게, 강력하게. 이것은 믿음의 언어이다. "신은 말이다(*Deus erat Verbum*)." "말은 육을 만든다(*Verbum caro factum est*)." 〈창세기〉와 스페쿨룸 딕툼을 되새기며 아우구스티누스는 말한다. "그리하여 모든 인간은, 마치 신의 이미지와 마찬가지로, 신과 닮은 동시에 신과 닮지

울리히 핀더, 〈우리 주 예수 그리스도의 수난의 거울〉, 1507년 8월, 뉘렘베르크

않았다. 우리 존재의 풍요함은 신과의 닮음과 닮지 않음, 양자에 동시에 있고, 서로는 서로를 잃지 않는다." 바울이 그에게 거울이 되었으며, 아우구스티누스는 우리들 각자를, 모두를 그리스도의 구원의 거울로 보고자 했다. 인간은 서로에 대한 거울로, 비추임으로써 서로에게 봉사할 수 있다.

초대 기독교부들의 마음을 충만케 했던 바울의 언명으로부터 지속적으로 사유되었던 중세의 **스페쿨룸**(*speculum*)이라는 말은, 이제까지 살펴보았듯이 간단히 거울이라는 명사로 번역되지 않는다. 여기에는 바라봄, 사유함, 글씀이라는, 관상적인 이해의 행위가 포함되어 있다. 감각을 통해 마음으로부터의 이해에 도달하는 스페쿨룸, 그것은 언어학적으로 수행적인 말이었다. 거울로서의 언어와 글이라는 생각에서부터 읽기에 대한 중세의 해석학이 전개된다. 아우구스티누스는 언어 자체를 거울로 간주해, 문자 그대로는 도저히 받아들일 수 없었던 성서의 구절들을 이해할 수 있게 되었다고 고백한다. 이러한 읽기의 심원한 방법으로 인해 중세 학자들에게 세계는 **책**(*liber mundi*)이었고, (신의 말이 새겨진) 그것은 그 자체로(*per se*) 보는 동시에 관상적으로, 마음과 영혼으로 읽어야만 하는 것이었다. 그것이 수행적 읽기의 **복합**(*complicatio*)이다.

바울의 언명은 서양 철학의 전체 역사를 통해 지속적으로 제기되어온 인식론적·존재론적 문제에 대한 변함없는, 거의 이천 년을 지속해왔던 초역사적인 답변이다. 바울의 이 말은 중세 철학 전체의 문제 제기와 해석학적인 문제를 말해준다. 현대에 들어와서도 라캉과 로티 등은 거울상에 대해 심원한 질문을 던졌다. 라캉적인 의미에서 거울은 소망되는 자아의 상상계적인 일치에 대한 허상을 보여주는 매체이다. 그러나 우리는 그 영상이 현실과 다르다는 것을 알기에, 상징계적 인정을 얻기 위해 욕구의 일정 부분을 접어두거나 포기하고 끝없이 노력한다. 그러나 중세를 연구하는 학자들은 상상계적 일치-거울상에 대한 라캉의 언급은, 바울 신학과 중세 철학의 반성적이고 긍정적인 측면을 간과하고 있다고 지적한다. 역사가 잊혀져서 사라진 것이다. 중세에는 거울을 통해 인식의 한계를 깨닫고 진정한 배움을 얻을 수 있다고 보았다.[4]

《신에게로 가는 정신적 여정(*Itinerarium Mentis in Deum*)》에서

보나벤투라(Bonaventura)[5]는 다음과 같이 말한다. 마음은 그 앎을 세 가지 인식론적인 영역에서 끌어온다. 우리 바깥의 세계(extra nos), 마음 안의 세계(intra nos), 위로부터의 계시의 세계. 이것은 인식론적이고 존재론적인 삼위일체(trnity)를 이루는 것이었다. 의식적인 소통과 존재적인 소통. 각 영역은 두 종류의 바라봄을 요구하는 거울을 통한 '봄'에 의해 이중화된다. 우리는 그것 안에서(in), 그것을 통해서(through) 본다.[6]

그렇다면 이것은 무엇을 뜻하나? 이것은 타인을 만나기 위한 매개항들, 즉 민족·국가·지위·재산·성별·나이·인종·이념을 떠난, 자신의 적합한 언어로 번역하지 않는, 매개없는, 문자 그대로 얼굴과 얼굴을 마주보는, '나'와 '너', 존재 대 존재로서 타자와의 만남을 말하고 있다. 타자 혹은 다른 존재와 나 자신을 매개하는 일련의 제3

---

(4) 《아이네이스》 및 초서와 오디세우스의 거울, 라캉과 로티에 대한 자세한 언급은 Nolan, *Now Through A Glass Darkly* 참조. 이러한 비판이나 지적이 있다는 것만 밝혀두고 판단은 보류해야 할 것 같다. 라캉의 정신분석학이 인간의 이해에서 기여한 바는 크며, 현대의 인간은 근본적으로 과거의 이론이나 신학에 의해서는 조망될 수 없기 때문이다.

(5) 13세기 프란체스코회 소속 학자로, 1243년 프란체스칸이 되었다. 유명한 신비주의 논문 《신에게로 가는 영혼의 여정(*Itinerarium Menttis in Deum*)》을 저술했다. 형제회의 총봉사자로서 《성 프란체스코 대전》(1263)을 완성, 명성을 떨쳤고, 그밖에 《3중 생명에 대해(*De triplici via*)》, 《독백(*Soliloquium*)》, 《생명의 나무(*Lignum vitae*)》 등을 썼다. 또한 다양한 복음 주석서와 《짧은 담화문(Breviloquium)》을 저술하기도 했다. 그뿐 아니라 탁발 수도자들의 복음적 삶의 적법성과 관련한 작품들도 저술했는데, 특히 복음적 가난에 관한 논점과 관련한 저술들이 있는데, 그 중 하나가 《가난 변호론(*Apologia Pauperum*)》이다.

(6) St. Bonaventure, *Itinerarium Mentis in Deum* in Bonaventurae Oper Omnia, Florence: Studio et Cura(Collegii a S. Bonaventura, 1981, 493쪽), recit. Nolan, *Now Through A Galss Darkly*, 84쪽. 번역본과 주해는 Philotheus Boehner, *St. Bonaventure*, N.Y., Franciscan Institute of St. Bonaventure Univ. Press, 1956, 100~101쪽.

항을 레비나스는 '옷'이라고 부른다. 현실적으로 과연 이것이 얼마나 가능할까? 거의 불가능하다. 카프카의 주인공이 법정에서 옷을 벗은 남녀가 앉아 있는 장면이 펼쳐진 그림을 보고, "고작 이것이 그들의 법이란 말인가." 하고 몸서리를 치듯이, 보통의 범용한 인간이 사회적이고 이념적인 제3의 매개항인 '옷'없이 타자를 만날 수는 없다. 그 내부로부터 보고자 열망해도(from within), 진실로 타자되기가 이루어질 수는 없다. 타자의 쾌락과 고통은 나 자신을 완전히 파괴할 것이기에.[7]

그러나 황무지로 나갔던 기독교부들은 기꺼이 자신[我]을 지우고 타자의 눈으로 세상을 보고 타자가 되는 삶을 실현하고자 했으며, 자신이 발견한 진리를 진실로 실천하고자 노력했다. 그 자체로는 아무것도 나타나지 않으며, 오로지 빛의 반영을 담아야만 형상이 보이는 거울이라는 사물 역시 매개체이다. 그러나 교부들이 생각했던 어두운 거울은 특별한 종류의 매개체이다. 인간을 자신의 편의에 따라 도구화하지 않는 매개체, 자신의 영역으로 번역하지 않는 매개체. 이것은 어떤 매개체인가?

〈공각기동대〉에는 말해지지 않은 거울 딕툼의 나머지 구절이 남

---

[7] 세계 안에서 인간이 맺는 모든 구체적 관계들을 주는 그 제3항은 공동체의 관계들이다. 공통적인 어떤 것에 대한 참여, 하나의 이념, 하나의 관심, 하나의 직업, 하나의 식사, '제삼자'에 대한 참여를 통해서만 계약이 성립하며, 인간들은 한 사람이 그저 다른 한 사람을 마주 대하고 있는 관계가 되지 않는다. 언제나 어떤 것을 중간에 놓고 그 주위에 몰려 있다. 레비나스, 서동욱 역, 《존재에서 존재자로》, 민음사, 2001, 65쪽. 타자되기를 할 수 없다는, 이와 같은 지적에는 '되기'를 어떤 실체적인 개념으로 이해하고 있다는 비판이 있을 수 있다. 들뢰즈는 되기란 감응의 생성이며 존재는 생성으로써만 '있다'고 말한다. 이 경우에도 우리는 입장의 근본적 상이함(차이)을 발견할 수 있다.

아 있는데(《고린도서》 13장 12절), 아마도 그것이 애니메이션의 감추어진 주제라고 생각된다. 정확히 양의적인 뜻을 지닌 라틴어를 되새겨보면, 성서의 한글 번역으로는 그 묵시적이고도 강렬한, 압축된 비전을 포착할 수 없음을 느끼지 않을 수 없다. (그것은 결코 번역자의 잘못이 아니다. 근본적으로 영어로조차 번역이 힘든 말이기에.) 그때(tunc)라는 말에는 신을, 죽음을 정직하게 맞대면하고자 하는 진실된 인간의 강렬한 숭고함이, 또한 **지금** 외부적 지식으로써는 영원히 부분적으로밖에 알 수 없다는, 인식의 한계에 대한 비극적인 확인이 실려 있다. 말은 두 방향으로 갈라진다. 다시 한번 찬찬히 읽어보자.

"지금 우리는 거울을 통해서(in/through), 하나의 수수께끼(또는 신비)를 어둡게 들여다보고 있다(into 또는 그 내부로부터(from within) 보고 있다). 그리고 나서 (그때가 되면) 얼굴을 마주하고 본다(Videmus nunc per speculum in aenigmate; tunc autem facie ad faciem)."

"**지금** 나는 부분적으로, 외부로부터(ex parte) 안다(nunc cognosco ex parte)." (ex parte는 직역하면 부분적으로(부분 안에서(in part)) 또는 외부로부터(from outside)가 된다.) 그리고 나서 (그때가 되면, 즉 때가 되면; tunc/then) 나는 알게 될 것이다. 알려진 것으로서의 나까지도(tunc autem cognoscam sicut et cognitus sum). 이제 거기에는 믿음, 소망, 사랑이 남아 있다. (그때에 이르러) 이 세 가지 중에서 가장 위대한 것은 사랑이다(사랑이리라 Nunc autem manent fides, spes, caritas: tria haic; major autem horum est caritas)."

중세의 복합, 거울로서의 책

플라톤의 《파이드로스》편에는, 씌어진 문자는 일종의 거울과도 같아 오로지 진리를 매개할 뿐 그것을 실제로 구현하지는 못한다는 유명한 구절이 있다. 글자와 책은 중세에도 역시 거울로 생각되었으며, 책을 읽는 것은 스스로를 관상하며 숙고하는 행위였다. '학생의 거울'이라든지 '성직자의 거울', '평신도의 거울', '처녀의 거울'과도 같은 중세적인 '거울' 개념은 행위에 대한 도덕적 예시였다. 그것은 세계를 '그 자체로 있는 것'으로 비추면서 또한 '그렇게 되어야만 하는 것'으로 비추는 것, 실재와 이상을 동시에 비추는 것이었다.

13세기 프랑스에서는 스페쿨룸이라는 라틴어의 '거울(Miroër)'이라는 번역어는 당시 대단히 대중적이었던 백과사전적인 글의 컬렉션에 붙이는 말로 용법이 전환된다. 가장 유명한 예로 보베의 뱅상(Vincent of Beauvais)[8]의 대작 《역사의 거울(*Speculum historiale*)》이 있다. 거울이라는 제명이 붙은 책은 대개 알레고리가 깃들여 있어, 두 가지 방식으로, 즉 연속적인 전체로, 그리고 분절적인 에피소드로 읽어야 한다.[9] 16세기에 이르면 스페쿨룸이라는 말은 독일어권의 법령집에 붙는 단어가 된다.

거울을 들여다보는, 관상하는 행위(*speculatio*)는 고대부터 무엇보다 책읽기와 글쓰기와 관련이 있었고, 사물이나 세계는 '사유를 위한 양식'이었다. 아우구스티누스는 《기독교 강요》에서 글쓰기의 두 가지 원칙을 제시했는데, 모두스 인베니엔디(*modus inveniendi*), 즉 이해하여야 할 것을 찾아내는 방법과, 모두스 프로페렌디(*modus proferendi*), 즉 이해한 것을 제시하는 방법이었다. 이 두 가지 글쓰기 원칙은 수사학의 두 가지 구분, 즉 인벤티오(*inventio*)와 능변(*elocutio*)에 상응한다.

기호를 읽는 문제에 대해, 아우구스티누스는 상황(*circumstantiae*)이라는 개념을 도입한다. 의미 자체는 단일할 수 있으나 그 의미를 전달하는 기호들은 다양한 해석의 담지체가 된다는 것이다. 기호의 의미는 시대에서 시대를 통해, 사람들에서 사람들을 통해 바뀐다. 그러나 성서의 모호성 혹은 다가성은 텍스트 자체 안에서 독자들이 읽으며 풀어내야만 하는 **차이**를 창조한다. 글쓰기에 대한 아우구스티누스의 이러한 생각은 반대로 해석에 그대로 이용될 수 있다. **거울로서의 책**에 대한 은유는, 책읽기에서 텍스트를 호두껍질로 간주한다. 껍질을 깨뜨림으로써 핵심을, 내용물을 찾는 것은 글의 의미

---

(8) 프랑스의 학자, 백과사전 편집자로, 그의 저서 《거대한 거울(*Speculum majus*)》은 중세의 가장 훌륭한 백과사전 중 하나로 평가된다. 1220년경 파리의 도미니쿠스 수도회에 들어가 사제이자 신학자가 되었으며, 범우주적인 지식을 체계적으로 집대성해보자는 생각을 품고 1244년까지 작업했다. 1250년경 루이 9세의 궁정에서 성서 낭독자 겸 지도신부로 봉직했고 궁정에서 일하며 《귀족 자제들의 교육에 관해(*De eruditione filiorum nobilium*)》(1260~1261)를 썼다. 《거대한 거울》은 역사·자연·교리의 세 부분으로 이루어져 있으며 네 번째 부분인 《도덕의 거울(*Speculum morale*)》은 작자 미상으로 14세기에 덧붙여진 것이다.

(9) David F. Hult, "Language and Dismemberment", in *Rethinking the Romance of the Rose*, 1992, 103쪽.

를 찾는 일의 비유이다. 우화의 서술적인 표면은 하나의 '외피'이며, 그 덮음을 벗겨낼 때 의미는 내부와 외부를 향해 동시에 열린다.

텍스트는 프로프리아(*propria*), 문자 그대로의 표면적 의미를 지니는 외에 트란스라타(*translata*), 도덕적·유형학적 의미를 가지므로, 감각적 이해·정신적 이해·지성을 넘는 마음과 영혼의 이해를 통하여 해석되어야 했다. 요컨대 알레고리의 사용이다. 알레고리란 한 가지 것을 통해 두세 가지의 다른 것을 말하는 방식이며, 상반되는 극성을 양자택일하지 않고 모순없이 조화되도록 만드는 기법이다. 상반되는 의미의 모순되지 않는 포괄, 양가성이란 사물로서의 언어, 형상어가 지니는 특징이다. 불가해함에 대한 해석을 다른 불가해함으로써 제시하는 것이다.

아우구스티누스의 예를 따라 성 빅토르의 휴(Hugh of St. Victor)[10]는 학생들에게 텍스트는 세 겹의 이해(역사적·알레고리적·유형학적 이해)로 읽어야 한다고 충고한다. 휴의 사유에서 해독

---

(10) 1115년부터 파리 생 빅토르 수도회의 수도사가 되었다. 수도원 학교에서 가르치면서 수도원 공동체를 넘어 교수를 개방했고 그것이 파리 대학이 승인되는 계기가 되었다. 휴는 문자로 기록된 페이지를 읽으면서 기쁨을 누렸다. 휴의 저서 *Didascalion*(1127년경)은 중세 커리큘럼의 이상적인 버전이자 철학의 본성에 대한 논고이기도 하다. 휴는 마치 수도원의 포도밭에서 딴 포도의 맛을 음미하듯 글을 한 줄 한 줄 맛보았다고 전해진다. 휴에 따르면 페이지라는 말, 또는 라틴어로 파지나(*pagina*)라고 하는 말은 본래 포도넝쿨이 그 위에서 자라는 시렁을 가리키는 말인 에스팔리에(*espalier*)에서 유래했다고 한다. 휴에게 독서 행위는 지혜를 탐구하는 일이면서 동시에 하나의 신체적인 활동이자, 삶의 한 방식이었다. 휴는 철학의 통합적인 한 부분으로서 '기계적인 기예들(mechanical arts)'을 신체적 생활의 보충을 위해 반드시 필요한 훈련이라고 생각했다. 그는 친구에게 보내는 애정어린 편지에서 "사랑에는 끝이 없다"는 유명한 말을 남겼는데 이를 우정에 대한 이반 일리치의 글에서 찾아볼 수 있다. 이반 일리치, 〈우정에 대하여〉, 《녹색평론》, 37호, 1997, 11~12월호.

헨드릭 골치우스 방 니콜라스 클록, 〈시각〉, 동판화, 1596, 레이덴 대학 판화실

의 문제는 문자(글자)와 정신(영; spirit) 사이의 관계에 내재해 있다. 그것은 바울 서한의 거울 딕툼, **지금과 그때** 사이의, '**거울을 통해 불가해함 안에서**(*per speculum in aenigmate*)'에 대한 유비였다. '얼굴과 얼굴을 마주보는(*facies ad faciem*)', "신의 말이 네게 보일 때 그 외부 형태는 마치, 하나의 홈 또는 오점처럼 보일 것이며, 그리하여 너는 마치 더러운 먼지처럼 그것을 짓밟으며, 문자가 너에게 물리적으로, 시각적으로 말하는 것을 경멸한다. 그러나 들어보아라! 네가 짓밟고 있는 그 결함은, 눈먼 자의 눈을 뜨게 한다. 성서를 읽어라. [말의] 지체(육신(flesh)) 안에 무엇이 일어나고 있는지 주의 깊게 읽어라."[11]

중세의 독자는 책을 읽을 때 표면적 서사에 접혀진 심층적 의미를 찾았다. 이러한 심층적 의미를 찾기 위해서는 아우구스티누스가 말한 상황(*circumstantiae*)을 고려해야만 하며, 따라서 독자의 의식은 글읽기 과정을 통해 텍스트를 에워싸는 주변 세계, 바깥쪽 실재를 향해서 움직여 나가게 된다. 중세인들은 심층으로 파고들어가면서도 원심적으로 바깥을 향하는 이러한 읽기 과정을 '영혼 인도의 여정(*psychogogia*)'이라고 생각했다.[12] 여기서의 실재(리얼리티)란 텍스트의 이미지(시뮬라크럼)와 세계 **사이에 있는** 실제적인(리얼한) 무엇이다.[13]

이러한 방법은 카롤링거조에 텍스트의 표면적·도덕적·유형학적·유비적 의미를 찾는 4조일체의 해석학으로 도그마화되었고, 근세에까지 영향을 미쳤다.[14] 단테는 이중·사중의 의미 체계를 글에서 결합시켰다. 알레고리는 표면적인 서사와는 다른 이야기를 만들어낸다. 문자 그대로의 표면적인 의미인 프로프리아는 도덕적·유형학적·유비적 의미로 열리며 이것이 바로 해석학적인 **복합**(*complicatio*)의 층위였다. 알레고리적 텍스트에서 의미는 독자가 서술 자체로부터 함께 여정을 따라가듯 모험해나가야만 하는 것이

---

(11) Hugh of St. Victor, *Didascalion*, 5, ii, trans by Jerome Taylor, NY and London, Columbia Univ. Press, 1961, 120~121쪽; recit. in Nolan, *Now Through A Glass Darkly*, 84쪽, 94쪽, 315쪽.
(12) 동일한 용어가 그리스 철학에서도 사용된다. 파이드로스의 관심사였던 수사술(*rhētorikē*)이란 "말을 통해 마음 또는 혼(*psychē*)을 유도하는 것(*psychagōgia*)"이다. 박종현,《헬라스 사상의 심층》, 285쪽.
(13) 자연의 사물에 의한 언어(*Dicitur de natura rerum*)인 알레고리는 원심적인 양방향으로 그 의미가 열린다. 의미의 부정적/긍정적, 능동적/수동적 조합이 가능하고 읽기 역시 마찬가지이다. 이것을 평행주의(parallelism)라고 부른다. Stephen A. Barney, "Visible Allegory: The Distinctiones Abel of Peter the Chanter", in *Allegory, Myrh, Symbol*, 1981, 87~99쪽.
(14) 카롤링거조의 4조일체(quadrata)의 해석학에 대해서는 Esmeijer, *Divina Quaternitas: A Preliminary study in the method and application of visual exegesis*, Assen, Van Corcum, 1978.

었다. 세계를 향해 이야기하는 것은 외부적 시간의 부단한 흐름을, 구조화되고 안정된 정신적 공간으로 전환시키는 것이었으며, 말하는 것은 창세기와 구복이라는 유형적인 모방 행위 안에서 세계를 실현하는 것이었다. 그러한 의미에서 중세 텍스트는 성서의 예현(또는 유형학)을 모방했다. 중세의 텍스트란 신의 거울로서의 사물이다. 텍스트를 읽는 것은 거울을 들여다보고 그 영상과 신의 이미지의 닮음과 닮지 않음에 의해 스스로를 반성하며 관상하는 것이었다. 〈창세기〉의 언명처럼 신은 자신의 이미지대로(*imago dei*) 인간을 만들었기에.

그러므로 중세적인 읽기인 **스페쿨룸**이란 현대적인 의미의 단순한 독서가 아니라 자신을 비추어보는 수행적인 행위였다. **복합**은 세 겹, 네 겹의 층위를 지니기에, 때론 상반되는 뜻까지도 아울러 모순 없이 포괄할 수 있는 양가성을 지니게 된다. 양가성은 형상언어 특유의 속성이며, 르네상스와 바로크 시대의 그림들은 모두 양가성을 활용하고 있기에, 말은 이미지로, 이미지는 말로 상호 전환 가능하며 심층적 내용이 풍부하게 열린다. 옛 그림이 아름다운 것은 사물의 외양을 그리는 데 머물지 않고 내포된 내용이 풍부하기 때문이다. 내용이 형식을 결정한다.

여기서 알레고리의 의미를 다시 한번 생각해보자. 알레고리란 무엇인가? 그것은 형상적으로 말한다는 것, 혹은 공중 앞에서 다른 것을 말한다는 뜻이다. 그리스어 *allegorein*, *allos*(다른)에 *agoreuein*을 덧붙이면 *agora*(아고라), 즉 회합이나 시장 같은 모임 장소에서 말한다는 의미가 된다. 알레고리는 늘 형상의 사용뿐만 아니라 청중

〈악마의 엉덩이가 비치는 거울 앞에서 머리를 빗는 젊은 여인〉의 목판화, 《라 투르 랜드리 기사의 책》, 1493

이 목판화는 거울을 들여다보는 일의 위험성을 경고하고 있다. 부정적인 예시로서 거울은 오만과 허영, 허무의 상징이다. 거울은 악마를 끌어들인다고 생각되었다.

을 전제로 하는 담화였다. 우화(parable)는 언제나 알레고리적인데, 예수는 〈마태 복음〉에서 그들은 보아도 보지 못하고 들어도 듣지 못한다고 말하고 있다. 알레고리는 뭔가 말하면서 다른 것을 말하는 것, 부재의 장소를 감각적으로 지각 가능한 것으로 대체하는 것이다. 질료의 파편으로써 가시적인 폐허를 만드는 것, 성공할 수 없는 투영을 전제하고 그 자체를 노출하는 과정이다. 기호와 물적 구현체

사이에 영구히 균열된 간극을 보이는 것이다.[15]

 알레고리는 복수의 사건이나 행위를 동시적으로 병존시킨다. 알레고리를 읽기 위해서는 거울 딕툼과 마찬가지로, 먼저 특정 이미지를 텍스트의 부분적 요소로 고려하고(표면적인 읽기), 다음으로 텍스트를 넘어 실재의 세계로 이행하는 하나의 움직임을 보아야만 한다(심층적인 상징 읽기). 의인화되거나 알레고리화된 사물들은 현실 안에 자율적으로 존재하듯이 보이도록 시뮬라크럼을 만든다. 시뮬라크르는 텍스트 너머의 세계 안에 투영된 실재의 이미지로 존재하게 되는 것이다.[16]

 홉스가 학(學)이 될 수 없는 불분명한 언어를 철학으로부터 제거하고자 했을 때, 니체가 마법사들의 언어는 세 갈래, 네 갈래로 갈라진다고 통렬하게 비난했을 때, 그들은 분명 이러한 신학적인 '복합'을 만드는 형상적 언어 방식을 비판하고 제거하고자 했다(그러나 니체는 결과적으로 은유를 사용했다). 하나로 해석될 수 없는 형상언어는 이성적으로 적절하게 말하는 법을 알지 못하며 주인의 검열을 피해야만 하는 노예의 언어라고 간주되었기 때문이다. 근대이성은 논리적 사유에서 서너 겹의 해석을 만드는 형상언어를 배제했으나 탈구조주의의 영향 이래 언술이 진리를 보증하지 못하며 서사나 담론

---

(15) J. Hillis Miller, "The Two Allegories", in *Allegory, Myth and Symbol*, 364~365쪽.
(16) 상징과 알레고리의 이론사에 대해서는 김상환, 《니체, 프로이트, 맑스 이후》, 창작과비평사, 2002 참조. 서구의 알레고리 기법과 물화된 상품세계로의 진입 그리고 근대적 주체를 만드는 소설적 서사 사이에 일정한 상관 관계가 있음을 벤야민과 슐라퍼는 지적한다. 기독교와 자본주의가 상관되는 것도 동일한 맥락이다. 모레티, 조형준 역, 《근대의 서사시》, 새물결, 2001, 134~159쪽; 가다머, 이길우 외역, 《진리와 방법》, 문학동네, 2000 참조.

이 결정되는 방식의 임의성과 외부성이 주목됨에 따라 은유와 수사학은 서서히 복권되어왔다. 새로운 언어 방식의 추구가 기호의 해석과 절합 가능한 진리(알레테이아)에 눈길을 주는 것은 당연한지도 모른다. 바로 그것이 상실되어왔기 때문이다.[17]

서술 방식과 이해 방식의 단절. 그것은 작가의 기량이 아무리 뛰어나다 해도 옛 그림이나 음악이 현대에 결코 나올 수 없는 이유를 말해준다. 단순한 외양의 모방은 키치가 되어버린다. 과거의 말하는 방식, 사물을 보는 방식, 스스로를 이해하는 방식은 소멸되어버린 것이다. 학문을 통하지 않고는, 그 잊혀진 세계를 당시 사람들이 어떻게 보았고 기술했는지 우리는 있었던 그대로 볼 수 없다. 똑같은 글과 그림을 본다 해도, 지금 우리의 관심사로 조명하는 작품은 애초의 맥락과는 다른 사물이 된다. 때문에 미술사학은 그 잊혀지고 죽은 대상을 있었던 그대로 재구성하는 일에 무엇보다 관심을 기울인다.

있었던 그대로. 불가능해 보이는, 아니 불가능한 일. 보르헤스의 〈키호테의 저자 피에르 메나르〉나 〈기억의 명수 푸네스〉의 주인공들의 무상한 시도처럼 그것은 근본적으로 실패가 예정된 작업이다. 푸네스는 하루를 재생하기 위해 하루를 그대로 보낸다. 그러나 묻지

---

(17) 알레테이아와 서구 이성의 존재 망각에 대해 깊이 고찰한 철학자는 하이데거이다. 알레테이아는 비은폐성으로서의 진리이다. 진리를 위한 낱말인 알레테이아는 인간이 자신의 본질의 밑바탕에서 원하며 찾고 있는 것을 지칭하기 위한 낱말이어서 제일의, 그리고 최종의 것을 위한 낱말이다. 좋음(아가톤)이란 플라톤적인 의미에서는 존재 자체와 비은폐성 자체의 가능조건(가능케 함)이다. 하이데거, 이기상 역, 《진리의 본질에 관하여》, 까치, 2004. 특히 23쪽, 118쪽, 125쪽.

않을 수 없다. 과연 하루를 보내는 것으로 족한가? 그렇지 않다. 시간 속의 역사를 지닌 대상으로서 그림 한 점의 의미를 해석하는 데 적어도 삼 년이 걸리듯이, 하루를 재생하는 데 십 년 이상이 걸릴 수도 있다. 그러나 역사를 하는 사람들은 과거의 (가정된) 있었던 그대로의 복원에 평생을 건다. 그것은 현존의 의미를 새로이 구축하게끔 만드는, 그러한 현재 속의 현현으로서 과거의 구성이기에.

10

역설적 찬사, 모순어법적 양가성

릴의 알랭[18]은 '새로운 인간(Neo genus homo)'에 대한 책 《안티클라우디아누스(Anticlaudianus)》를 썼는데, 그 새로운 인간은 결코 화해할 수 없는 상반되는 것이 만나며, 순간이라는 시간 속에 영원이 깃드는, 어떤 경계적 장 안에 있는 통과(passage)의 존재이다. 여기서 알랭은 '새로운 인간'을 직접 묘사하는 대신, 새롭고 완벽한 인간(네오 게누스)을 찾는 '이성' 또는 '진리'인 레이디(trinity; 진리

---

(18) 프랑스의 스콜라 철학자이자 시토 수도원 수도사로, 릴에서 태어나 시토로 은퇴하기 전 파리와 몽펠리에에서 가르쳤다. 기독교 신앙에 합리적인 근거를 구축하려 했으나 인간은 오로지 믿음에 의해서만 신에 대해 알 수 있다는 결론을 내렸다. 그의 사고는 신플라톤주의적 요소가 강하다고 평가된다. 《이교도에 대적하는 가톨릭 성도의 믿음에 대하여(De fide catholica contra haereticos)》 등을 저술했고, 특히 〈안티클라우디아누스〉는 그 시대의 가장 뛰어난 교훈시로 알레고리로 가득 차 있다. 그는 또한 알라누스 드 인술리스(Alanus de Insulis)라는 라틴어 이름으로도 불린다.

는 언제나 삼조이다)를 그리고 있다. 여기서 개념들은 모두 의인화되어 표현된다.

제1서에서 **자연**(*Nature*)과 **차이**(*differance*)는 낙원 추방의 결과인 인간의 결점과 세계의 불완전함을 한탄하며, **새로운 인간**을 만들어내기 위해 창조주에게 도움을 청한다. **자연**은 한 영혼에게 지혜를 불어넣어 새로운 구원의 인간으로 완성하기 위해 세 가지 덕목(신중, 예지, 지혜)을 지닌 여주인공 지혜에게 도움을 청해, 그녀는 새로운 인간을 찾는 여정을 가게 된다. 그러나 '완벽한 인간'을 상상함에 있어 위험성이 있는데, 이때 알랭은 다소 이교적인 시도를 한다고 평가된다. 왜냐하면 중세의 견지에서 완벽한 인간을 찾는 여정은 이미 역사에서 한 차례 시도되고 완성된 적이 있기 때문이다(그리스도라는 사건). 믿음의 말이 그리스도의 육신을 만들었다는 사실을 알랭이 배제하고 있다는 것이다.

네오와 트리니티

알랭의 의도는 독자가 이 텍스트를 거울삼아 해석의 세 겹의 층위에 따라, 도덕적·알레고리적으로 읽어야 한다는 것이었다. 완벽한 인간을 찾는 여정은 결국 늘 그리스도로 귀착된다는 것을 알랭은 숙지하고 있었다. 거울이라는 모티프는 반복된다. 새로운 인간이란, 우리가 자신의 완벽함의 가능성을 그 사람 안에서 볼 수 있는 거울이며, 여주인공 '**지혜**'는 **믿음**과 **이성**이라는 거울의 매개를 통해 그녀의 영웅을 찾는다. 여주인공은 아우구스티누스적인 **신의 이미지**

람스프링크, 《철학자의 돌》, 1625, 프랑크푸르트

"철학자들은 두 마리 물고기가 우리의 바다에 있을 것이라고 말한다. 두 마리 물고기는 영혼과 정신이고 바다는 몸이다. 이 세 가지는 같이 혼합되어 대양을 만든다."

(*imago dei*)를 찾고 있으며, 신에게 도달하기 위해 자아는 거울(반성적 사유)의 가능성을 신중하게 사용해야만 한다. 지혜가 지닌 두 개의 거울 또한 여성으로 의인화되어 있다.

'이성'은 왼손에 책을 들고 오른손은 거울의 밝음으로써 환하게 빛났다. 결점없는 용모와 심원한 마음을 지니고 그녀는 '새로운 인간'의 구성 요소들을 지각한다. 새로운 인간은 천상적인 것, 필멸, 차이, 고유성, 무거움, 가벼움, 움직임, 정적인 성질, 어둠, 밝음, 영원, 일시적인 것, 회귀하는 것, 고정된 것 등을 속성으로 지닌다. 이어서 **지혜**인 트리니티(신중, 예지, 지혜)가 일곱 가지 자유학예와 일곱 미덕의 도움으로 '새로운 인간'에게 영혼을 부여해달라고 신에게 청하는데, '새로운 인간'의 눈부심이 그녀를 눈멀게 해, **믿음**이 트리니티의 시각을 회복시키기 위해 다시 거울을 선사한다. "이 거울 안에 불의 영역의 모든 것이 반영됩니다. ……그러나 이러한 사물들의 외양은 실제 대상과는 다르답니다. 인간들이 실재로 보는 것이 여기서는 그림자이지요. 사물은 여기서는 외양이고, 빛은 여기서는 빛의 이미지이지요(*hic species, hic lux, ubi lucis imago-hic res, hic umbra videtur, hic res, ……*)."

이 믿음의 거울은 과도한 빛의 범람으로부터 시각을 보호하기 위한 것이다. 믿음의 거울은, 그녀의 신(새로운 인간)의 매개되지 않은 빛으로부터 '신중한 지혜'인 트리니티를 보호하기 위해 사용되며, 그 마음을 보호한다. 신을 보고 살아남을 수는 없다. 그래서 반드시 매개가 필요하다. 그것이 바로 존재의 **문자**의 영역 안으로의 적합시킴이다. 신의 형상인 새로운 인간은 문자의 영역을 통해 정신의 영역 안에서만 존재하게 된다. 이어서 트리니티는 시공간의 **우발성**(*contingencies*)[19] 안에 갇히며, 그녀의 다섯 가지 기지(*wit*)들은 감각적인 정보들(오감)로 제한된다. 시간, 공간, 감각적 지각을 넘어 이 '믿음의 거울' 안에서 그녀는 근본적으로, 절대적으로 다른 질서들의 불가해한 공존이라는 기적을 본다. 트리니티는 위엄의 궁정을 가득 채우고 넘치는 새로운 인간의 불멸의 광휘를 거의 감내할 수 없었으나, **반영**(reflection; 또는 숙고)이라는 수단에 의해 그 빛을 흐림으로써 볼 수 있었다. 그녀가 눈앞에 들고 있는 거울의 표면은 그 날카로운 섬광으로부터 그녀의 눈을 보호해주었다. (*sed eam defendit ab isto/ fulgere planities speculi, quam visibus offert/ illa suis, lucem speculo mediante retardans.*)

---

(19) 우발성에 대한 중세적 사고를 일목요연하게 볼 수 있는 책으로, Daniel Heller-Roazen, *Fortune's Faces*, Baltimore and London, Johns Hopkins University, 2003.

이어서 '신중한 지혜'인 트리니티의 시선은 성모(Virgin)의 기적(처녀이자 동시에 어머니라는 불가능함의 가능)의 거울 이미지로 이끌린다. 그녀는 질문한다. 과연 일시적인 것에 의해 영원함이, 지상적 힘에 의해 신이, 딸로부터 아버지가 태어날 수 있는지, 꽃에 의해 삼목이, 별에 의해 태양이, 불꽃에 의해 불이 태어날 수 있는지, 바위가 꿀을 만들어낼 수 있는지를. 그녀는 신이 옷을 입은 인간의 형상 속에 있음에, 올림포스의 불꽃이 인간의 오두막 안에 있음에 놀라고, 바다 해초 아래에 장미꽃이 감추어져 있으며, 진흙이 보석을 덮고 있고, 바이올렛이 독미나리 안에 감추어져 있으며, 삶이 죽어가고 태양이 어두워진다는 것에 놀란다. 이 문자(글), 이 모든 것이, 그 자체를 넘어 있는 진리를 형상화하며, 그러면서도 여전히 그것은 자체의 자율성과 신비를 감싸고 있다. 글은 진리의 거울이 되며, 거울은 보호와 동시에 매개 기능을 한다. 우리는 불가해함(*enigma*)의 이미지에 의해 감각의 풍요를 경험한다. 이것이 바울 안에 포착되었던 거울에 대한 알랭의 주해이다. 알랭은 바울 딕툼을 직접 언급함 없이 다른 거울(Vision)을 만들어냈던 것이다.

중세에 바울 딕툼의 거울 언명이 그토록 중요했다는 사실과 견주어본다면, 상징계에 진입하기 위해 일정한 박탈을 감수하게 만드는 라캉의 '상상계적 거울상의 불일치'와 타대상의 투사, 사랑의 불가능함에 대한 우울한 언급이 간과하고 있는 부분이란 과거에 거울 체험이 지닐 수 있었던(혹은 지닌다고 생각되었던) 긍정적인 측면이라는 것을 알 수 있다. 거울은 진리를 가차없이 말한다(상(像)과 주체의 불일치). 그러나 중세적인(따라서 신학적인) 의미에서는 오로지 거울 반영에 대한 숙고를 통해서만 진리에 도달할 수 있다. 인간은 신과 닮게 만들어졌기에 서로의 거울이 되며, 세계는 신의 거울이다. 닮음과 닮지 않음의 인식, 그러한 과정을 통해 인간은 독단적 판단을 수정하는 법을 '배우게' 된다.[20]

로마 제국의 지식인이었던 아우구스티누스를 근본적인 회의로부터 기독교로 되돌린 것은 인간을 신의 이미지대로 닮게 만들었다고 하는 말과 바울의 거울 언명이었다. 여기에는 인간에 대한 믿음으로의 궁극적인 회귀가 있다. 《고백록》은 자기 자신에 대한 깨달음의 여정을 보여준다. 거울의 본성이란 그 실체가 없이 반영함으로써만 존재하나, 거울을 들여다보는 이의 불완전함을 바로 보게 만들고, 거울을 만든 이의 완벽(神)에 대해 암시한다는 것이다. 인간은 서로에게 거울이다. 거울의 완상은 결함의 숙고이고, 이것은 개혁과 구원을 위해 노력하는 자에게 필수불가결한 도움을 준다. 중세인들처럼 텍스트 앞에서 나는 반성하고 숙고한다. 지금의 나와 다른 것으

---

(20) 앞의 책, 78쪽, 102쪽. 친구 로놀프에게 보내는, 신심과 친밀함이 가득한 성 빅토르의 휴의 편지를 토대로 이반 일리치는 거울에 대해 다시 말하고 있다. 플라톤과 같은 그리스인들이나 키케로는 우정에 대해 알고 있었는데, 내가 나 자신을 발견하는 그것은 그대의 눈 속에서 비롯된다는 것, 그들은 그것을 '퓨필라'라고 불렀다는 것이다. 그대의 눈 속의 검은 눈동자, 그것은 내가 그대의 눈 속에서 보는 나의 '인형'과도 같다는 것이다. 학생, 제자라는 뜻과 눈동자라는 뜻을 지닌 영어의 pupil은 꼭두각시인형(puppet)과 같은 어원 퓨필라(pupilla)에서 파생되었다는 것이다. 눈동자, 인형, 사람, 눈, 그것은 단순히 나의 거울이 아니며, 나라는 존재가 당신에게 선물이 되는 것은 당신에 의해서라는 것이다. 그 당신은 '내'가 여기 있다고 말한다. 나를 나이게 하는 것은 나의 개체성, 나의 에고가 아니다. 그것이 성 휴와 랍비 전통에서 설명하는, 중세적 의미의 거울이다. 나의 존재가 누군가에게 비치는 선물이 되지 못한다면 나는 온전한 인간에 이르지 못한다는 것. 타자의 시선을 되돌려주는 이것은 라캉식의 거울 개념과는 근본적으로 다르다. 이반 일리치, 〈우정에 대하여〉, 《녹색평론》, 37호, 녹색평론사, 11~12월호.

로서 글과 그림을 만나는 데는 언제나 기쁨이 있다. 새로이 알게 되고 다시 앎으로부터 떠나며 그 여정은 끝이 없다. 시간은 언제나 새로운 의미로 정립된다.

중세의 거울은 글, 그림, 타자, 인간, 자연, 세계였다. 그것은 신의 표현이었고, 거울과의 만남이란 언제나 타자 안에 비친 자기 자신과의 조우, 반영된 자신을 깨닫게 되는 특별한 만남을 의미했다. (그러나 우리는 타자가 무한이 아니라 그 자신만의 구체적이고 고유한 상황 속에 놓인 어떤 인간이라는 것을 분명히 안다.) 델피의 아폴론 신탁인 "너 자신을 알라." 역시 진정한 자기 자신을 보라는 권유이다. 아우구스티누스는 말한다. "눈은 거울을 들여다보지 않고서는 결코 그 자신을 볼 수 없을 것입니다(*Numquam enim se oculi praeter specula videbunt*)."(*De Trinitate*, 10. 3) 그렇다면 자기 자신을 본다는 것은 무엇인가? 고유성과 속성으로 귀속되지 않는, 자유로운 세계 내의 존재로, 하나의 사물이자 생명체로 나를 본다는 것은 무엇인가? 나는 부재, 없음〔無〕과 만난다. 그 무는 비어 있지만 공허하지 않다.

모든 것, 그리고 아무것도 아닌 것

나는 이 책에서 다루었던 친숙한 영화 대사들을 인용하면서 이 부분을 시작하고자 한다. 광대한 우주를 정면으로 마주하는, 파스칼의 엄숙하고 압도적인 전율(*horror vacui*)이 아니더라도, 일상의 경험 가운데에는 언제나 이미 무(nothing)가 확고하게 들어서 있다. 우리는 하루에도 몇 번씩이나 이런 대사를 반복하며 살아가는가?

〈You've got Mail〉에서 약속장소에 나갔으나 결과적으로 바람을 맞은 애니는 그 아무것도 아닌 것은 나에게 무엇인가였다고 솔직하게, 조용히 말한다. "이 기묘한 형태의 의사 소통에서 …… 당신은 내게 **무엇인가**라기보다는, 거의 **아무것도** 말하지 않았지요. ……하지만 나는 말하고 싶어요. ……이 모든 **아무것도 아닌 것**은, 내겐 너무나도 많은 **무엇인가** 그 이상의 것을 의미했다는 것을 …… 그래서 …… 감사해요."

영화 〈사브리나〉에서 현실적이고 모범적인 운전수인 아버지 페어차일드는 터무니없이 허황한 꿈에 빠져 있는 사브리나에게 진심으로 말한다. "너는 이런 식으로 계속할 수는 없어. 극복해야만 해. 네가 떠나야만 하는 건 잘된 일이야. 나는 그저 그것이 충분히 멀기만을 바랄 뿐이야." 내일이면 파리로 떠나야 하는 사브리나는 마지막으로 나무에 기어올라가 연회의 세계에 속한 데이비드를 멀리서 바라본다. 그러나 그것은 상처일 뿐이다. 데이비드가 휘파람을 불며 지나가자 용기를 내서 그의 앞에 뛰어내리는 사브리나. 그러나 이 행복한 청년의 말은 더할 수 없이 간명하다. "사브리나였잖아, 난 누군가 했네(Oh, it's you Sabrina, I thought I heard somebody)." 사브리나는 자조하며 되새긴다. "그래요, **아무도 아니었어요**(No, it's nobody)." 그녀는 데이비드를 떠나느니 죽어버리겠다고 생각하지만 그 결심을 지속하지도 못한다.

〈Sleeping Beauty〉에서 성으로 돌아온 필립 왕자는 아버지 왕과 충돌하게 된다. 꿈이 현실이 되어 만난 사람에 대해 이야기한다. "I don't know who she was.……maybe……peasant girl, I suppose."

From *Cinderella* (1919).

아서 랙햄, 〈사브리나〉, 《신데렐라》 삽화, 1919

처음에 왕은 왕자의 말이 농담이라고 생각하나 곧이어 말을 더듬을 정도로 당황하고 분노한다. "네가 나한테 그럴 수는 없다……, 아무도 아닌 사람 때문에 왕국을 버린다고?(No, Y-you can't do this to me! Give up the throne? The kingdom? For some……some **nobody**?)" 왕의 분노는, 평범하고 무력한 아버지의 근심으로 바뀌며, 왕은 왕관을 벗어들고 이마의 땀을 닦는다. 그러나 숲의 여인을 만난 기쁨에 아버지의 합리적인 분노와 좌절은 전혀 마음에 와닿지 않는, 경솔하면서도 진지한 필립 왕자. 그는 눈이 멀어, 자기 앞에 놓인 장애물의 위험을 모르거나 폄하하고 있다. "아버지는 과거에 살고 있어요, 지금은 14세기라고요!" 이것은 인류 역사상 얼마나 자주 되풀이되어온 말인가? 유쾌하게 대꾸하고 가버리는 그는 젊다.

아무것도 없음과 모든 것, 아무도 아닌 사람과 상당히 중요한 누군가를 모순없이 포괄할 수 있는 담론적 장치가 바로 양가성과 모순어법이다. 말의 양가성은 의식과 존재의 양가성을 무리없이 포괄한다. 셰익스피어의 〈아무것도 아닌 것에 너무 많은 것이〉에 흐르는 시처럼, 인간은 한 발은 바다에, 한 발은 해안에 두고 있으며, 이 상태는 결코 하나 될 수 없다. 그러나 성자나 신이 아닌 한, 이상과 현실에 눈멀어 양쪽을 놓지 않은 채로 버티며 살아가야만 하는 것이 바로 현실이다.

그렇다면 근세 문예에 나타나는 대표적인 특성인 양가성이란 무엇인가? 그것은 고대 문학의 번역과 부활에 유인을 지니고 있고, 중세에 무와 무한을 다루는 방식이었으며, 해석학적인 복합이고, 상반된 가치를 하나의 새로운 신체에 포괄할 수 있는 르네상스적 전인(全人)을 지향하는 방식이었다. 이 문제는 대단히 복잡하고, 또한 흥미롭기에, 이렇게 간단히 쓴다는 것이 도저히 용납될 수 없는 일처럼 보일지도 모르겠다. 르네상스나 수사학에 대해 말하는 것도 마찬가지라서, 제대로 소개하려면 몇 권, 아니 수십 권의 책으로도 모자랄 것이다. 그럼에도 근세 인문주의 지성의 대표적인 태도인 모순어법적 양가성이 어디에서 나왔으며, 양가성이 비롯된 역설적 찬사라는 고대 수사학의 기법이 어떤 담론적 장치이고 어떤 점에서 기독교 도그마와 무난하게 융합될 수 있었는지 '최대한 간단히' 그 접점을 표시해보고자 한다.

역설적 찬사란 요컨대 비난하면서 동시에 찬미하는 것으로, 찬미하는 라틴 송가(*laudatio*)의 패러디라고 할 수 있다. 루키아누스의

"느리게 그러나 확실히", 조지 위더(Wither), 《도덕적이고 성스러운 엠블럼 모음》,
1635, 런던 로버트 밀보른

달팽이는 대표적인 자웅동체이다.

〈기생충(The Parasite)〉이나 〈파리(The Fly)〉 찬미, 플리니우스의 《자연사》와 플루타르크의 《동물들의 현명함에 관하여》에서 영감을 얻은, 아이러니 가득한 알베르티의 《개 찬미(*Encomium of the Dog*)》처럼, 어떤 실재를 가치나 척도가 뒤집힌 상태로 묘사함으로써 사물의 속성을 밝히는 수사법을 말한다.[21] 역설적 찬사를 하는 작가나 연설자는 사소한 것을 꼼꼼히 관찰해 감추어진 진실을 드러내야 함으로, 필로스트라투스는 이런 작가를 일컬어, '쓸데없는 것을 묘사하는 사람'이라는 뜻의 리파로그라포스(*rhiparographos*)라고 불렀다. 리파로그라포스란 신화나 역사 같은 거대담론

(*megalography*) 대신, 사소하고 허접한 것을 치밀하게 그리는 정물화가를 칭하는 이름이기도 했다.

역설적 찬사는 고전 수사학에서 유창한 언변(*elocutio*) 능력을 보이기 위해 사용되었던 특수한 수사법이었는데, 그 속성상 특히 정치적 풍자에 빈번히 사용되었다. 이것은 검열에 걸리지 않고 한 가지 담화로 이중의 의미를 발화하게 한다. 역설적 찬사를 하는 이는 에라스무스의 폴리아(Folly; 광우(狂愚))가 손가락으로 자기를 가리키며 말하듯 스스로를 주체인 동시에 대상으로 놓게 되며, 때문에 필연적으로 자기지시적인(self-referent) 특성을 지닌다. 안과 밖이 섞이며, 내부는 외부가 되고, 찬미와 비난, 진리와 거짓이 동시에 일어나며, 불가능의 가능, 허구의 진리를 만들어낸다. 허구는 허구인 한에서 진리이다. "모든 크레타인은 거짓말쟁이이다"라는 유명한 명제가 보여주듯, 이것은 불합리해 보이는 논리적 무한순환에 빠진다. 즉 허구인 진리는 진리이지만 허구이기에 무화(無化)된다.

역설적 찬사와 모순어법은 위트와 웃음을 만들어냈기에 청중 앞에 서야만 했던 소피스트들과 연설자들은 역설적 찬사를 애호했다. 역설적 찬사와 양가성은 청중의 참여를 요구하는 그런 담화 형식이

---

(21) 메니포스는 기원전 3세기 가다라의 철학자로, 냉소적이며 코믹한 대화체 풍자라는 장르를 만들어냈는데 그리스·로마 작가들에 의해 그 양식이 모방되었다. 라틴 문학의 메니포스 전통은 현실적 질서가 무화되고 조소되는 일종의 '뒤집힌 세계'를 연출한다. 르네상스기에 루키아누스 및 라틴 시인들의 번역은 중요한 사건이었을 뿐 아니라 당시 문예에 큰 영향을 미쳤다. 죽은 자와 대화하는 도스토예프스키 소설의 메니포스적 성질에 대해서는 바흐친이 언급한 바 있고, 플로베르, 조나선 스위프트, 이탈로 칼비노 등도 메니포스적 전통에 뿌리가 닿아 있다고 평가된다. Marsh, *Lucian and the Latins*, Univ. of Michigan Press, 1998, 51~157쪽.

다. 역설적 찬사로 말해지는 것은 모호하다. 때문에 의미가 일정하지 않고, 의도된 의미 내용은 해석에 열려 있다. 경계없음이 끝이고, 한계없음이 한계이다. 그러하기에 청중의 참여와 읽기와 해석이 없으면 역설적 찬사의 담화는 결코 완성되지 않는다. 글이지만 발화되는 말을 지향하는 것이다. 이것은 진리를 확증하는 것이 아니라 무의미한 말인 농담과 위트를 만든다.

호라티우스의 말대로, 즐거움 가운데 교훈을 주는 것이 추천되었기에 역설적 찬사는 고대 로마의 풍자문학에서 빈번히 사용되었고, 본질적인 모호함 때문에 강력한 비판을 하면서도 빠져나갈 수 있는 장치가 되었다. 그런 이유로 고전고대의 부활을 목적으로 한 르네상스 인문주의는 이 수사학적인 방법을 환영했다. 역설적 찬사가 늘 성공하는 것은 아니었다. 고르기아스의 〈헬레네 찬사〉는 역설적 찬사를 목적으로 했으나 결과적으로 찬미로 귀결되어버린다. 한편 이 담화는 에라스무스의 예에서 보이듯, 양가적인 의미를 지니는 형상언어의 특성을 지니며 사물 자체(*res*)를 예로 제시한다.[22]

한편 고대부터 역설(*paradox*)이란 무와 무한에 대한 문제를 다루는 특수한 방식이었다. 전통적으로 무에 대한 문제는 신과 무한의 문제에 직면하게 했고, 반드시라고 할 만큼 역설을 만들어냈다. 플라톤을 읽으면, 파르메니데스를 비롯한 엘레아 학파의 그리스 철학자들이 이 위험한 문제를 최대한 금기시했다는 것을 알 수 있다. 무

---

(22) 역설적 찬사는 1권에서 보다 자세히 논하고 있다. Walter Kaiser, *Praisers of Folly: Erasmus, Shakespeare, Rabelais*, Harvard Univ. Press, 1963 참조.

에 대한 철저한 질문은 부정신학에 이르게 하며, 철학적으로는 역설을, 심리적으로는 자살(혹은 자아의 제거나 황폐화라고 해두자)을 낳기 때문이다. 쓸모없는 배움에 관한 소피스트적(혹은 스콜라적) 논변을 살펴보면, 이 세계의 기본 물질은 적어도 무는 아니다(not-nothing). 단정적으로 말하자면 그것은 틀리지만, 부정적으로 보자면 그것은 맞다. 적어도 수학에서는 함수를 만들거나 부재하는 것을 실체가 있듯이 가정하는 것은 편리하고 유용하다. 그러나 실재를 지시하는 말에서 무를 대상으로 취급하는 것은 자기확정적이고 동어반복적인 진술을 만들어낸다.

제논과 데모크리토스가 직면했던 없음(nothing)과 무한(infinity), 이 문제는 심리적·형이상학적 공포, 무한한 공간의 영원한 침묵에 대한 파스칼적 절망(*horror vacui*)을 만들어냈기에 이 문제에 정면 대결했던 수학자들(괴델이나 칸토어, 내쉬)을 미치게 했다는 점에서, 우리는 우리 자신의 범용함을 진심으로 감사하게 생각해야 할지도 모르겠다. 그러나 무한과의 대면은 르네상스기의 영국 시인 토머스 트러헌(Thomas Traherne)의 경우 '새로운 공간'의 우주 가득한 충만함을, 밀턴의 경우 영원성을 마주하는 기쁨을 만들어냈다.

가장 강력한 갈등의 시대를 살았던 조르다노 브루노와 토머스 트러헌은 라이프니츠 이전에 이미 세계의 무한이란 전능한 신의 가능한 모든 작업 중 최고의 것이라고 진심으로 노래했던 사람이다. 그들의 시는 모순과 역설로 가득 차 있다. 끝없는 무한 앞에서 자아가 소멸하며 흐르는 기쁨은 중세의 위디오니시우스, 쿠사의 니콜라스가 느꼈던, 오로지 부정형으로만 말해지던 신의 인식이기도 했다.

트러헌은 많은 시에서 형식적으로 배우는 일의 한계를 말하는데, 형식적 배움은 그가 열망했던 더할 나위없는 지복(felicity)을 제공하지 못한다. 트러헌은 쿠사의 니콜라스로부터 행복한 '박학한 무지'를 배우고, 모든 곳에 있으나 어디에도 없는 신에 대해 인식하고, 신의 신비가 특정하고 새로운 무엇이 아니라 모든 사물에 임재함을 알게 되었다고 고백한다.

르네상스인들은 무한과 무라는 문제를 모순어법(oxymoron)과 역설적 찬사라는 문예작품으로 만들며 즐겼는데, 이것은 인문주의의 모토의 하나인 "진지하게 놀아라(Serio Lude)"의 정신적 정수를 보여준다. 라블레의 우주는 에라스무스의 폴리아의 논변만큼이나 역설적이고 양가적이다. 유토피아는 '아무 곳도 아닌 곳(nowhere)'이고 비존재하는 것들에 대한 긍정적인(실증적인; positive) 언급들로 성립된다. 파뉘르주의 결혼에 대한 질문은 완전히 불합리하며 때때로 《가르강튀아와 팡타그뤼엘》 전체를 통해 카니발적인 '뒤집힌 세계'의 주제가 변주된다. 이것은 놀이의 세계, 축제의 세계이고 무의미는 진정한 의미가 된다.[23]

라블레, 존 던(Jonne Donne), 토머스 브라운 경은 호라티우스와 플리니우스의 실례를 따라 지식의 원형극장으로 상상의 도서관을 기획했다. 이 상상의 도서관은 뮤지움의 원형이며, 그 일부는 유럽의 제후들에 의해 실현되었으나 기획 자체는 카밀로의 기억의 극장

---

[23] 라블레와 에라스무스의 역설적 찬사와 양가성에 대해서는 Jean Claude Caron ed., *Francois Rablais: Critical Assessment*, 1995 참조. 르네상스의 *Serio Lude*를 다각도로 다룬 저작은 Harry Berger, JR., *Second World and Green World*, Univ. of California Press, 1988.

처럼 책에 씌어진 상상만으로 남았다. 이 상상의 도서관은, 인간이 주목하지 못했던 온갖 희귀한 것의 컬렉션, 그림들, 씌어지지 않은 상상의 책들을 포함한, 마치 보르헤스의 '바벨의 도서관'처럼 생각할 수 있는 '모든' 주제를 포괄하고 있는 그러한 도서관이었다.[24] 에라스무스 역시 생애의 전 저작을 통해, 모을 수 있는 한 모든 지식을 모았다는 점에서, 그리고 이질적인 그러한 지식을 하나의 유기적인 전체로 환원하기보다 인용된 그대로 얼마든지 첨가할 수 있는 형태로 집적하려고 했다는 점에서(그것이 에라스무스 특유의 풍요의 문체(*Copia Verbum*)를 만들어낸다), 지식과 놀이의 기획을 실천한 인문주의적 지식인이라고 할 수 있다.

무한과 아무것도 아님이라는 문제는 역설을 가져온다. 신의 비존재 증명의 불가능함에 의해서 역으로 신의 존재가 증명되는데 그렇다면 세상에 존재하는 모든 악 때문에라도 신은 무능하다. 그러나 신은 전지전능하다는 점에서 이러한 논증은 양립 불가능하다. 무엇인가(something)는 아무것도 아닌 것(nothing, nihil)에서 나오는데 이것은 무로부터는 아무것도 나올 수 없다(*Ex Nihilio nihil fit*)는 전제를 무화시켜버린다. 이러한 기본적인 논증을 반박하는 철학적 신학 혹은 신학적 철학은 끝없이 전개된다. 역설에 의해서 두 가지 모순되는 답이 순차적으로 정답이 되며, 때문에 전체 담화는 그 자체가 아무것도 아닌 것(nothing)으로 무화되어버린다. 장 드 묑의 《장

---

(24) John Donne, *Catalogus auricorum*; Thomas Browne, *Musaeum clausum, Bibliotheca abscondita*, in Browne, *Works*, ed. by Geoffrey Keynes, Oxford, 1964, 109~119쪽, recit, Colie, *Paradoxa Epidemica*, Princeton Univ. Press, 1966, 227쪽.

피터 브뢰겔, 《모든 사람은》, 동판화, 1558년경, 옥스포드 애쉬몰리언 미술관
이 그림에서 '모든 사람'은 시력이 나빠 대낮에 등불을 들고 잡동사니를 들여다보며 찾고 또 찾는다.

미 이야기》에서 주인공은 그의 레이디에게 "사랑은 취한 목마름이고 목마른 취함"이라고 릴의 알랭의 수많은 모순어법들을 인용하며, 가르침 속에 너무나 많은 모순이 있기에 그로부터 '아무것도(neant)' 배우지 못했다고 말한다. 그러나 여기서 '아무것도'란 무(nothing)라는 뭔가를 배웠다는 뜻이다.[25]

이러한 담화들이 지적인 유희로서 빈번히 채택되었다는 것은 무엇을 말하는가? 바흐친이 기술하고 있는, 중세 말의 카니발적 태도인 독특한 '부정의 놀이'에서도 이러한 부정성에 대한 흥미는 나타나는데, 부정을 사용하는 놀이에서는 공식 세계와 모든 금기 및 한계 들을 반대하는 경향이 두드러진다. 중세의 수도사였던 라둘푸스 글라버가 채록한 《네모 이야기》란 아무도 아닌 자(Nobody)의 대표적인 이야기이다(네모(Nemo)란 라틴어로 '아무도 아님'이라는 뜻이다). 라둘푸스는 성서와 문학 텍스트, 고대 작가 들을 통해서 네모를 알게 되었다고 한다.

'아무도 아닌' 네모는 그 본성과 독특한 힘으로 미루어볼 때, 하나님의 아들과 동등한 존재이다. 네모를 부정이나 고유명사로 해석할 경우 재미있는 일이 벌어진다. 예컨대 성서에서 "아무도 하나님을 보지 못했다(*nemo deum*)"라고 하면 라둘푸스는 이 텍스트를 "네모는 하나님을 보았다(*Nemo deum vidit*)"라고 읽는다. 이런 방식으로, 불가능하고 이해할 수 없고 허용되지 않는다고 여겨지던 모든 것이 네모에게는 가능하고 이해할 수 있고 허용되는 것이 되는 것이다. 텍스트를 이렇게 이해하면, 네모는 신과 동등하며 아무에게도 없는 특별한 지식과 힘을 지닌 위대한 존재가 된다.[26] 카니발 정신에 걸맞는 네모의 놀이는 유토피아를 향한 지향을 만들어낸다. 토머스 모어는 각자 자신에게 걸맞는 신들이 숭상되는 것이 모두 허용되는 유토피아의 종교는 역설이라고 했다.

셰익스피어의 연극들은 근세적 사유가 대결했던 이 무와 무한의

---

(25) Jon Whitman, "From the Cosmographia to the Divine Comedy", in *Allegory, Myth, and Symbol*, ed. by Morton W. Bloomfield, Cambridge & London, Harvard Univ. Press, 1981, 82~83쪽.
(26) 바흐찐, 이덕형 · 최건영 역, 《프랑수아 라블레의 작품과 중세 및 르네상스의 민중문화》, 아카넷, 2001, 634~635쪽.

문제를 모든 국면에서 고스란히 보여준다. 〈햄릿〉이나 〈맥베스〉, 〈리어 왕〉과 함께 특히 〈아무것도 아닌 것에 너무 많은 것이〉('사랑의 헛수고'라고 잘못 번역되어 있는 Much ado about Nothing)는 그 대표적인 예이다. 아무것도 아닌 것이 모든 사건과 소요를 일으키고, 무와 대결하려고 했던 어떤 인물(햄릿)에게 치명적인 파국을 가져온다. 더없이 간명하고 아름다운 셰익스피어의 소네트들과 사랑을 노래한 존 던의 시에서, 양립 불가능해 보이는 양극적인 감각인 감미로움(sweet)과 쓰디씀(sour, salty)은 정확하게 공존한다. 궁극적 희열은 인간이 경험 불가능한 한 가지인 죽음과도 같다. 그것은 양가적이고 근세적인 복합의 정수를 보여준다. 페트라르카적 이상을 이어받은 사랑을 노래하고 있는 16세기의 시들은 '무(nothing)'에 대한 역설적 찬사에 기초하고 있다. 그러나 소네트에 씌어진 모든 '아무것도 아님'은, 의심할 바 없이 '모든 것', 영원한 전체성 자체이다. 시인은 흔히 자기 자신을 무로 돌리며 연인을 신에 가까운 존재로 놓는다. 그 마음은 심지어 죽음 뒤에도 영원히 되풀이하여 지속되는 강력한 것이지만, 시인의 순수성은 이름조차 기억되기를 바라지 않으며 전적으로 우주적인 무를 받아들인다.

'아무도 아님(nobody)'의 대표적인 인물은 오디세우스이다. 그는 퀴클로프스(외눈박이)인 폴리페무스의 동굴을 탈출할 때 동료들을 모두 잃고 양의 배에 붙어 자신의 이름은 "아무도 아니(nobody)"라고 대답하고서야 가까스로 나간다. 다른 아무도 아닌 이는, 영원한 지식의 항해를 떠나는 노틸러스 호에 탄 네모 선장이다(노틸러스 호라는 이름 자체가 황금양털을 찾는 고대의 아르고 호를 나타낸다. 황금양털은 지식과 순수성의 결합을 나타낸다). 노틸러스 호의 도서관은 지식의 원형극장이다.

북구 르네상스의 대표적인 화가인 피터 브뢰겔의 경우를 살펴보자. 브뢰겔은 델포이의 아폴론 신탁 "너 자신을 알라"를 패러디한 모토를 〈아무도(Niemand)〉라는 판화 아래 적어넣는다. (그는 또한 〈모든 사람은(Elyck)〉이라는 판화도 제작했다.) "그 자신을 (거울 속에서) 알아볼 수 있는 사람은 아무도 없다(*Niemand en erkent hy selven*)"는 모토를 그린다. 그 자신을 정확하게 볼 수 있는 사람은 아무도 없다(그러나 아무도 없다는 말은 이중부정으로, 결국은 누군가가 있다는 말이 된다). 브뢰겔에게 거울은 오일렌슈피겔(*Eulenspigel*), 한마디로 '부엉이 거울'이다. 말은 균열된다. 부엉이는 지혜의 상징이자 무지의 상징이다. 부엉이 거울은 무지의 거울인 것이다. 이 말은 역설을 만든다. 소크라테스의 동어반복적 어법처럼, 나는 내가 아무것도 인식할 수 없다는 것을 안다는 것이다. 그 앎은 '모름'이고, 알 수 없음이 앎이다.

스텔라마리나, 바다의 별

중세 문화의 심성적인 특성을 그대로 간직하고 있었던 16세기 중반부터 17세기 초의 특징을 만들어낸 것은, 자본주의의 융기로 인한 전통적인 봉건 사회 지층의 점진적인 와해 때문이라고 볼 수 있다. 누구나 보이지는 않지만 근본적인 변화를 감지하고 있었다. '새로운 인간(New Man)'은 모든 사회 계층과 그룹 안에 존재했으며 불안과 희망의 느낌을 동시에 불러일으켰고 그들은 '아무도 아니'었으나 동시에 분명한 '어떤' 사람들이었다. 그들 대부분은 원을 사각으로 만드는 문제에 한번쯤은 미쳐 있었으며,[27] 루크레티우스·데모크리토스·고르기아스[28]가 그랬던 것처럼, 스스로 질문하며 자연의 사물들에 강한 호기심을 가지고 있었다. 그들은 인간의 자연과 신의 자연, 자연의 자연(본질)에 대해 신의 창조 행위를 따라하며 지식의 원형극장을 만들어 자연을 한눈으로 관상하고자 했다. 모든 것을 보는 것은 신이며, 모든 것을 보고자 하는 자를 **판옵티코스**라고 부른다. 근대적 주체를 만들어낸 것은 '아무도 아닌' 사람들이었는데, 그들은 원형극장의 기획 자체를 스스로 비판하며, 무를 비롯한 불가능한 모든 것들과 다시금 맞대면하고 있다.[29]

〈아무것도 아닌 것에 너무 많은 것이〉에서 셰익스피어는 모든 폭력적인 상황을 감내할 수밖에 없는 무력한 여주인공 히어로(Hero)를 위로하는 시를 넣는다. 결말은 결혼으로 상징되는 희극이지만 화

---

(27) Colie, "Ontological Paradox: Being and Becoming", *Paradoxical Epidemica*, 318~322쪽.
(28) 마르크스, 고병권 역, 《데모크리토스와 에피쿠로스 자연철학의 차이》, 그린비, 2001; 고르기아스 조지 커퍼드, 김남두 역, 《소피스트 운동》, 아카넷, 2003; 플라톤, 최문홍 역, 《고르기아스 소피스트 서간집》, 상서각, 1983. 고르기아스는 기원전 427년경 아테네에서 활동한 철학자로, 프로타고라스가 개인이 진리의 척도라고 주장한 데 비해 고르기아스는 진리와 같은 그런 것이 존재한다는 사실을 거부했다. 그의 입장은 유명한 세 가지 명제로 압축된다. "아무것도 존재하지 않는다." "세계가 존재한다고 하더라도 그것이 무엇인지를 아는 것은 불가능하다." "우리가 세계에 대해 인식한다 하더라도 다른 사람에게 그 인식을 전하는 것은 불가능하다." 우리 자신의 의식은 사적(私的)이므로, 다른 사람의 관념이 우리 자신의 것과 같은지 어떤지는 확인할 수 없다.
(29) 판옵티콘에 대한 푸코의 논의를 라캉적 견지에서 발전시킨 현대적인 시각은 미란 보조비치, 이성민 역, 《암흑지점: 초기 근대 철학에서의 응시와 신체》, 도서출판 b, 2004.

해는 완벽하지 않고 은폐된 상처에 대한 봉합과 위로가 있다. 때문에 케네스 브라나가 르네상스 음악의 정격연주를 살려 제작한 영화에서 시는 세 번 되풀이된다. (히어로에게는 거의 대사가 주어지지 않으며, 중상모략과 폭력을 당하나 눈물 흘리고 다만 받아들이는 그녀야말로 진실로 역사의 영웅(Hero)이다.) 이 시는 고통에 대한 치유약으로서의 음악이 만드는 아르모니아 문디(*Harmonia mundi*)가 있는 사랑의 전원, 로쿠스 아모룸(*locus amorum*)의 토포스, 닫힌 정원(르네상스의 토포스인 천상의 정원)과 생명의 샘가 그리고 모든 사람들의 놀이가 있는, 마지막 정원의 윤무에서 되풀이된다.

 셰익스피어의 모든 시는 양가성을 활용하는 형상언어로 이루어져 있다. 다시 한번 읊어보자. 거기에는 '진지한 놀이'의 정신이 있다. 놀이와 웃음 속에 해석적 지평은 높아지고 융합되며 새로이 펼쳐진다. 삶과 의식의 막다른 통로, 아포리아를 넘어간다.

  한숨짓지 말아요, 인간은(남자는) 한 발은 바다에, 한 발은 해안에 두고, 그 둘은 결코 하나 될 수 없으니. ……그러니 한숨짓지 말고, 그를 가게 내버려두어요. 그리고 그대는 쾌활하고 덕스러워요. 더이상 무겁고 사소한 근심거리들은 노래하지 말아요. 헤이, 노니 노니(nonny; 아무것도) 하고. (쾌활하게 노래해요.)

 그렇다면 아무것도 아님(nothing)을 직시하는 인간의 표상은 무엇일까? 외부를 바라보는 나라는 어둠을 덮은 표상은 무엇일까? 실재에는 내가 알 수 있는 것과 나의 일부로 번역될 수 있는 것 들 외에 불가능한 것과 경험할 수 없는 것 들이 함께 존재한다. 존재의 거기 있음(il y a)으로의 우울한 미끄러짐. 그러나 그것은 내 시선이 미치지 않는 곳에서의, 내가 아닌 타아의 생생한 현존이다. 나는 다만 지금 여기 있을 뿐. 들리지 않는 장소들의 소리를 듣고자 귀기울이기. 가질 수 없는 것과 잃어버릴 수 없는 것에 대한 상실의 감각은 우울함을 만들어낸다. 그 모든 것이 나를 구성한다. 부재를 버티기. 그러나 멜랑콜리는 **진지한 놀이**(*Serio Lude*)에서 모순어법적인 미소로 전환된다.

고유성을 넘는 고유성, 중심없음의 중심, 무한을 포괄하는 유한, 대상화되지 않는 주체. 중심없는 중심. 체스판의 만다라가 상징하듯이, 그것은 영원히 도는 불의 바퀴이자 중세 성당의 장미창, 반지와도 같은 절대적 허공(void)을 에워싸는 원환의 약속이다. 통과의 관, 흐름의 절단인 반지는 어느 누구에게도 힘을 주지 않는다. 니벨룽겐의 반지는 강물에, 프로도의 절대반지는 분화구에 던져진다. 그것은 타지 않기에, 꺼지지 않는 별 모양의 바다 속의 불꽃 **스텔라 마리나**(star fish)[30]이다.

중세의 저자들은 '바다의 별'은 뜨거우나 빛나지 않는 불을 가지고 있어 접촉하는 바다의 모든 것을 불태워 소진시킨다고 말한다. 이 동물은 너무나 많은 열을 발생시켜 모든 것에 불을 붙일 뿐만 아니라 그것이 닿는 것들을 요리해버린다고 플리니우스는 기술한다. "그 정열은 바다조차 끌 수 없다." 그리하여 그것은 '진정한 사랑의

---

(30) Jung, *Aion*, 128~129쪽.

꺼지지 않는 불(*veri amoris vis inextinguiblis*)' 혹은 '욕망의 불꽃(*scintilla voluptatis*)'을 의미하며, 성령의 불꽃인 동시에 악마적인 불이었다. 이러한 해석은 대단히 기묘하지만, 중세의 모든 사물들은 성스런 드라마의 상징에 지나지 않았던 것이다.

요리학교에서 사브리나는 하필 생선 요리를 하는 코스에서 막힌다. 형상언어에서 철학자의 안약(철학의 비밀을 이해하게 하는 약)은 생선 요리법으로부터 나온다(굳이 성서의 물고기 비유를 인용하지 않더라도). 생선을 낮은 온도에서 굽다가 백열(白熱)하고 노란색(*xanthosis*)이 나타날 때 비결적 인식은 완성된다. 한편, 자그마한 연못에서 이리저리 헤엄치는 황금물고기는 언제든 움직이고 이행하며 비어 있는, 시간 속의 중심의 표상이다. 그것은 붙잡을 수 없이 움직이며 비어 있는 그러한 중심이다.

가브리엘 마르케스의 소설 《백년의 고독》과 마찬가지로 영화 〈사브리나〉에도 황금물고기 표상이 나온다. "옛날옛적에……" 하고 동화책을 읽듯이 라러비 저택과 하인들에 대해 묘사해나가는 중에, 라러비 저택에는 "조지(George)라는, 연못의 금붕어(*Golden fish*)를 돌보는, 특정한 직책이 없는 사람도 있었다"는 이야기가 나온다. 작은 수반 연못에는 연꽃이 떠 있다. 조지는 어원적으로 '농부', 즉 대**지의 사람**이라는 뜻이다. 그 이름없는 사람, 조지라는, 금붕어를 돌보는 사람은 누구일까? 나는 늘 미소지으며 생각해본다. 전체 영화의 긴 시간에서 일이 초 간 스쳐 지나갈 뿐인 이 한 커트가 없었다면, 이 영화는 볼 것이라곤 전혀 없는 그런 영화가 되었을지도 모른다.

여기서 황금물고기는 오로지 자본의 확대와 금(화폐)에만 관심이 있는, 라이너스 라러비와 사브리나가 성취해야만 하는 미래를 동시에 지시한다. 그래서 황금물고기를 돌보는 사람은 일정한 이름 혹은 직위(title)가 없다. 그러나 이 부재하는(혹은 알 수 없는) 사람과 연못에 대한 언급이야말로 틀에 박힌 이 영화의 서사 중 가장 중요한 부분이다. 라이너스는 진리를 얻기 위해서는 화폐만을 추구하는 허위의식에서 벗어나야 하며, 사브리나는 어리석은 미망에서 깨어나 자아의 중심을 성취해야만 한다. 라이너스는 자본의 확대와 소비재 생산, 타지도 썩지도 않는 달콤한 신소재의 상품화, 병원과 공장, 고아원의 확장, 다국적 사업에서 자신의 공정함을 너무나도 확신하고 있다. 사무실이 집인 그의 시간은 공리에 대한 환상으로, 끝없는 축적과 확장에 의해 소진되어버린다. 옷장 속에 가득한(자본(capital-head)의 잉여에 해당하는) 중절모와, 하늘과 대지를 연결하는 '비'를 막아내는 우산을 늘 단장삼아 들고다니는 라이너스에게는 그림자가 없다. 그는 사브리나를 따라 떠나며 일상의 궤도를 벗어나지만 그러나 결론은 주어지지 않는다. 인위적인 해결책은 없다. 여기에 상징적인 용이 있다면, 잃어버린 젊은 날의 시간에 대한, 결여의 부재를 메우는 대체인 일반등가물(general equivalence)로서의 용이리라. 그것은 환상과 미망을 만든다. 결여를, 무지에 기초한 자본에 대한 물신적 애착으로 메우지 않기.

　부유한 저택에서 잊혀진 작은 수반 속의 금붕어를 돌보는 사람은 누구일까? 진실로 황금물고기를 만들기 위해서는 배워야만 한다. 파리에서 계층을 가로지르는 기술인 요리법을 배우고 난 뒤 돌아와 저택의 위계 질서를 엉망으로 만드는 그녀는, 아버지가 말하듯 이쪽에도 저쪽에도 속하지 않는 트릭스터적 인물이 된다. 그렇다면 사브리나는 무엇을 배우는가? 요리학교에서 배우는 것은 네 가지이다. 물을 끓이는 법(아무리 간단해 보이는 일이더라도 기본에 충실할 것), 다치지 않고 알을 깨는 법(셰프는, 알은 살아 있는 것이므로 상처입게 해서는 안 된다고 말한다), 산들바람의 나비처럼 날아오르는 법이다.

날아감은 언제나 고정된 행로로부터 달아남(fleeting)이다. 때로 그것은 포겔프라이(vogelfrei)라는 독일어의 느낌이 말해주듯 필사적인 도주의 형태를 지닌다. vogelfrei에는 '법률의 보호 밖에 놓인, 추방된, 박해받아 마땅한'이라는 뜻이 있다. 형상언어는 두 갈래로 갈라진다. 달걀 흰자에 우유를 섞어 만드는 과자인 수플레(soufflé)란 무엇인가? soufflé는 부풀어오르게 함, 부푼 것이고, 명사 souffle는 **숨결**, **호흡**, **바람**이며, 동사 souffler는 입김을 불어넣는 것, 바람을 보내는 것이다. 마지막으로 사브리나는 융의 현자와도 같은 노귀족 배론에게, 인생을 도피하거나 사랑을 독감처럼 생각해서는 안 된다는 것을 배운다. 그녀는 머리를 짧게 깎고 산뜻하게 소년의 모습(헤르마프로디테)으로 변신하며, **식민지**라는 뜻의 레스토랑 'Colony'에서 라이너스에게 '비'에 대해 말한다. 비는 하늘과 대지를 연결하는 물의 움직임이다. 이는 명백한 허구이나, 허구만이 지니는 어떤 가능한 꿈들의 진리를 말해준다. 비에 흠뻑 젖는 가운데 걷기를 계속하기(walking in the rain), 불가능의 가능, 삶에 숨결과 호흡을 불어넣는 것, 가로지르기와 날아감(fleeting), 연꽃이 피어 있는 수반의 황금물고기를 돌보는 이름없는 삶의 꿈을.

참고문헌

Aubrey, Manning and Serpell, James, ed. *Animals and Human Society: Changing Perspectives*, London and NY, Routledge, 1994.

Barney, Stephen A., "Visible Allegory: The Distinctiones Abel of Peter the Chanter", in *Allegory, Myth, Symbol*, Univ. of Harvard Press, 1981.

Bartrum, Giulia, *German Renaissance Prints 1490~1550*, British Museum Pubns Ltd, 1995.

Becker, Jochen, "'Amor Vincit Omnia': On the closing image of Goethe's Novelle", in *Simiolus: Netherlands quarterly for the history of Art*, Vol 18. No. 3, 1988.

Benjamin, Walter, *The Origin of German Tragic Drama*, Verso, 1998(1963).

Benton, Janetta Rebold, *The Medieval Menagerie: Animals in the Art of the Middle Ages*, NY, Abbeville Press, 1992.

Berger, Harry Jr., "The Renaissance Imagination", *Second World and Green World: Studies in Renaissance Fiction-Making*, Berkeley, Univ. of California Press, 1988.

Bettelheim, Bruno, *The Uses of Enchantment: The Meaning and Importance of*

Fairy Tales, NY, Vintage Books, 1989(1975).

Bloomfield, Morton. ed. *Allegory, Myth, Symbol*, Univ. of Harvard Press, 1981.

Brown, Barbara, "Two Literary Genres: The Emblem and the Joke", *Journal of Medieval and Renaissance Studies*, 15, 1985.

Brownlee, Kevin and Huot, Sylvia ed. *Rethinking the Romance of the Rose: Text, Image, Reception*, Univerersity of Pensilvannia Press, 1992.

Burckhardt, Titus, *Mirror of the Intellect: Essays on Traditional Science & Sacred Art*, Islamic Texts Society, 1987.

Burin, Elizabeth, "Pierre Sala's Pre-Emblematic Manuscripts", *Emblematica: Am Interdisplinary Journal for Emblem Studies*, Vol. 3. No.1 Spring, 1988.

Byrne, Eleanor and McQuillan, Martin, *Deconstructing Disney*, London, Pluto Press, 1999.

Callahan, Virginia W., "An Interpretation of Four of Alciato's Latin Emblems", An *Interpretation Journal for Emblem Studies*, Winter, 1991.

Capellanus, Andreas, *The Art of Courtly Love*, NY, Columbia Univ. Press, 1960.

Carron, Jean-Claude, ed. *Francois Rabelais: Critical Assessments*, Johns Hopkins Univ. Press, 1995.

Cast, David, *The Calumny of Apelles: A Study in the Humanist Tradition*, Yale Univ. Press, 1981.

Cazelles, Brigitte, *The Unholy Grail: A Social Reading of Chretien de Troyes's "Conte Du Graal"*, Stanford Univ. Press, 1996.

Chevalier, Jean and Gheerbrant, Alain, Penguin *Dictionary of Symbols*, Penguin Books, 1982(1969).

Clark, Willene B., McMunn and Meradith T. ed. *Beasts and Birds of the Middle Ages: The Bestiary and Its Legacy*, Univ. of Pennsylvania Press, 1989.

Colie, Rosalie, *Paradoxa Epidemica*, Princeton Univ. Press, 1966.

─── , *The Resources of Kind*, Univ. of California Press, 1973.

Copeland, Rita, *Rhetoric, Hermeneutics and Translation in the Middle Ages: Academic Traditions and Vernacular Texts*, Cambridge Univ. Press, 1991.

Corum, Rechard, "The Catastrophe Is a Nuptial": Lover's Labor's Lost, Tactics, Everydaylife, in *Renaissance Culture and the Everyday*, ed. by Fumerton Patricia and Hunt Simon, Univ. of Pennsylvania Press, 1999.

Cunnally, John, *Images of the Illustrious: The Numismetic Presence in the Renaissance*, Princeton University Press, 1999.

Daly, Peter M. et als., *The English Emblem and the Continental Tradition*, NY, AMS Press, 1988.

─── and Manning, John, ed. *Aspects of Renaissance and Baroque Symbol Theory*, 1500~1700, NY, AMS Press, 1999.

De Greenwood, Pilar Fernandez-Cañadas, *Pastoral Poetics: The Use of Conventions in Renaissance Pastoral Romances*, Studia Humanitatis, 1983.

De Jongh, Eddy, *Questions of Meaning: Theme and Motif in Dutch Seventeenth-Century Painting*, Leiden, Primavera pers, 2000.

Derrida, Jacques, trans. by David Wood, John P. Leavey, JR., and Ian Mcleod, *On The Name*, Stanford Univ. Press, 1995(1993).

─── , trans. by Peggy Kamuf, *Given Time: I. Counterfeit Money*, Univ. of Chicago Press, 1991.

Doležel, Lubomír, *Heterocosmica: Fiction and Possible Worlds*, Baltimore & London, Johns Hopkins Univ. Press, 1998.

Emblem Books in Leiden, Primavera Pers-Leiden, 1999(compiled and ed. by A.S.Q. Visser., co-edited by P.G. Hoftijzer and B. Westerweel).

Emison, Patricia ed. *The Art of Teaching: Sixteenth-Century Allegorical Prints and Drawings*, Yale Univ. Press, 1987.

Enders, Jody, *The Medieval Theater of Cruelty: Rhetoric, Memory, Violence*, Ithaca and London, Cornell Univ. Press, 1999.

──, *Death by Drama and Other Medieval Urban Legends*, Univ. of Chicago Press, 2002.

Fermor, Sharon, *Piero di Cosimo: Fiction, Invention, and Fantasia*, Reaktion Books, 1993.

──, "Poetry in Motion: Beauty in movement and the Renaissance conception of leggiadrìa", in *Concepts of Beauty in Renaissance Art*, ed. by Francis Ames-Lewis and Mary Rogers, Ashgate Publishing, 1998.

Flores, Nona C. ed. *Animals in the Middle Ages*, NY & London, Routledge, 1996.

Freedberg, David, *The Eye of the Lynx: Galileo, His Friends, and the Beginnings of Modern Natural History*, Univ. of Chicago Press, 2002.

Freedman, Paul, *Images of the Medieval Peasant*, Stanford Univ. Press, 1999.

Freeman, Margaret B., *The Unicorn Tapestries*, NY, Metropolitan Museum of Art, 1956.

Gaignebet, Claude & Lajoux, J. Dominique, *Art Profane et Religion Populaire au môyen Age*, Presses Universitaires de France, 1985.

Giorgi, Rosa, *Saints in Art*, LA, The Paul Getty Museum, 2003.

Giroux, Henry A., *The Mouse that Roared: Disney and the End of Innocence*, NY, Rowman & Littlefield Publisher, 1999.

Gombrich, "Boticelli's Mythologies: A Study in the Neoplatonic Symbolism of his Circle", *Journal of the Warburg and Courtauld Institutes*, VIII, 1945.

──, E. H., *Symbolic Images*, Phaidon, 1985(1972).

Graf Zu Waldburg Wolfegg, Christoph, *Venus and Mars: The World of the Medieval Housebook*, Munich & NY, Prestel, 1998.

Grimaldi, Patrizia, "Sir Orfeo as Celtic Folk-Hero, Christian Pilgrim, and Medieval

King", in *Allegory, Myth, and Symbol*, ed. by Morton W. Bloomfield, Harvard Univ. Press, 1981.

Hagen, Susan K., *Allegorical Remembrance: A Study of The Pilgrimage of the Life of Man as a Medieval Treatise on Seeing & Remembering*, Univ. of Georgia Press, 1990.

Harrison, S. J., *Apuleius*, Oxford Univ. Press, 2000.

Harthan, John, *The History of the Illustrated Book*, Thames and Hudson, 1981.

Hassig, Debra ed. *The Mark of the Beast: The Medieval Bestiary in Art*, Life, and Literature, NY, Garland, 1999.

Heller-Roazen, Daniel, *Fortune's Faces: The Roman de la Rose and the Poetics if Contingency*, Johns Hopkins Univ. Press, 2003.

Henkel, Arthur und Schöne, *Emblemata: Handbuch zur Sinnbildkunst des XVI. und XVII. Jahrhunderts*, Stuttgart, Verlag J. B. Metzler, 1996(1967).

Hindley, Alan ed. *Drama and Community: People and Plays in Medieval Europe*, Brepols Publishers, 1999.

Hoffmann, "Alciato and the Historical Situation of Emblematics", in *Andrea Alciato and the Emblem Tradition*, AMS Press, 1989.

Impelluso, Lucia, *Gods and Heroes in Art*, LA, The Paul Getty Museum, 2002.

Jardine, Lisa, *Reading Shakespeare Historically*, Routledge, 1996.

Jeanneret, Michel, *Perpetual Motion: Transforming Shapes in the Renaissance from da Vinci to Montaigne*, Johns Hopkins Univ. Press, 1997.

Kaufmann, Lynn Frier, *The Noble Savage: Satyrs and Satys Families in Renaissance Art*, UMI, 1984(1979).

Lacan, Jacques, *The Language of the Self*, trans by Anthony Wilden, The Johns Hopkins Univ. Press, 1981.

Leach, Eleanor Winsor, "Polyphemus in a Landscape: Traditions of Pastoral

Courtship", in *The Pastoral Landscape*, ed. by John Dixon Hunt, Washington, Hanover and London, National Gallery of Art, 1992.

Lévi-Strauss, *The Naked Man: Mythologiques*, Vol. 4, Univ. of Chicago Press, 1981(1971).

Lurker, Manfred, *Dictionary of Gods and Goddesses, Devils and Demons*, London and NY, Routledge, 1994.

Mahoney, Dhira B. ed. *The Grail: A Casebook*, NY and London, Garland, 2000.

Manning, John, *The Emblem*, Reaktion Books, 2002.

―――― and Marc van Vaeck ed. *The Jesuits and the Emblem Tradition: Selected Papers of the Leuven International Emblem Conference*, Brepols, 1996.

Marsh, David ed. *Lucian and the Latins: Humor & Humanism in the Early Renaissance*, Univ. of Michigan Press, 1998.

Martin, Henri-Jean, The *History and Power of Writing*, Univ. of Chicago Press, 1994(1988).

Mason, Peter, *The Lives of Images*, Reaktion Books, 2001.

McNeely, Deldon Anne, *Mercury Rising: Women, Evil and the Trickster Gods*, Spring, 1996, U.S.A.

Miedema, Hessel, "The Term Emblema in Alciati", in *Journal of the Warburg & Courtauld Institutes*, XXXI, 1964.

Miller, J. Hillis, *Illustration*, Harvard Univ. Press, 1992.

Miller, Patricia Cox, *Dreams in Late Antiquity*, Princeton Univ. Press, 1994.

Moretti, Franco, *The Way of The World: The Bildungsroman in European Culture*, London & NY, Verso, 2000(1987).

Morford, Mark, *Stoics and Neostoics*, Princeton Univ. Press, 1991.

Morseley, Charles, *A Century of Emblems*, Scolar Press, 1989.

Nolan, Edward Peter, *Now Through A Glass Darkly: Specular Images of Being and*

Knowing from Virgil to Chaucer, Univ. of Michigan Press, 1993(1990).

Perez-Gomez, Alberto, *Polyphilo or The Dark Forest Revisited: An Erotic Epiphany of Alchitecture*, MIT Press, 1992.

Pindlen, Paula, "Jokes of Nature and Jokes of knowledge: The Playfulness of scientific Discourse in early Modern Europe", *Renaissance Quarterly*, 43, 1990.

Pinkus, Karen, *Picturing Silence: Emblem, Language, Counter-Reformation Materiality*, Univ. of Michigan Press, 1999(1996).

Portman, K., "Emblem Theory and Cultural Specificity", in *Aspects of Renaissance and Baroque Symbol Theory*, 6.

Rappe, Sara, *Reading Neoplatonism*, Cambridge Univ. Press, 2000.

Riggio, Milla B., "The Allegory of Feudal Acquisition in the Castle of Perseverance", in *Allegory, Myth, Symbols*, Harvard Univ. Press, 1981.

Roberts Geoffrey ed. *The History and Narrative Reader*, London & NY, Routledge, 2001.

Robin, Harry, *The Scientific Image*, Abrams, 1992.

Roob, Alexander, *Alchemy & Mysticism*, Taschen, 1997.

Salisbury, Joyce E., *The Beast Within: Animals in the Middle Ages*, London & NY, Routledge, 1994.

Scholes, Robert and Kellogg, Robert, *The Nature of Narrative*, Oxford Univ. Press, 1966.

Scholz, "Libellum composuinepigrammaton cui titulum feci Emblemata: Alciatus's Use of the Expression Emblema Once Again", in *Emblematica*, I, 1986.

Segal, Charles, *Orpheus: The Myth of the Poet*, Johns Hopkins Univ. Press, 1989.

Serres, Michel, *The Troubadour of Knowledge*, Michigan Univ. Press, 2000(1997).

Shuger, Debora, "The "I" of the Beholder: Renaissance Mirrors", in *Renaissance Culture and the Everyday*.

Sorensen, Roy, *A Brief History of the Paradox*, Oxford Univ. Press, 2003.

Spiegel, Gabrielle M., *The Past As Text: The Theory and Practice of Medieval Historiography*, Johns Hopkins Univ. Press, 1997.

Spurr, David, *The Rhetoric of Empire: Colonial Discourse in Journalism, Traevel Writing*, Duke Univ. Press, 1993.

Tiffany, Grace, *Erotic Beasts and Social Monsters: Shakespeare, Jonson, and Comic Androgyny*, Univ. of Delaware Press, 1995.

Todorov, Tzvetan, *Genres in Discourse*, Cambridge Univ. Press, 1990.

Tung, Mason, "From Empresa to Emblem", *Emblematica*, Spring, 1988.

Tuve, Rosemond, *Allegorical Imagery: Some Medieval Books and Their Posterity*, Princeton Univ. Press, 1966.

Warning, Rainer, *The Ambivalences of Medieval Religious Drama*, Stanford Univ. Press, 2001.

Weiner, Annette B. et als, *Cloth and Human Experience*, Washington and London, Smithsonian Institution Press, 1989.

White, T. H., *The Book of Beasts*, London, 1969(1954; translated from a Latin Brstiary of the Twelfth Century).

Wyschogrod, Edith, *Saints and Postmodernism: Revisioning Moral Philosophy*, Univ. of Chicago Press, 1990.

――, *An Ethics Remembering: History, Heterology, and the Nameless Others*, Univ. of Chicago Press, 1998.

Yates, Frances. A., *The Art of Memory*, London, Routledge and Kegan Paul, 1972(1966).

찾아보기

[ㄱ]

가고일 184~186, 188~189
가능세계론 103
가사서 64, 306
거울 54, 101, 153, 163, 198, 215, 247, 300~301, 307, 316, 323, 331~343, 345, 347, 349, 354~359, 372
경이의 방, 수집 28, 271
고유성 32, 34, 104, 260~261, 273, 275, 355, 359, 375
공통감각, 공통개념 59, 115, 296
관상적 삶과 행동적 삶(Vita Activa, Vita Contemplativa) 156~158, 321
궁정적인 사랑 163, 167~168
그로테스크 78, 117, 127

그리스도 67, 70~73, 120, 157, 161, 163, 166, 173~175, 183, 210, 216, 234, 248, 336~337, 354
그리핀 116, 209, 219~221, 223
그림자 24, 26~27, 29, 43, 83, 95~96, 98, 121, 356, 377
꿀벌 72
기억의 바퀴 83~85, 90
기억의 기술: 기억의 극장 12, 14, 44~46, 78, 85, 87, 94, 98, 100, 184, 312, 314~315
　기억의 나무 49, 98
　기억의 사다리 49, 88, 98
　기억의 아포리아 56, 58~59
　기억의 인장 37, 43, 45
기욤 드 데귀으비으 → 데귀으비으

[ㄴ]

내재성, 임재(immanence) 44, 336, 367
네오스토이시즘 297
네테스하임 83, 90
놀이 253~254, 257, 260, 263~265, 275, 290, 313, 324, 368~370, 374~375
니콜라스 89, 366~367

[ㄷ]

당나귀 72, 158, 169, 280
단테 78, 81, 137, 197, 346
던, 존 367, 371
데귀으비으 234
데미우르고스 92
데리다 115, 168
데코룸(적절함) 51, 116, 119, 196, 205, 214, 291, 296, 299, 306
돌체, 로도비코 74, 77
동어반복 40, 261~262, 270, 275, 366, 372
동물지(bestiary) 12~14, 64~65, 67~70, 72~73, 120, 136, 144, 158, 161, 168, 184, 186, 210, 216, 219, 271, 293, 308, 315·316

뒤집힌 세계, 축제 189, 278, 280, 306, 367

[ㄹ]

레비스 129~130
레비-스트로스 263
레스 비나 129
레자드리아 198, 201
루벤스, 페터 파울 297
리파로그라포스 363
라이프니츠 90, 99, 101, 366
로셀리우스 78
로쿠스(장소) 78, 374
롬베르크 78
루두스 263~264
룰루스, 라이문두스 86~87, 89~90, 96, 98
루키아누스 170, 362
르네상스 11~12, 15, 74, 82~83, 96, 115, 118, 127, 156, 187, 196~198, 201, 226, 299~300, 302, 307, 319, 321, 325~326, 347, 362, 365~367, 372, 374
리처드 드 푸르니발 → 푸르니발
리쾨르, 폴 52, 58
리파, 체자레 293, 311
런코이스 152

릴리스 132~133
릴의 알랭 → 알랭

[ㅁ]

멀린 132, 181, 124, 215~217, 219
모나드 100~101
모두스 비벤디(삶의 기술) 260
모순어법 270, 302, 326, 362, 364, 367, 369, 375
몬스터 109, 110, 114~118, 121, 184
몽모스의 지오프리 → 지오프리

[ㅂ]

바르부르크, 에비 309~310
바실리우스 202~204
바울 173, 232, 307, 331~338, 345, 357~358
반종교개혁 44, 287, 294, 301
반즈, 줄리안 266, 268, 270
뱅상 342
베네치아 아카데미 78, 81, 100
베누스 170, 197~198
베르쉬르, 피에르 175
베이스호흐로트, 에디트 103, 248
베텔하임, 브루노 202, 205
벨레로폰 135

보나콘 159~160
보드리야르 73, 259, 262
보르헤스 84, 87, 105, 125, 284, 350, 368
보베의 뱅상 → 뱅상
복합(complicatio) 338, 346~347, 349, 362, 371
브라운, 피터 318~319
브루노, 조르다노 45, 83~84, 93, 95~96, 98~101, 105, 366
브리콜라주 258, 263~265, 275, 313
비트루비우스 75

[ㅅ]

사이코마키아(영혼의 전투) 232, 234
사티로스 172~174, 179, 182
사투르날리아, 축제 278, 282, 291, 304, 306
상사, 유비 50~51, 83, 96
상투어구 288~289, 296, 312
살라만더 69
세네카 170, 296~297
선물 255, 278, 283~284, 297, 308, 309, 314, 320
성무일과서 64, 306
세이렌 137, 139~147, 153, 184, 186
셰익스피어 127, 137, 217, 278, 299,

312, 362, 370~371, 373~374
스콜라 철학 87
스페쿨룸 딕툼(바울의 거울언명) 333, 336
시모니데스 46, 48, 76
시뮬라크라, 시뮬라크럼 49, 73
시토 수도원 186, 236, 353
신중(프루덴티아) 51
신플라톤주의 44, 77, 82, 91~92, 100, 118

[ㅇ]

아그리파 폰 네테스하임 83, 90
아니마 27, 150, 197, 227
아미키티아 297
아리스토텔레스 49~50, 56~57, 63, 66, 76, 80~81, 100, 144, 289
아상블라주 274
아우구스티누스 51~54, 63, 70, 158, 234, 242, 307, 319, 332, 334, 336~338, 343~345, 354, 358~359
아파테이아 91
안닥스빌트 280, 314
알랭 353~354, 357, 369
알레고리 65, 70~72, 116, 119~120, 125~127, 152, 161, 166, 168, 208, 217~218, 226, 232, 236, 238, 244, 288~290, 295, 301, 307, 312, 317, 342, 344, 346~349, 354
알레테이아 85, 350
알렉산더 로맨스 136
알붐 아미코룸 297, 299
알치아티, 안드레아 142~143, 289~290, 292~293, 296~297, 302~304, 306, 308, 310~312, 314~315, 317, 326
앎(인식, 에피스테메) 17, 25, 43, 54~55, 60, 85, 273, 335~336, 339, 359, 372
양가성 15, 69, 125, 127, 161, 163, 288, 344, 347, 362, 364, 374
야코부스 드 보라진 173, 247
앰피스배나 125~127, 217, 223
에네르게이아 66
에라스무스 66, 82, 296~297, 364, 365, 367~368
에린네스 138
에코 11, 104
에피스테메 14, 85
에피파니 275~278, 280~281
엠블럼 12, 14, 118, 124, 156, 215~216, 283~296, 299, 301~304, 306~315, 317, 326
예현론(유형론) 96
역설(패러독스) 15, 58, 145, 301, 302,

362~368, 370~372

오감각 75, 160~163, 171

오나거 158

오르페우스 72, 80, 142, 174~175, 179

오비디우스 64, 116, 120, 141, 148, 197

용, 뱀 193, 195, 205, 209, 211~212, 214~215, 219, 225, 244, 247~249

우로보로스 123~125, 153, 217, 223, 232

우미, 우아(Grace; 은혜) 119, 166, 169, 197~198, 201, 208

우연성 255, 276, 302

운명(Fortune) 84, 320

유니콘 160~163, 166~168, 171, 215

유비와 상사 50, 96

유토피아 103, 367, 370

융 22, 24, 27, 70, 150, 156, 166, 197, 214, 307, 378

이미지 45, 48~54, 56, 61, 63~64, 66, 75, 77~78, 84, 94~95, 98~100, 119, 133, 138, 142~143, 147, 197, 218, 247, 257, 280, 288~289, 292, 299, 300, 304, 306, 315, 325, 336, 346, 347, 349, 354, 356~358

이름(이름의 명명) 21, 23~24, 26, 30~32, 35, 36, 39~41, 53, 86, 98

이베인 213~217, 219

이벡스 150~152

인내의 성 236, 242

인벤티오(창안) 61, 110, 113~115, 223, 343

임프레사 153, 156, 302

[ㅈ]

자유의지와 선택 127

장미 이야기 218, 318, 368, 369

제국주의 193, 261, 271, 313

제수알도 80~81

전유(appropriation) 239, 254, 259, 260~263, 271, 273~276, 313

조합의 기술 90, 99

조화(아르모니아, 아르모니아 문디) 76~77, 82, 96, 129, 150, 156~158, 197, 208, 227~228, 242, 277, 321, 344, 374

주름 102

중세 설교 301

중용, 절제 19, 201, 210, 260, 296, 299, 306

지오프리 181, 214,

지혜 22, 48, 51, 76, 96, 118, 176, 181, 287~288, 296, 306, 354~357, 372

질료 76~77, 92~93, 121, 348

[ㅊ]

차이 31, 53~54, 61, 83, 89, 93, 124, 168, 216~217, 272, 278, 312, 343, 354~355
체스 225~228, 231~234, 375
충실(fidelity) 299

[ㅋ]

카밀로, 줄리오 74~78, 81, 93, 95, 367
카발라 44, 74, 81~82, 87, 96, 100, 132
카이와, 로제 263
카츠, 야콥 289, 294, 311
켄타우로스 138, 145, 148, 152~153, 156, 173~174, 182, 186
코라 92, 168
콜론나, 프란체스코 317
쿠사의 니콜라스 → 니콜라스
퀸틸리아누스 46, 48, 60, 113
크로노스 93, 138, 228
크립키 102, 104
키마이라 133, 135, 152
키케로 46, 50~51, 63, 77~78, 82, 197, 287, 297, 299

[ㅌ]

탈리아 202~204, 206~208
토마스 아퀴나스 50~51, 63, 83, 277
툴리우스 키케로 → 키케로
트러헌, 토머스 366~367
트리니티 51, 93, 322, 324, 355~357
트릭스터 219, 256~257, 378
티치아노 78

[ㅍ]

파르마코스 72
파올리니 81~82
판옵티코스 228, 373
팜므 파탈 132
판타스마타, 판타지(환영) 49~50, 56, 116, 316
펠리컨 71, 216
폴리필로의 꿈 78, 234, 317, 319, 325~326
표범 70, 185, 219~220
푸르니발 34, 161, 308, 315
프란체스코회 80
프로테우스 118~119, 135, 326
프로클로스 92~93
프루덴티우스 225, 232
플라톤 51, 54~55, 60, 80~81, 85,

91~92, 112, 127, 152, 163, 197, 289, 342, 365

플러드, 로버트 294

플로베르 254, 266~270

플리니우스 64, 69, 156, 219, 363, 367, 375

필리아 93, 170, 297, 299

피코 델라 미란돌라 77

피지올로구스 64

피치노 76~77, 80~83, 93

하피 22~23, 136~139, 143, 145, 209

헤르마프로디테 129, 132, 378

헤르메스 문서, 헤르메스 트리스메기스토스 77, 82~83

헤르모게네스 46

호라폴로 300, 317,

홀바인 79

휴머니스트(인문주의자, 휴머니즘) 292, 297, 304

히에로니무스 171~172, 179, 331, 333

[ㅎ]

하이브리드 117, 133, 184, 186

동물·괴물지·엠블럼—중세의 지식과 상징

지은이 | 최정은

1판 1쇄 발행일 2005년 5월 23일
1판 1쇄 발행부수 3,000부 총 3,000부 발행

발행인 | 김학원
기획 | 한필훈 이재민 선완규 한상준
디자인 | 윤혜정
마케팅 | 이상용
저자·독자 서비스 | 김난희(humanist@hmcv.com)
조판 | 홍영사
본문·표지 출력 | 나이스
용지 | 화인페이퍼
인쇄 | 청아문화사
제본 | 정민제본

발행처 | 휴머니스트
출판등록 제10-2135호(2001년 4월 18일)
주소 | 서울시 마포구 연남동 564-40호 121-869
전화 | 02-335-4422 팩스 | 02-334-3427
홈페이지 | www.hmcv.com

ⓒ 최정은, 2005

ISBN 89-5862-048-X 03600

만든 사람들

책임 기획 | 선완규(swk2001@hmcv.com)
책임 편집 | 박지홍
책임 디자인 | *Studio bemine* 이준용
찾아보기 | 문교선

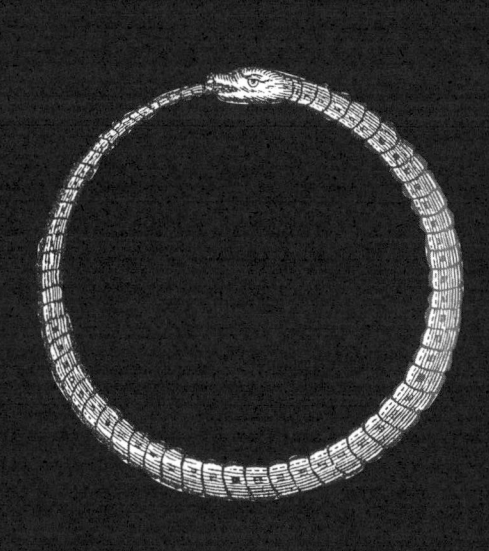